Der Berliner Schloßplatz

Visionen zur Gestaltung der Berliner Mitte

Aufnahme vom Berliner Fernsehturm am 2. April 1997 um 17 Uhr. Vorne der Palast der Republik, dahinter der Schloßplatz. Links das Staatsratsgebäude, rechts der Berliner Dom. Foto: Kai-Uwe Heinrich

Der Berliner Schloßplatz

Visionen zur Gestaltung der Berliner Mitte

Herausgegeben von Monika Zimmermann

Argon

Das Projekt »Der Berliner Schloßplatz –
Visionen zur Gestaltung der Berliner Mitte«
ist eine Kooperation von Der Tagesspiegel
mit dem Veranstaltungsforum
der Verlagsgruppe Georg von Holtzbrinck.
Die Ausstellung fand statt in Zusammenarbeit
mit der GrundkreditBank eG.

Die Schirmherrschaft der Ausstellung hatte die Bundestagspräsidentin
Prof. Dr. Rita Süssmuth übernommen.

Wir danken allen Architekten für die Überlassung der Entwürfe.

Druck und Verarbeitung: Thomasdruck Leipzig

ISBN 3-87024-390-2

Grußwort

Mein Dank gilt der Verlagsgruppe Georg von Holtzbrinck und der Redaktion des Tagesspiegel für die Idee und Initiative des Phantasiewettbewerbs zur Gestaltung des Schloßplatzes in der Mitte Berlins. Sie haben den Politikern dadurch eine wertvolle Unterstützung gegeben, sie aber auch gemahnt, schwierigen Entscheidungen nicht auszuweichen und kontroverse Debatten nicht zu scheuen.

Die Frage nach der künftigen Funktion des nicht nur für Berlin allein bedeutsamen Schloßplatzes sowie seine bauliche Gestaltung werden durch zwei Ansprüche überlagert, die sich gegenseitig blockieren. Wer den Palast der Republik erhalten will, der kann nicht zugleich das Stadtschloß wiederherstellen. Wer aber dessen Wiedereinrichtung anstrebt, der muß zuvor den Palast beseitigen.

Der Schloßplatz in der Mitte unserer Bundeshauptstadt verlangt aber den Konsens, wenn der Einheitsprozeß vorankommen und hier auch baugestalterisch sichtbar werden soll. Obwohl die Staatsorgane andere Plätze für ihren Betrieb gewählt haben und die parlamentarische Republik und deren Einheit bereits durch Reichstagsgebäude und Brandenburger Tor symbolisiert werden, könnte die historische Mitte Berlins zu einem Ort der Begegnung für das ganze Land und seine nationale Identität heranwachsen.

Mir liegt daran, weniger an die unterschiedlichen Erlebniswelten der hinter uns liegenden Zeit als vielmehr an die gemeinsame Zukunft und die Herausforderungen an die Deutschen im Herzen Europas zu denken und für das glückliche und friedliche Zusammenleben aller Völker zu arbeiten. Insofern erwarte ich von den Ideen für den Schloßplatz und von der Diskussion über die schon vorliegenden Anregungen zu seiner Nutzung und Gestaltung letztlich ein uns alle befriedigendes Ergebnis.

Prof. Dr. Rita Süssmuth
Präsidentin des Deutschen Bundestages

Inhalt

Nachdenken über den Schloßplatz

MONIKA ZIMMERMANN

»Frei kann nur gewählt werden, wenn die Wahlmöglichkeiten bekannt sind«, schreibt der luxemburgische Architekt Léon Krier in seinem Beitrag zum Berliner Schloßplatz. Und auch Josef Paul Kleihues plädiert für ein gründliches Nachdenken. Erst wenn man die Alternativen abgeklopft hat, kann man um so überzeugender für das eintreten, was man für die beste aller Lösungen hält. Krier tut das. Seine Zukunftsvision für den Berliner Schloßplatz sieht der Vergangenheit sehr ähnlich.

Und doch – heute ist alles anders. Das Schloß, würde es denn wieder aufgebaut, könnte den Berlinern nicht par ordre du mufti vor die Nase gesetzt werden (von wem auch?). Es müßte heutzutage das Ergebnis einer breiten Willensbildung sein. Die demokratischen Regeln sehen zwar nicht vor, daß über Architektur abgestimmt wird, gleichwohl müßte über ein solch zentrales und aufwendiges Bauprojekt wohl ziemlicher Konsens hergestellt werden, sollte es nicht im heillosen Streit enden.

Es ist gut möglich, daß – stimmte man heute darüber ab – eine Mehrheit der Berliner für den Wiederaufbau des Stadtschlosses wäre. Freilich könnte dies daran liegen, daß viele sich kaum etwas anderes vorstellen können, jedenfalls nicht konkret genug, um zum Schloß eine Alternative zu sehen. Wie der Schloßplatz einmal war, das weiß man oder kennt es doch von Bildern. Wie er indes einmal werden könnte, dies sich auszumalen fällt vielen schwer – zumal die Moderne, in Ost wie in West, den Bürgern nicht gerade das Vertrauen eingeflößt hat, sie könne große Bau- und Stadtplanungsaufgaben so lösen, daß dabei für die Bewohner einer Stadt etwas Gutes herauskäme. Und die Gestaltung des Berliner Schloßplatzes ist zweifellos eine große Aufgabe – vielleicht die größte, die die Hauptstadt überhaupt zu lösen hat. Denn der Schloßplatz ist der wichtigste Ort der Hauptstadt.

Soll das Schloß wiederaufgebaut werden? Darf der Palast der Republik abgerissen werden? Diese Fragen blockieren das breite Nachdenken über den Schloßplatz und engen die Phantasie ein. Was braucht Berlin? Was verträgt der Platz? So muß statt dessen gefragt und nach Antworten gesucht werden. Denn an diesem Ort kann es nicht um Büro- oder Geschoßflächen gehen, nicht um Stein oder Glas, ja noch nicht einmal in erster Linie darum, ob das Schloß wiederaufgebaut oder der Palast der

Eine Vision: Das Schloß Neuschwanstein auf dem Berliner Schloßplatz. Montage: Der Tagesspiegel

Das Schloß markierte die Mitte Berlins. 1950 wurde es von der DDR gesprengt. Fotos: Landesbildstelle

Republik abgerissen werden soll. An diesem Ort, der die Mitte Berlins und damit die Mitte der Hauptstadt und damit wiederum so etwas wie die Mitte Deutschlands markiert, muß unsere Zeit etwas zustande bringen, das Sinnbild dessen ist, was diese Stadt, dieser Staat darstellen will. Insofern geht es hier zwar auch um architektonisches Aussehen, mehr noch aber um nationales Ansehen. Gefordert ist eine politische Willensbildung. Nötig sind politische Entscheidungen. Und es ist gewiß kein Zufall, daß viele derjenigen, die in einem Phantasiewettstreit ihre Ideen für den Schloßplatz ausbreiten, zunächst einmal auf Zeitgewinn spielen und bewußt eine Zwischenlösung anbieten. Andere haben sich in durchaus ernst gemeinte Spielereien gerettet oder Anleihen bei Schinkel, dem Stadtbaumeister, und Schlüter, dem Schloßbaumeister, gesucht. Wenige nur haben gewagt, tatsächlich einen Lösungsansatz im Geist der Moderne vorzuschlagen. Die meisten zeitgenössischen Architekten vertrauen offenbar ihrer eigenen Zeit und deren verrutschten Maßstäben nicht mehr so recht. Dabei wäre es gewiß auch als ein Armutszeugnis unserer Epoche zu werten, wenn an dieser zentralen Stelle der Stadt auf überholte Formen zurückgegriffen werden müßte, weil uns Heutigen dazu nichts Überzeugendes mehr einfällt. Es mag schon sein, daß am Ende eines langen Nachdenkens der Wiederaufbau des Schlosses allen als die beste aller Lösungen vorkommen mag, am Anfang des Nachdenkens jedenfalls sollte sie nicht stehen.

Und das Nachdenken über den Berliner Schloßplatz hat tatsächlich erst begonnen, auch wenn die, die nun fertige Investorenmodelle für den Wiederaufbau des Schlosses aus der Schublade ziehen, anderes suggerieren möchten. Der Schloßplatz ist für Berlin und die Bundesrepublik eine Chance, nach der Wiedervereinigung so etwas wie die eigene Mitte wiederzuentdecken. Und diese Chance darf nicht voreilig vertan werden. Das Nachdenken zu befördern und diesen wichtigen Platz ins Bewußtsein zu heben, war Sinn und Zweck des Wettstreits, zu dem der Tagesspiegel Architekten, Stadtplaner und Gestalter aufgerufen hatte. Denn nur – siehe oben – wer seine Wahlmöglichkeiten kennt, kann sich frei entscheiden. Jetzt kennen wir zumindest über zwanzig Wahlmöglichkeiten mehr. Aber ist das schon genug? Das müßten auch diejenigen beantworten, die glauben, noch bessere Ideen zu haben. Die Aufgabe, über die Zukunft des Schloßplatzes nachzudenken, ist eine, an der wir uns alle noch eine ganze Zeit lang abarbeiten können – und wohl auch müssen.

Der Ort, an dem das Schloß stand

JOSEF PAUL KLEIHUES

Seitdem die Planungen für die Friedrichstraße zwischen Lindencorso und Checkpoint Charlie abgeschlossen sind und der erste fertiggestellte Abschnitt von der Berliner Bevölkerung zunehmend angenommen wird, scheint der Diskussionsbedarf über Traufhöhen, Blockkonzepte und Architekturtendenzen erschöpft zu sein. Seitdem am Potsdamer Platz Konturen sichtbar werden, der Reichstag im Bau ist, die Planungsleistungen und ein Großteil der Bauaufträge für die Bauten der Regierung vergeben, die Würfel am Alex gefallen und die Gestaltungsfragen des Pariser Platzes durch Entscheidungen beantwortet worden sind, verbleibt die Mitte Berlins, das Herz der Stadt, das nach Beantwortung der städtebaulichen und architektonischen Zielsetzung verlangt.

Die Frage an diesem Ort, an dem Riesenrad und Karussells ihre Runden drehen, echauffiert die Gemüter nicht erst heute. Entscheidender Anstoß für die Diskussion über Pro und Contra einer Rekonstruktion des Stadtschlosses war dessen, von Wilhelm von Boddien im Sommer 93 in Szene gesetzte Attrappe. Neue Aktualität erfuhr das Thema durch die Asbestsanierung des Palastes der Republik und den Abriß des Außenministeriums der DDR. Sobald die Budenwirtschaft den Platz wieder frei gemacht hat, kann von den Stufen des Alten Museums der Blick frei nach Süden wandern und sich im leicht ansteigenden Niveau des leergeräumten Platzes verlieren. Nur als graue Maus ist das Schlüterportal erahnbar, welches in Erinnerung an eine revolutionäre Rede das königliche Stadtschloß überleben und forthin das Staatsratsgebäude der ehemaligen DDR schmücken durfte. Dieser Leere sollten einige vom Tagesspiegel eingeladene Architekten »Visionen und Phantasien« entgegensetzen. »Dabei«, so hieß es in der Ankündigung der nahezu abgeschlossenen Serie, »sind bewußt alle Möglichkeiten offen gelassen worden: die Orientierung zurück ebenso wie die Orientierung nach vorn«.

Das war eine Aufforderung, so ganz nach dem Gusto einiger Architekten, welche sich offenbar durch die Zwänge des Alltags, sei es durch dezidierte Programme oder nur durch die Geschichte eines Ortes, der Freiheit des Entwerfens beraubt fühlen. Und so war, von Ausnahmen abgesehen, das Ergebnis: von Visionen kaum eine Spur. Statt dessen Phantastereien am laufenden Band. Da wird uns eine »Kirmes als Sinnbild der Leere« und die

»Luftschloß«: Im Sommer 1993 hatte Wilhelm von Boddien einen Teil der Schloßfassade als Kulissenmalerei wiederherstellen lassen. Foto Stefan Nowak

Stülersche Schloßkuppel als Bekrönung eines Kettenkarussells angeboten. Als Alternative ein »Grand-Hotel als Bühne des Lebens«, entworfen nach einem vom Autor so benannten Win-win-Prinzip: »Vom Schloßhotel auf dem Schloßplatz würden alle etwas haben: die Berliner, die in der Hotellobby eine Tasse Tee trinken können, die Gäste, die darin wohnen, die Bundesrepublik Deutschland, die dieses Hotel als Gästehaus nutzen könnte.« Wem weniger nach Win-win zumute ist, der sehnt sich nach »Ruhe in der Schale«, die sich als ein von den Wassern gerahmtes Plateau in Größe eines Fußballfeldes entpuppt. Hiermit wollten die Architekten »ausdrücklich ein Provisorium schaffen, einen Ort, der 50 bis 100 Jahre frei sein soll, damit zwei, drei Generationen später auch den Raum haben, endgültige, zwingende Entscheidungen zu treffen«. Diese Art Panoptikum architektonischer Phantastereien dominiert die anspruchsvoll inszenierte Serie. Was soll der Laie von einem Berufsstand halten, der sich überwiegend derart desavouiert. Meinhart von Gerkan bringt die »Ratlosigkeit« dieser Art von Zeitgeist ironisch auf den Punkt. Er schlägt eine »weise Lösung« vor: »Die auf- und abknüpfbare Fassade, je nach Geschmack und Senat veränderbar, heute Schloß, morgen vielleicht ein Bau der Moderne. Oder ein Bauwerk, das nur die Gitterstruktur zeigt: ein Haus wie ein Chamäleon, Sinnbild des Wandels und der Anpassung.«

Dabei war der Auftakt der Serie so intelligent wie provozierend, indem Axel Schultes seinen Entwurf als Traum Friedrich Schinkels unterzuschieben versucht. Dieser schöne, von Tilmann Buddensieg geistreich unterstützte Coup verdient Respekt. Das Konzept ist allerdings nicht neu und vermag trotz der Veränderungen nicht zu überzeugen. Jetzt sind aus einer schloßähnlichen, zweiflügeligen Gebäudeanlage drei Solitärbauten mit dezidierter Zweckbestimmung geworden. Dieses Ensemble erfährt attributive Ergänzungen: eine quaderförmig überbaute Spreebrücke (»ein preußisch-strenger Rialto etwa?«) und, unter Einbeziehung der rekonstruierten Bauakademie, der »schönsten Stelle wohl« – so Sch/Sch – rückt den Blick von der Schloßbrücke ein eigenwillig stufenpyramidales Gebäude ins Zentrum, ein Schlußstein ...« (eine »Loge etwa? War Schinkel Freimaurer?«). Auf solche Weise wird Sehnsucht nach Arkadien demonstriert, wird mit einem »San-Marco-Blick von der Piazzetta auf San Giorgio Maggiore« die Sehnsucht nach einem italienischen Platz für Berlin beschworen. Aber vielleicht soll auch nur die barocke Attitüde camoufliert werden, welche die zentrale Idee dieses Konzeptes ausweist. Wie anders sollte man den Nachtrag interpretieren, in dem Schultes sein früheres Konzept als ähnlichen Gedankengang verklausuliert: »Finsteres Barock, maulte der Kollege über eine Arbeit, die offensichtlich ähnlichen Gedankengängen folgte, wie die Schinkel'sche hier. Man darf gespannt sein, was denn nun Schinkel vorgeworfen werden wird: ›Klassizismus‹ wohl nicht gar?« Diese rhetorische Volte und das theoretisch wie künstlerisch anspruchsvolle Konzept aber verführen zu einer Rückbesinnung auf das, was war: auf ein leider zerstörtes städtebauliches und architektonisches Bild, welches man als ein Stück Weltkulturerbe um jeden Preis hätte erhalten müssen.

Ich hatte erwartet, daß Léon Krier für dessen Rekonstruktion plädieren würde. Er verlangt die Rekonstruktion des Schlosses und »im klassisch traditionellen Geist den Wiederaufbau der Bauakademie, der Genz-Börse, des Schlüterturmes«. Das alles reicht ihm leider nicht: »Etwa 20 neue, große und kleine Baublocks« sollen das Ensemble abrunden. Dieses erweiterte Spiel mit geschlossenen Körpern, offenen Kolonnaden, Brunnen und Denkmälern degradiert das großstädtisch Spannungsvolle zur kleinstädtischen Artigkeit.

Sein Petitum, die Rekonstruktion des Stadtschlosses betreffend, liest sich tolerant, ja kompromißbereit, wenn er schreibt: »Die exakte Replik der Fassaden und Architekturteile widerspricht keineswegs einer flexiblen Behandlung der Gebäudetiefen, der Höhe der inneren Organisation«. Von solcherart Rekonstruktionsinterpretation haben sich offenbar auch die zeitlich parallel zur Serie des Tagesspiegels entstandenen Planungen leiten lassen, die Herr von Boddien und die Hanseatica im Verein mit den Architekten Schüler und Witte entwickelt haben. Diese verdienstvolle Initiative geht davon aus, daß die historisch zu rekonstruierenden Fassaden durch Spenden und das neue Innere privat zu finanzieren sind. Von weniger als einer Milliarde ist die Rede, um dieses Projekt realisieren zu können. Das ist sicher möglich. Aber um welchen Preis dies geschehen soll, das verraten die beigefügten Pläne und Modelle, welche die wünschenswerte Kongenialität zu dem, was einmal war, vollends vermissen lassen.

Dieses übereilt vorgetragene Konzept und so manche der vom Tagesspiegel eingeforderten »Visionen und Phantasien« haben wenig dazu beigetragen, das Vertrauen in die Fähigkeit der Architekten zu stärken. Vielleicht hat es am Ernst der Stunde gefehlt, die allerdings bald schlagen wird. Es geht dabei nicht nur um das Schloß, so sehr es Angelpunkt der historischen Mitte war. Es geht um eine neue Mitte Berlins, die nicht frei von geschichtlichen Ereignissen und Bildern gedacht werden kann. Dies setzt vor allem Klarheit in Fragen der Sinngebung und der Nutzung voraus, um die richtigen städtebaulichen und architektonischen Entscheidungen treffen zu können.

Wenn ich mich selbst an der Skizzierung von Visionen nicht beteiligt habe, so will ich den Fragen nicht ausweichen, sondern die aus meiner Sicht wünschenswerten Entscheidungen und möglichen Chancen darlegen.

Erinnern wir uns: Es war ein potemkinsches Bild des Stadtschlosses, welches uns im Sommer 1993 vor Augen geführt wurde. Aber diese Attrappe vermochte doch etwas von der städtebaulichen Besonderheit dieses Ortes in Erinnerung zu rufen. Auch wenn die Sinnfrage einer Rekonstruktion des Schlosses auf einem anderen Blatt steht, so hat das Modell doch deutlich für die Wiederherstellung des historischen Stadtraumes gesprochen.

Zugegeben: Am streng geometrisch angelegten Pariser Platz war die Entscheidung leichter, sich ganz auf die Orientierung an dem historischen Stadtgrundriß und an den Volumen der zerstörten Bebauung zu verlassen. Hier am Lustgarten geht es um eine differenziertere Aufgabe, nämlich um die Wiedergewinnung einer offenen Raumkomposition, die einst von einem Ensemble großartiger Solitärbauten gebildet wurde. Nur das Zeughaus, das Alte Museum und der etwas groß geratene Dom sind die verbliebenen Elemente eines ehemals einzigartigen Stadtraumes. Das Stadtschloß und der glücklicherweise erhaltene Baukörper des Zeughauses waren die vorhandenen Festpunkte für Schinkel, um zunächst durch das Hinzufügen des Alten Museums und wenig später durch die wohlkalkulierte Schrägstellung der Bauakademie jene einmalige Komposition freistehender Baukörper zu schaffen. Der Korrespondenz dieser Solitäre verdanken wir einen offenen, fließenden Raum, den wiederzugewinnen ein Auftrag von historischer Bedeutung ist. Dieses wäre die erste zu treffende Entscheidung, welche keine Priorität des städtebaulichen Entwurfes gegenüber dem architektonischen Einzelobjekt im Sinne einer Weltordnung bedeutet, wohl aber in bezug auf die Logik des Planungsprozesses.

Ein Wiederaufbau der Schinkelschen Bauakademie könnte der Beginn einer Rekonstruktion dieser Raumkomposition sein. Es scheint auch kaum einen Zweifel an der möglichen Rekonstruktion der Bauakademie zu geben. Aber wie beim Stadtschloß, so überwiegen auch hier zunächst eher Gründe nostalgischer Natur. Solcherlei Regung ist verständlich. Denn seit der Vereinigung stehen diese zerstörten Embleme der Baukunst als Lücken vor Augen. Dennoch, wenn es um die Rekonstruktion zerstörter Gebäude geht, sind Zweifel berechtigt. Aspekte der Authentizität drängen sich auf. Und veränderte baurechtliche wie bautechnische Vorschriften fordern ihren Tribut. Aber wir kommen nicht umhin einzugestehen, daß Architektur rekonstruierbar ist, sofern wir über genaue Pläne und Dokumente eines zerstörten Bauwerkes verfügen.

Eben dies trifft für die Bauakademie weitestgehend zu. Das Brennen von Ziegeln und Terrakotten nach alten Mustern und Vorlagen ist wieder gang und gäbe. Aber es geht hier nicht primär um das Machbare. Es geht um die Wiedergewinnung eines der vornehmsten und modernsten Gebäude der ersten Hälfte des vorigen Jahrhunderts, verbunden mit der Chance, hier ein aktives »Architekturmuseum Berlins« einzurichten, welches die Geschichte und die aktuellen Entwicklungen unserer Stadt im internationalen Kontext dokumentiert.

Eine vergleichbare Sinngebung und Nutzungskonzeption für das ehemalige Stadtschloß steht noch aus, so wohlmeinend manche Anregungen sich auch darstellen. Solange aber sozial und kulturpolitisch begründbare Nutzungsansprüche nicht vorliegen, muß die Frage einer Rekonstruktion oder eines Neubaus unbeantwortet bleiben. Wir Architekten werden uns dieser Frage keineswegs entziehen. Und soweit wir uns der Moderne verpflichtet fühlen, denken wir sicher nicht zuerst an Rekonstruktion.

Und daß Aspekte der Authentizität beim Stadtschloß schwerer als bei der Bauakademie zu bewerten sind, offenbart eine Durchsicht der Gebäudemonographie von Albert Geyer (Nicolai Verlag). Wer die dokumentierte Geschichte des Stadtschlosses studiert, wird das Verlangen nach Rekonstruktion mit mehr Bedacht erörtern. Dennoch bin ich überzeugt davon, daß eine Rekonstruktion des Stadtschlosses kulturpolitisch begründbar und architekturtheoretisch denkbar ist. Eine künstlerisch befriedigende Realisation wird schwierig und anspruchsvoll sein, wie die Begründung und Realisierung eines neuen Gebäudes an dieser Stelle. Als Grundlage für eine glaubwürdige Entscheidung ist noch viel Denkarbeit zu leisten. Zu vermuten ist allerdings, daß die Tagesspiegel-Serie eher die Sehnsucht nach einer Rekonstruktion des Status quo ante provoziert. Ein Risiko der Rekonstruktion liegt vor allem in der künstlichen Form des Erinnerns. Es stellt sich daher die Frage, ob Rekonstruktion nicht auch Vergessen machen kann anstatt zu erinnern. Angemessen erinnern kann an diesem Ort im Herzen Berlins sicher nicht nur eine mögliche Rekonstruktion des mutwillig Zerstörten.

Es muß möglich sein, einer architektonischen Transformation die Chance zu geben: also einer neuen Architektur, deren Immanenz die Geschichte, deren Charakter das Charisma großer Baukultur und deren neue künstlerische Individualität beides reflektieren: die Geschichte des Ortes und die neue Zweckbestimmung.

Der Autor ist Architekt und lebt in Berlin.

Dem Staat das Volk zeigen

Peter Conradi

Zuerst kommen die Menschen, dann kommen die Häuser. In Berlin ist das gelegentlich umgekehrt. Da wird mit Inbrunst die Kopie eines vor Jahrzehnten zerstörten Schinkelgebäudes, der Bauakademie, beschworen, aber was darin geschehen soll, welchem Zweck, welchem Nutzen das Gebäude dienen will, scheint niemand zu interessieren. Ähnlich ist es bei der Kampagne für die Rekonstruktion der Schloßfassade. Irgendwelche Investoren werden das schon richten, ob Hotel oder Kunstgewerbe, Unterhaltung oder Kunstgewerbe, Restaurant, Kongreß, Bibliothek, Museum – das ist alles nebensächlich, Hauptsache, die Fassaden stimmen.

Ich habe als Architekt gelernt, zuerst nach den Menschen zu fragen, die in einem zu planenden Gebäude leben und arbeiten sollen, nach ihren Bedürfnissen, und dann nach der baulichen Gestalt. In Berlin gibt es Architekten, das habe ich in zahlreichen Preisgerichten erlebt, denen die Architektur, vor allem die Fassadenarchitektur, wichtiger ist als die Menschen. Architekten, für die ihre ästhetischen Obsessionen wichtiger als die Brauchbarkeit ihrer Gebäude sind. Wenn ich als Sachpreisrichter darauf hinwies, daß in diesen Gebäuden Menschen arbeiten, die einen Anspruch auf Licht und Luft, auf Individualität, auf Schönheit, auf Erlebnisreichtum haben, erntete ich Achselzucken, so als sei die Forderung der Moderne, Freiheit, Gleichheit, Brüderlichkeit auch in der Architektur einzulösen, lächerlich.

Die Berliner Republik wird anders als die Bonner Republik, aber wir werden uns bemühen, einige der Errungenschaften der westdeutschen Republik, zum Beispiel ihren Pragmatismus, ihre Zivilität, ihre rheinische Leichtigkeit mit nach Berlin zu bringen. Das täte Berlin gut. Wir fangen nicht bei Null an mit der Demokratie. Fünfzig Jahre westdeutscher Geschichte kann man ebensowenig wegwischen wie die Jahrzehnte der DDR-Geschichte – auch sie sind Lebensgeschichte von Menschen, die man nicht einfach auslöschen darf.

Die Hauptstadt Berlin ist wichtig, aber sie wird die Identität unseres Landes weniger bestimmen als in den Zeiten des Kaiserreichs oder der Weimarer Republik. Wir sind ein Bundesstaat. Da soll Berlin sich nicht überheben, sondern einreihen. Der größere Rest Deutschlands in Ost und West liegt des Nachts nicht schlaflos und sorgt sich um die Hauptstadt-Identität. In Berlin sagt man gelegentlich: »Hättenses nich 'ne Nummer kleener?« Das gilt auch für das Bauen in der Hauptstadt.

Visionen für eine Hauptstadtarchitektur? Ich bleibe dabei, die Architektur in einer Demokratie soll erkennen lassen, was uns wichtig ist – Bescheidenheit, Anmut, Gelassenheit, Rücksicht gegenüber der Putzfrau wie gegenüber der Präsidentin, Verantwortung gegenüber der Umwelt. Axel Schultes will mit seinem Bundeskanzleramt »dem Volk Staat zeigen«. Ich meine, wir sollten aus der Forderung »Wir sind das Volk« – das ist erst acht Jahre her und offenbar schon fast vergessen – gelernt haben, daß es auch not tut, dem Staat das Volk zu zeigen, also den Staat und seine Bauten nicht mit falscher Würde, mit natursteinbeklebtem architektonischen Imponiergehabe aufzuplustern und die Menschen mit Symmetrieachsen einzuschüchtern, sondern gelassen, bescheiden, menschen- und umweltfreundlich und vernünftig zu bauen.

Zur Demokratie gehören Vielfalt und Toleranz, auch in der Architektur. Ich beklage die Intoleranz, die in der Berliner Mitte nur eine pseudoklassizistische, langweilige, modisch-bläßliche Architektur mit dem Charme von Eiswürfeln zulassen will. Toleranz heißt, auch das Andere zulassen und ertragen. Ich bin bereit, in der Berliner Mitte die tiefgefrorene Langweiler-Architektur des Berliner Architekturkartells zu ertragen, zum Beispiel am Pariser Platz. Aber neben dieser »trockenen Berliner Monotonie«, so der schwedische Schriftsteller Atterbom 1817, neben dieser »Kasernenarchitektur«, so Victor Tisot 1875, braucht eine Stadt auch »Überraschungen, die sie erst zu einem organisch wirkenden und für Menschen bewohnbaren Platz machen«, so Joachim Fest 1991. Eine Stadt aus lauter Überraschungen von Hollein und Hadid, Peichl und Behnisch wäre unerträglich. Aber diese Gefahr besteht nicht. Umgekehrt wird eine Stadt der Kohlhoffs und Dudlers, Kleihues und Ungers, dieser schmallippigen architektonischen Freudlosigkeit unerträglich. Ich habe am 20. Juni 1991 im Bundestag für Berlin als Hauptstadt gestimmt, für eine weltoffene, liberale, neugierige, tolerante Hauptstadt eines größer gewordenen Deutschlands. Ein Berlin, das die besten Qualitäten seiner Geschichte, die Aufklärung Preußens, die Vitalität der zwanziger Jahre, die Aufgeschlossenheit der fünfziger und sechziger Jahre in sich vereinigt. Ein Berlin, das für den Aufbruch, für ein Neubeginnen steht, anders als das gelegentlich selbstzufriedene, immobile, provinzielle Bonn. Auch in der Architektur. Ich bitte um Verständnis dafür, daß ich mich nicht gerirrt haben will.

Für wen, für welche Menschen, für welche Nutzung soll in der Berliner Mitte gebaut werden? Kommerz? Wohl kaum, die Friedrichstraße reicht, ökonomisch und architektonisch. Büros? Davon gibt es heute schon zu viele. Hotels? Die jammern doch jetzt schon. Die Frage ist: Soll die Ökonomie die Mitte und damit einen wichtigen Teil der Identität dieser Stadt bestimmen? Wollen die

Berliner die Mitte ihrer Stadt der Investorenarchitektur – Beispiel Friedrichstraße – opfern? Ein Kongreßzentrum? Das gibt es schon. Braucht Berlin davon zwei? Ich finde es erstaunlich, daß ausgerechnet die Architekten des Westberliner Congress-Centrums – von Asbest verstehen sie ja etwas – nun mit Investoren Vorschläge für den Schloßplatz machen. Der Palast der Republik ist architektonisch nach heutigen Maßstäben keine Meisterleistung, aber das Raumschiff ICC ist so ziemlich das Letzte, was ich in der Berliner Mitte haben möchte. Museen? Davon gibt es schon einige, darunter einige ziemlich teure, die der Kultursenator und die Finanzsenatorin am liebsten schließen würden. Theater? Dito. Bibliotheken? Auch davon gibt es in nächster Umgebung bereits zwei.

Ich meine, die DDR-Regierung war mit dem Palast der Republik so schlecht nicht beraten. Ein Volkshaus an dieser Stelle, das macht durchaus Sinn. Etwas Unterhaltung, ein Stück U-Kultur neben der geballten E-Kultur der Museen, der Oper, der Universität. Da fällt jedem natürlich das Centre Pompidou in Paris ein, aber warum nicht – das ist ein Volkskulturhaus, nicht erhaben, abschreckend, würdevoll, sondern offen, einladend, fröhlich, vulgär, demokratisch.

Darüber sollten wir nachdenken und reden, und dann die Frage stellen, ob eine derartige Nutzung in einer Walt-Disney-Schloßkulisse, im trockenen DDR-Funktionalismus der sechziger Jahre oder in einem Neubau untergebracht werden sollte. Vielleicht finden sich Architekten, die den Palast der Republik ändern, ergänzen, an- und umbauen, so wie das frühere Generationen mit vielen Kirchen und Schlössern gemacht haben, so wie wir heute Fabriken und alte Bahnhöfe umbauen und uns in der Architektursprache unserer Zeit für neue Nutzung aneignen. Und wenn wir wissen, was dort stattfinden soll, loben wir einen weltweiten Architekten-Ideenwettbewerb aus. Allerdings sollte Berlin das dem Bund übertragen, dem Grundstück und Palast gehören, denn die Berliner Architekturwettbewerbe haben allmählich einen Ruf, der manchen guten Architekten von einer Teilnahme absehen läßt.

Eilt es? Ich glaube nicht. Auf dem toten – nicht roten – leeren Platz vor dem Palast sollten wir – da nehme ich Antje Vollmers Vorschlag auf – eine grüne Wiese mit ein paar schönen Birkenbäumen anlegen. Das tut den Menschen gut, das schadet niemandem. Das gibt uns Zeit zum Nachdenken, zum Diskutieren und Planen. Es muß nun wirklich nicht alles in den ersten zehn Jahren nach der Vereinigung gebaut werden. Außerdem ist zur Zeit kein Geld da, beim Bund nicht, und in Berlin schon gar nicht. Ich verstehe ja das dringende Bedürfnis einiger Berliner Großarchitekten, hier und jetzt und alles sofort mit ihren Architekturen vollzubauen. Aber muß das sein? Jetzt bauen wir erst einmal den Spreebogen und den Potsdamer Platz. Dann lassen wir den Bund nach Berlin kommen und debis und Sony und all die anderen, auf die Berlin hofft. Das gibt uns Zeit, einige erhitzte Gemüter werden sich abkühlen, die Nostalgiewelle wird abflauen und am Ende wird es – hoffentlich – gut sein. Demokratie ist mühsam, Bauen in der Demokratie auch, und bei allem Hin und Her, bei allem notwendigen Streit – manchmal gelingt uns am Ende etwas Gutes.

Der Autor ist SPD-Mitglied des Deutschen Bundestages und gehört der Baukommission an.

Ein Fassadenbauwerk, das untypisch ist für die Berliner Fassaden-Architektur: Der verhüllte Reichstag war offenbar volksnäher als der unverhüllte Bundestag es jemals sein wird. Foto: Thilo Rückeis

Die Entwürfe

Schinkels Traum

Das Vermächtnis des preußischen Generalbaumeisters zur Berliner Mitte

Axel Schultes

Nun nimmt nicht nur Schlüter, nun nimmt, glaubt man den Beutekunst-Kommissaren der Roten Armee, auch Schinkel am Schloßwettbewerb teil – und mit was für einem Vorschlag!

Mit einem mutigen, nein, waghalsigen Schnitt in die Hohenzollernburg, in die Arx Berolinensis, wendet er das Geschick der Insel, das stadträumliche Schicksal der Berliner Mitte, und tut dies in der neuen Ordnung eines neuen politischen Programms: dem halbierten »kgl. Schloß« über einen »Platz der Verfassung« hinweg die Bürgervertretung, den Preußischen Landtag dem König gleichsam vor die Nase setzen, die Gewaltenteilung erzwingen: Wir alle werfen da einen tiefen Blick hinter die von Schinkel so sorgsam geglättete Fassade seiner Beamtenkarriere.

Erklärung, Deutung fordern nicht nur der Grund, sondern auch die Oberfläche: der sinnliche Schein der Idee, Schinkels Idee von der Umgestaltung, besser: der Umwertung der Insel, der Mitte Preußens.

Diese Historie, die Berlinische versteht sich, mußte schon immer herhalten für alles, was sie nicht war, nie war. »Östlich der Elbe beginnt die Steppe« – zu dieser Erkenntnis sich durchzuringen, den fundamentalen Mangel Berlins in allen urbanen Qualitäten zuzugeben, das war der Berliner Überheblichkeit Sache nie.

Staubig in dieser staubigen Welt – so empfand ich auch unsern Stadthelden Karl Friedrich Schinkel – bis, ja bis ein kleines, schmuddeliges Gipsmodell mich umdenken ließ: Sah ich bisher in unserem preußischen Oberbaumeister den Strategen der Effekte – will sagen: der Wirkungen ohne zureichende Ursache –, sah ich den panoramengedrillten Bild-Beschwörer, sah ich den Prospektmaler, für den Stadtraum auch nur Bühne, große Bühne war, – sah ich den Erzeuger »solitärer Großartigkeit«, den Italienfreund, der seine südlichen Vor-Bilder, in Reiseskizzen gequetscht, entfremdet ihrem urbanen Milieu, in *splendid isolation* im märkischen Sand abstellte, mitleiderweckend wie die Feigenbäume von Sanssouci, eingesperrt in ihre Glasvitrinen – sah ich auch alle seine selbsternannten Nachfolger bis heute –, sehe ich »Strategen« – Ritter vom Stein, Ritter vom Glas, Ritter vom Relief und vom Quadrat. Der Traum vom Raum – den über-

Das Schinkel-Modell. Es hat auf der Rückseite eingeritzte Bezeichnungen: »A Platz der Verfassung; B Schloß; C Kgl. Academie der Wissenschaften; D Landtag; E Lg.; F Kgl. Bibliothek«. Zur Orientierung gibt Schultes Kennzeichnungen dazu: 1 Altes Museum; 2 Alter Dom; 3 Brückenbauwerk (evt. Denkmal Friedrich II.); 4 Bauakademie; 5 Friedrichwerdersche Kirche; 6 Zeughaus; 7 Packhof. Das angeblich von Schinkel stammende Gipsmodell des Schloßplatzes sei, so Schultes, kürzlich als Beutekunst in Moskau aufgetaucht und von dort, auf diplomatischem Umweg, in seine Obhut gekommen. Auf der Rückseite trage es den russischen Vermerk: »Aus dem Nachlass K. F. Schinkels; beschlagnahmt aus Privatbesitz; Berlin, 28. August 1945 A. R.«

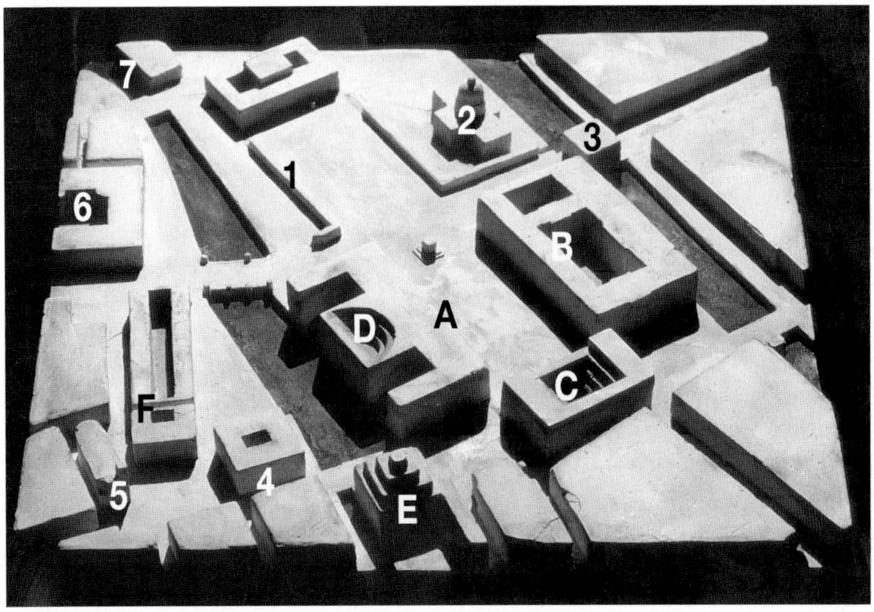

läßt Schinkel gern dem John Soane, den überläßt Peter Behrens gern dem Frank Lloyd Wright, den überläßt Mies van der Rohe gern dem Corbusier, den überlassen wir Heutigen gern dem Louis Kahn, zum Beispiel – und trösten uns mit seinem: »Wir werden nie wissen, was Raum ist.«

Und ausgerechnet Schinkel zwingt mich zur Revision. Sein Befreiungsschlag gegen die Hohenzollernburg rückt vieles in ein anderes Licht: den »neuen Zusammenhalt« der aktuellen Avantgarde – er reklamiert ihn nicht, er sucht ihn nicht, er hat ihn gefunden für seine Solitäre. Ihm gelingt Raum, dichter urbaner Stadtraum, ihm gelingt räumliche Bindung der Teile zu einer fast südlichen Platzfolge, so »italienisch« proportioniert, daß man fast von einer Stadt in der Stadt sprechen müßte, so unberlinerisch kommt sein Ensemble von Schloß und Landtag und Akademie daher. Nur die nördliche, die offene Seite des »Platzes der Verfassung«, die entläßt er ins weite Grün des Lustgartens. Sein Museum erscheint entrückt, wird das Besondere, ein neues Schloß – und mit diesem Blick, einem San-Marco-Blick von der Piazzetta auf San Giorgio Maggiore, schleicht sich Wehmut ein: Einmal wenigstens in Berlin einen Platz haben, der es in räumlicher Intensität aufnehmen kann mit seinen südlichen Vorgängern, sie nicht nur reklamiert. Dieser Schinkelsche Platz der Verfassung wäre exakt die Räumlichkeit, die Hegemann 1930 in einem Schlüter unterstellten Entwurf zum Schloßplatz hineinsieht: »... daß dieser großartige Platzentwurf (...) unausgeführt geblieben ist, gilt als die Tragödie der Berliner Stadtbaukunst. Wenn dieser herrliche Platz gebaut worden wäre, hätte Berlin den großen künstlerischen Maßstab besessen, der die weitere Entwicklung beherrscht und gesteigert haben müßte. Mit diesem Platz vor Augen hätten die Berliner sich nicht in dem unarchitektonischen Durcheinander verlieren können, das später über ihre Stadt hereingebrochen ist.«

Das war wohl auch Schinkels Traum; ein Platz höchster Zentralität, tatsächlich die Mitte der Mitte, eine räumlich-politische Apotheose eines besseren, eines griechischen Preußens: die »dunkle Masse des Schlosses«, wie Wolf Jobst Siedler schwärmt, dieser gordische Knoten im Stadtgefüge – Schinkel haut ihn in Stücke, diesen Stadt- und Schloß-Drachen.

Er haßt sie wohl, die dunkle Masse – er kehrt sie von innen nach außen, der Lustgarten spiegelt sich ins Städtische; aus toter Masse, aus »Fassade«, wird Raum; die Linden fangen an, wie sie aufhören am Brandenburger Tor: Dem Pariser Platz im Westen entspricht der neue, um vieles dichtere Platz der Verfassung zwischen Landtag und Schloß, im Spannungsfeld zwischen Akademie und Lustgarten. Schluß ist mit der lokalpatriotischen Übertreibung: Als wenn das Schloß der Raumspender im Herzen der Stadt je gewesen wäre – es war es nicht, vor allem zum Lustgarten hin nicht.

Und das Modell zeigt mehr: Die schönste Stelle wohl das Ensemble von Landtag, Bauakademie und Bibliothek, versammelt um einen hafenartig erweiterten Kupfergraben, rückt dem Blick von der Schloßbrücke ein eigenwillig stufenpyramidales Gebäude ins Zentrum, einen Schluß-Stein, einen Dreh- und Angelpunkt der Raumfolge, bezeichnet leider nur mit Kürzel, mit »Lg.« – »Loge« etwa? War Schinkel Freimaurer?

Ein anderes Rätsel gibt uns der Kollege an der Spree, am Dom: Eine quaderförmig überbaute Brücke, ein preußisch-strenger Rialto etwa? Eine Rückendeckung nach Osten, als Ersatz für die Apotheke? Ein letztes Friedrich-Denkmal, dem großen Kurfürsten Schlüters zur Seite, zweihundert Meter spreeabwärts? Die Blockschneise zum Alex – eine kaum glaubliche Vorwegnahme der modernen Stadt?

Und viele andere Spekulationen kann man ins Kraut schießen lassen – sind es Arkaden, die den Lustgarten säumen? Hat der Meister sie eigenhändig abgebrochen, da, wo sie ihm zu nah an sein Museum stießen? Sollte es der berühmte Friedensbrunnen sein, den er da in den Kreuzungspunkt der Platz- und Lindenachse gestellt hat? Sind die amphitheatralischen Räume von Landtag und Akademie überglast, in englischer Manier? Die Galerie der Bibliothek – müßte sie nicht auch mit einer Glastonne überwölbt sein?

Und das Modell selbst? Natürlich hat er es nicht veröffentlicht – das hätte ihn sein schönes Amt gekostet! Warum überhaupt ein Modell? Zeitlebens hat er seinen Zeichnungen getraut, seinen Bildern. Das Modell, die räumliche Aussage – war sie ihm wichtiger geworden? Oder am Ende eine Schülerarbeit nur, nach der Skizze des Meisters; oder im Rauchschen Atelier, aus einer Laune heraus entstanden? Wir wissen es nicht.

Aber eines bleibt: In einer Zeit, in der der hilflose Glaube an das Neue einem ebenso hilflosen Glauben an das Alte nachgegeben hat, ist es Menetekel genug für die Restauratoren. Mit einem antiquarischen Geschichtsverständnis, mit den »alten Fragen, den alten Fragen und den alten Antworten«, in diesem Verständnis einen Ort rekonstruieren der schon damals, zu Schinkels Zeiten, je nach Temperament Hader und Ärgernis war, ein Ort der Anmaßung und des Wortbruchs, der mit dem puren Beharrungsvermögen der dicken Burg die wichtigste Berliner Mitte nicht in die Räume finden, alle Wünsche nach dichtem, urbanen Leben unerfüllt ließ? Und ausgerechnet jetzt, ein halbes Jahrhundert nach der Zerstörung des Schlosses, sechs Jahre nach dem Wunder des Mauerfalls, soll in unberatener Nostalgie das Unstädtische schlechthin, die Burg, die Blockade wiedererrichtet werden?

Auch im nächsten Millenium wären die Resträume, die der Schloßquader – welcher architektonischen Provenienz auch immer – erzeugt, eben keine Lust-Gärten; sie wären Unorte, von denen der Dichter sagt: Von ihnen wird bleiben, der durch sie hindurchging, der Wind.

Nachtrag: »Finsteres Barock«, maulte der Kollege über eine Arbeit, die offensichtlich ähnlichen Gedankengängen folgte wie die Schinkelsche hier. Man darf gespannt sein, was denn nun Schinkel vorgeworfen werden wird: »Klassizismus« wohl nicht gar?

Foto: Rolf Zöllner

Axel Schultes
Berlin

Ein stets süffisantes Lächeln auf den Lippen, nach oben geschlagene Hemdkragen und aufgekrempelte Ärmel eines locker fallenden Jacketts, so gibt er sich gern, Axel Schultes, der Architekt des Bundeskanzleramtes, des prominentesten Gebäudes, dessen Bauauftrag die Bundesrepublik Deutschland zu vergeben hat.

Seine Sache sind die großen Bauaufgaben. Groß jedoch weniger als schiere Größe denn im Sinne von ehrwürdigem Bauen verstanden, erhoben über alle Banalitäten, die gewöhnlicherweise die Zeitläufte begleiten. Wider die zumeist um Ökonomie und Plausibilität kreisenden Bauherren geht es ihm um Kultur, Verfeinerung und Beständigkeit; etwas zu schaffen, was den Tag überlebt. Bauen für die Öffentlichkeit, Museen und Ausstellungsgebäude, Ministerien und Orte der Begegnung stehen so im Mittelpunkt seines Schaffens. Und auch ein Bauen, welches der Poesie des Architektonischen unbedingten Vorrang einräumt.

Ebenso beredt wie belesen weiß Schultes, immer wieder das universale Erbe der Menschheit für seine Entwürfe heranzuziehen und zu zitieren: die Villa Hadriana in Tivoli, die Moschee von Cordoba oder das Rom der Päpste. Beeindruckende Bauten, die fast unbewußt jedem in Erinnerung sind, die Schultes jedoch Material für seine Mischung von Heterogenem sind. In morphologischer Verwandlung und wechselnder Zuordnung schöpft er aus ihnen die Kraft zum Formen seiner außergewöhnlich dramatischen wie pathetischen Räume. Ein Pathos, das manchem seiner Kritiker unzeitgemäß erscheint, aber für eine Geistesverwandtschaft steht, die Schultes erfolgreich in der Vergangenheit zu suchen und zu finden weiß, die ihn auch vor den Widrigkeiten der Gegenwart schützt. Obwohl er vor allem der mediterranen Kultur seine leidenschaftliche Reverenz erweist, ist es dennoch die Stadt Berlin gewesen, die ihn über viele Jahrzehnte hinweg formte. An der TU Berlin studierte der 1943 in Dresden geborene Architekt in den Sechzigern. Bei Josef Paul Kleihues lernte er Anfang der siebziger Jahre die Kraft des Architektonischen kennen, die ihn jedoch nicht zu dessen serener schinkelesker Klassizität führte, sondern zu einer langen Suche nach den Urformen der Architektur. Eine Geisteshaltung, die wenig später in das Credo der Partnerschaft »Bangert, Jansen, Scholz, Schultes« mündete. Nur selten wissen heute noch die Berliner, welche Bauten sie dieser lange sehr verschworenen Partnerschaft verdanken.

Mit allmählich wachsender Selbständigkeit der Partner entstanden das Tempelhofer Oberstufenzentrum in der Dudenstraße, zu den Zeiten der IBA die Wohnbauten in der Ritterstraße, am Tegeler Hafen und im Diplomatenviertel und nicht zuletzt 1988 der Glockenturm »Carillon« im Tiergarten, unweit von der Stelle, an der bald das neue Kanzleramt emporwachsen wird. Der erste große Bau, allein der Kunst und städtischer Kultur verpflichtet, entstand in Frankfurt am Main. Es war Anfang der Achtziger, als die Kunsthalle Schirn dem Architekten erstmals jenen großen Atem ermöglichte.

Doch erst die Neunziger, nach der Trennung von seinen Partnern, machten Axel Schultes über das Fachpublikum hinaus bekannt, nun mit Charlotte Frank an seiner Seite. Zuerst, 1992, die Eröffnung des Bonner Kunstmuseums, dann der Sieg im größten Wettbewerb aller Zeiten, dem Spreebogen, und nicht zuletzt das Bundeskanzleramt. In dem Bonner Kunstmuseum begegnete einem schon das ganze Universum von Axel Schultes. Künstliche Terrassen, monolithische Wände, mächtige Säulenwälder und Treppenkaskaden ziehen dort den Besucher unwiderstehlich in die Tiefe eines Raumes, der bar jeder Anbiederung an das Alltägliche ist. Bewußt kehrt sich das Haus hinter hohen Mauern von einer unwirklichen Umgebung ab, um mit verblüffender Leichtigkeit aus primärer wie großmaßstäblicher Geometrie überraschende Räume einer seltenen Eindringlichkeit zu schaffen. Es sind Kubus, Kegel oder Pyramidenstümpfe, Kreise oder Dreiecke, die sich hier wiederkehrend im freien Spiel durchdringen, aneinanderstoßen oder überschneiden. Ein gewagtes Spiel, das Schultes gelang, der wie kaum ein anderer weiß, ebenso das Licht wie das Material zum Sprechen zu bringen.

Noch viele Linien ließen sich von Bonn nach Berlin ziehen, wo der Architekt leidvoll erfahren mußte, wie der Bauherr Bundesrepublik mit seinen Architekten umgeht. Schultes, ursprünglich ebenfalls für den Bau der Bundeskunsthalle vorgesehen, mußte erleben, wie dort seine preisgekrönte »Spur des Bundes«, das gemeinsame Band von Kunstmuseum und Kunsthalle, zerstückelt wurde. Und nur mit Mühe und begrenztem Erfolg konnte er später in Berlin das gleiche Schicksal von dem eng verwandten »Spreeband« abwenden. Ein überaus selbstbewußtes Auftreten lernte er damals. Waren darüber auch nicht selten viele Bonner verstört, der Auftrag, nun in Kürze mit dem Bau des Bundeskanzleramtes zu beginnen, zeigt, daß hinter dem Namen Axel Schultes eine Person und Architektur steht, die vielfältige Widerstände zu überwinden weiß. Er ist ein Täter aus Überzeugung, dessen süffisantes Lächeln viele Überraschungen birgt.

Claus Käpplinger

Das Schloß, die Monarchie und die politischen Verhältnisse

Schinkel zwischen Hoffnung und Verzweiflung

Tilmann Buddensieg

Dieser Neu-Fund zwingt uns, Schinkels Nachdenken über eine Residenz des Königs in der Mitte Berlins im Spannungsfeld einer beharrenden Monarchie und eines fortschrittlichen Verfassungsstaates zu überprüfen. Wir müssen die radikalen Vorschläge des Gipsmodells mit dem Schloß am Lustgarten Schinkels, mit dem Riesendom des Kronprinzen, mit der idealen Fürstenresidenz in Schinkels nachgelassenem Lehrbuch und mit den Residenzprojekten für die Zarin in Orianda und den griechischen König auf der Akropolis in Beziehung setzen. Wir müssen versuchen, die sein »ganzes irdisches Glück« bedrohenden politischen Gedanken Schinkels hinter dem loyalen Dienst an den Bauratspflichten freizulegen.

Friedrich Wilhelm III. mochte das Stadtschloß nicht. Schinkels drastische Verkleinerung des Stadtschlosses um ein gutes Drittel hinter Baumreihen und Baumgruppen hat der König ebenso hingenommen wie die Einrichtung des Lustgartens als Vorplatz des Museums. Schinkel hat den dunklen Koloß, an dem die Linden und die Königstraße wie in einem Sackbahnhof endeten, mit einer ganz anderen Gegenwart und Zukunft, dem Museum und der Bauschule, konfrontiert.

Der Kronprinz und spätere König Friedrich Wilhelm IV. hat offenbar die gleiche Abneigung für das Schloß empfunden, aber daraus massive Folgerungen gezogen. Seit den zwanziger Jahren hat der begabte Architekturdilettant immer neue Pisaner Domkolosse, frühchristliche Grabes-, Peter- und Paulskirchen mit Friedhöfen erfunden, um das Alte Museum, ja selbst das Stadtschloß zu verdrängen.

Friedrich Wilhelm IV.: Entwurf eines Doms im Lustgarten, 1820. Foto: Union Verlag

Des Kronprinzen wichtigstes Bauprojekt während des Museumsbaues ist die maßlose Machtdemonstration eines neuen »Altares« des neuen Domes, noch über dem alten »Thron« des Schlosses und dem »Tempel« des Museums. Ein protestantischer Vatikan, dem nur die Mauer fehlte, wäre aus der Stadt ausgeschieden. Der »heitere« Stadtplatz des Lustgartens, den Schinkel den Berlinern gewonnen hatte, sollte mit einem Riesendom bis zum Rand gefüllt und damit abgeschafft werden. Die Zeichnungen des Kronprinzen sind, in ihrer städtebaulichen Gewaltsamkeit, gegen die liberalen Verfassungsfreunde als »Demagogen« gerichtet. In der Nachbarschaft von Dom und Schloß stellte sich der König als Hohepriester des Protestantismus und als gottgefälliger Monarch dar: Man mochte sich selbst und seine Familie noch so leutselig geben, Platz und Raum für eine Volksvertretung war da in der Stadtmitte des Staates nicht.

Schinkel hat sein Leben lang den von Kant abgelehnten »wörtlichen und tätlichen Widerstand« gegen die urbanen und architektonischen Zustände des Absolutismus geleistet. Er empfand »Ekel« vor dem »Uniformwesen«, vor der »trivialen Einförmigkeit« der barocken Residenzstadt und hoffte auf die Fülle der neuen bürgerlichen Aufgaben. Dennoch hat der Kronprinz Schinkel für seine religiös maßlosen, politisch reaktionären und städtebaulich verhängnisvollen Pläne eines Königsdomes herangezogen. Der Oberbaurat war loyal, aber defensiv, am Ende verzweifelt über die Instrumentalisierung der Architektur für eine Monarchie des religiösen Absolutismus.

Schon Ludwig Dehio hat diese Gralsburg eines religiösen Absolutismus »gänzlich unabhängig von Schinkel« genannt. Vielleicht hat Schinkel deshalb sechs kolossale Friedrichsdenkmale entworfen, um den neuen Dom zu verhindern.

Schinkel hat aus der »Sackgasse« des Lustgartens in die Freiheit des Idealentwurfs der »Residenz eines Fürsten« fliehen wollen, doch auch hier hat der Kronprinz mit Publikationsversprechen und Eigeninteresse eingegriffen. Schinkels Entwurf ist die konsequente Zerlegung eines barocken Kosmos, wie das Berliner Stadtschloß, in eine Vielzahl von Bestandteilen, die zumeist in öffentlichen Besitz und Nutzen überführt werden sollten. Überall wird Schinkels Eintreten für das öffentliche Interesse der Volksbildung und des Volksgenusses erkennbar. Diese »ideale« Residenz muß für ihren Schöpfer ideal bleiben, weil er sie kompromißlos als die Residenz einer konstitutionellen Monarchie komponierte. Das widersprach eklatant der Zitadellen- und Vatikan-Mentalität des Kronprinzen. Darum scheitert das Projekt. Dem Souverän bleibt am Rande der Anlage ein privater Wohnbereich mit einem »Gärtchen«, das »den Augen der Welt verborgen, nur vom Fürstenpaar benutzbar« war. Die Stiftung von allem alten Kulturbesitz an »das Volk«, die Einrichtung von öffentlichen »Instituten des Palastes« (Schinkel) definierte das Amt des Souveräns bis zu jenem kritischen Punkt der Hergabe, wo der Monarch mit dem »Thronsaal« und der »Schloßkirche« die unverfaßte Hingabe des Volkes an Thron und Altar der Monarchie verlangte. Was immer zum Scheitern aller vier Residenzprojekte geführt haben mag, der Kronprinz hat sie als »mächtiger Bauherr-Befehlshaber« mit einem »kiss of death« in Gang und auf Sand gesetzt. »Das Ganze blieb nichts weiter als ein schöner Traum« (Schinkel).

Schinkels frühe Parteinahme für die Verfechter einer konstitutionellen Monarchie in Preußen manifestiert sich in einem erstaunlichen, nicht realisierten Frühwerk, dem »Denkmalsbrunnen« auf dem Schloßplatz von 1813–15. Sein Inhalt nennt die Grundpfeiler jener Reformen, die der König am 22. Mai 1815 der »Preußischen Nation« in dem berühmten »Verfassungsversprechen« ankündigte: eine schriftliche Verfassungsurkunde und die Neueinrichtung von Provinzialständen, wohl als Vorläufer einer gewählten Volksvertretung. Das könnte die »Corporation von Ständen« sein, die Schinkel »gleich nach dem Kriege im Jahre 1814« den Auftrag für den Brunnen erteilt hat.

Der thronende Koloß des »Genius Preußens« sieht einer nachrevolutionären »République« ähnlicher als einem Bild der Monarchie. Unter ihm lagern vier figürliche Zweiergruppen, die eine bürgerliche Gesellschaft als Zweckverband zur Sicherung von Freiheit, Gesetz, Bildung und Handel umschreiben: die Wissenschaft und die Kriegskunst; die Religion und die Schöne Kunst; das Gesetz und die Freiheit; der Ackerbau und der Handel. In den Reliefs sind Kampf, siegreiche Heimkehr und die Früchte des Friedens dargestellt, darunter auch die Verfassung?

Der König, die Monarchie, die Preußische Armee fehlen wie auf den Reliefs der Neuen Wache. Der »Genius Preussens« ist von kolossaler Größe, weil er sich an das ganze Volk jener Nation wendet, die in der versprochenen Verfassung die gleichen Rechte für alle erhoffte. Schinkel hat in der idealen Nacktheit seiner selbstbestimmt handelnden griechischen Jünglinge und Familienväter die Freiheit, Gleichheit und Brüderlichkeit des Volkes idealistisch vorweggenommen.

Diese Hoffnungen Schinkels waren in den dreißiger Jahren so gründlich erschüttert, daß er verzweifelt in seine »Lehrbuch«-Notizen einen Satz schreibt, der hier ganz zitiert werden muß: »Der Künstler muß sich gefallen lassen, daß sein mächtiger Bauherr-Befehlshaber das beste seines Entwurfs mit völligem Unverstand und sehr bequem mit einem Strich durchstreicht, dagegen das trivialste an die Stelle setzt. Nur mit der Aufopferung seines ganzen irdischen Glücks und seiner Stellung kann er durch Wagstücke seine Gedanken, mit Gefahr der Entdeckung und der Ungnade einschwärzen.«

Ein solches »Wagstück«, dessen Entdeckung ihn »seine Stellung« gekostet hätte, ist jetzt aufgetaucht. Die »fortwährende Sehnsucht«, die er Klenze gesteht, »der unwiderstehliche Hang seiner Einbildungskraft«, die er Hittorf beichtet, setzen die Kraft zu einem regelrechten Befreiungsschlag frei. Das Schloß reduziert er auf den bewunderten Schlüterteil, den jugendlich erdachten Verfassungsbrunnen setzt er in die Mitte des neuen großen Friedensplatzes. Dem Museums-Tempel für die Bildung aller Klassen des Volkes stellt er die Akademie der Wissenschaften gegenüber. Endlich hat das Schloß seinen Partner in jener »Halle des Volkes« gefunden, die Schinkel in allen Residenzentwürfen als Symbol der unabhängigen Rechte des Volkes einzuführen versuchte: Ein Platz und eine Residenz des eingelösten Verfassungsversprechens, vielleicht mit einem Friedrichsdenkmal zwischen Dom und Schloß, mit einer neuen Bibliothek neben der Bauschule und einem Kaufhaus am Werderschen Markt. Handel und Wandel, die Wissenschaften und die Künste, verfaßte Monarchie und souveränes Volk finden Wurzeln in dem zentralen Platz und wachsen in die Stadt und den Staat hinaus.

Vielleicht haben die Baukonduktoren Wilhelm Berger, der Schinkels Schwager war, Heinrich Bürde, der ab 1848 sämtliche preußischen Parlamentsbauten entwarf, oder der Lieblingsschüler Schinkels, August Soller, dem Meister bei dem Gipsmodell geholfen, es verborgen und gerettet.

Am 8. September 1840, am Tage vor seinem Zusammenbruch, geht Schinkel mit Carl Wilhelm Gropius spazieren. Sie besprechen neue Panoramen. Schinkels Panorama seiner neuen Hauptstadt einer konstitutionellen Monarchie war nicht anders denn als heimliches »Wagstück« in Gips zu erfinden.

Der Autor ist emeritierter Kunsthistoriker der Universität Bonn und lebt in Berlin.

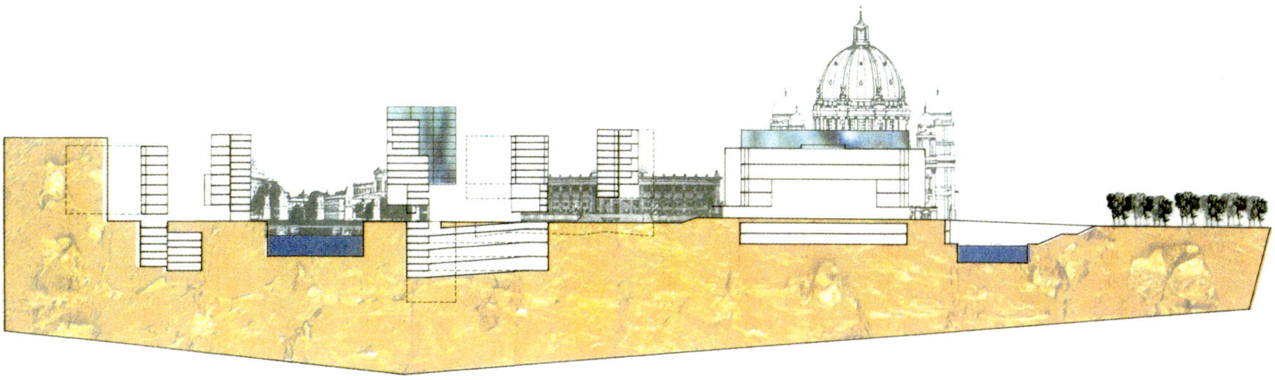

Drehbuch für einen Ort im Werden

Claus Käpplinger über die Vision von Wiel Arets

Etwas verblüfft war Wiel Arets, als ihn im fernen Heerlen die Frage erreichte, ob er sich mit dem Berliner Schloßplatz beschäftigen wolle. Verblüfft, da selten in den letzten Jahren bei niederländischen Architekten angefragt wurde, ob nicht auch sie sich und ihre Erfahrungen in Berlin einbringen wollen. Ein Versäumnis, das die Niederländer nicht besonders schmerzte, da sie heute fast alle im eigenen Land reichlich zu tun haben. Wiel Arets griff mit der ihm sehr eigenen Art das Thema auf, dem Schloßplatz wieder eine Gegenwart in der Stadt zu geben.

So montierte er auf einem großen Bogen Papier unterschiedliche Text- und Bildfragmente, die ein Stadtquartier im Werden zeigen. Ihre Betonung liegt dabei ausdrücklich auf dem Werden, auf einem Prozeß, der sich über viele Jahre erstrecken könnte. Eine Zeitperspektive, die ihm, der in Rotterdam ein großes, neues Stadtquartier mit 3500 Wohnungen betreut, realistisch wie sinnvoll erscheint, um tatsächlich Vielfalt entstehen zu lassen. Seinen Entwurf mag er so mehr als ein Drehbuch für das, was sich hier ereignen könnte, verstanden wissen. Deshalb setzte er auf den Kopf seines Blattes auch ganz programmatisch zwei Zeilen, nämlich sein Ziel: »Stadt als evolutionäres und poetisches Ereignis« und die Forderung: »Ein maximales Potential für die zukünftigen Entwicklungen offenhalten«. Denn die Allmachtsphantasien mancher seiner Kollegen, einen solchen bedeutenden Raum mit einem Werk aus einem Guß zu überziehen, mag er nicht teilen.

Die Stadt heute, und speziell das von ihm verehrte Berlin, sei einfach zu lebendig und vielfältig, als daß hier allein ein Architekt oder ein Gebäude alle Interessen überzeugend bündeln könnte. Auch ein Grund dafür, daß schon früh in seinen Überlegungen der Wiederaufbau des Stadtschlosses ausschied. Es wäre heute einfach zu hermetisch, zu groß, allein eine Kulisse, die nur wenig von ihrem eventuellen Innenleben an die Stadt zurückgäbe. Nein, auf keinen Fall wieder einen solchen Monolith wie das Schloß. Wer sich heute ernsthaft mit der Stadt und der Spreeinsel auseinandersetze, müsse sehen, daß hier nur Lösungen wünschenswert seien, die wieder den Fluß und Fußgänger in die Stadtmitte zurückbringen.

Den Menschen wieder die Stadt und dem urbanen Raum wieder die Spree zurückzugewinnen, waren deshalb die zentralen Kriterien seiner Strategie einer allmählichen Transformation der Leere in ein lebendiges Stadtquartier. Ein Quartier, das fast zwangsläufig weiter als der Schloßplatz allein gefaßt sein sollte, da nur so Verbindungen über und an der Spree entlang entstehen könnten. Und als Niederländer fielen ihm dabei sofort Bilder aus Amsterdam, aber auch des alten Berlin ein, wo sich die Stadt beiderseits der Wasserläufe ausbreitete und sie ebenso spannungsvoll wie abwechslungsreich einrahmte. An diese Qualität möchte Arets heute wieder anknüpfen, weshalb er das Areal bis zur Friedrichwerderschen Kirche und nach Osten zum Park ausdehnte.

Was jedoch der Architekt auf diesem Gebiet entwarf, dürfte vielen Berlinern auf den ersten Blick mehr als befremdlich erscheinen. Keine Anbiederung an das Berliner Blockraster oder gar an das Schloß, sondern eine neue, mehr oder minder lineare Stadtstruktur. Neben dem erhaltenen Palast der Republik erstrecken sich da mehrere streng parallel geführte Zeilen zwischen Lustgarten und Werderstraße. Variationen sind nur in der wechselnden Breite der Baukörper und ihren Rücksprüngen auszumachen. Im Westen wird zudem die wieder aufzubauende Bauakademie von seltsamen Winkelelementen umschlossen, während an der Ostseite des Palastes unvermittelt ein sehr breites Brückenbauwerk die Spree überspannt. Der erste Eindruck, ein Quartier, das

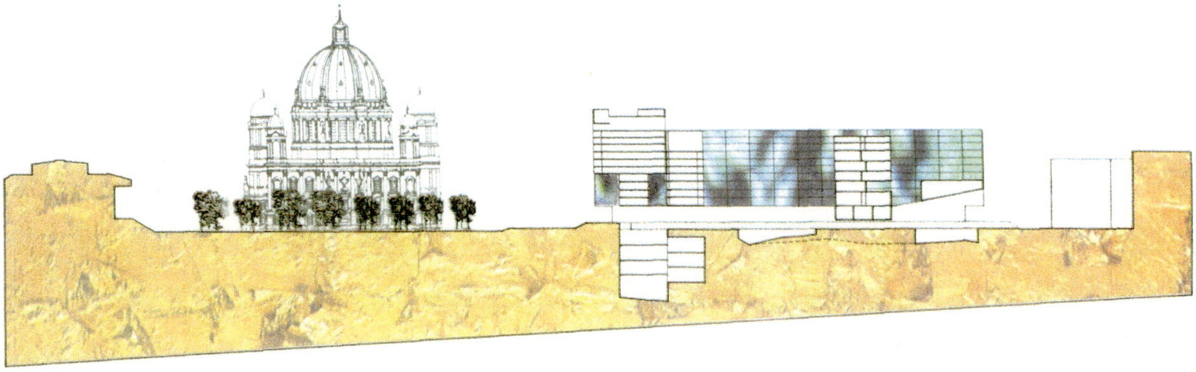

Wiel Arets' Bauten auf dem Schloßplatz haben auch eine Unterwelt mit zahlreichen Funktionen und Möglichkeiten.

schematisch und leblos wirkt, kaum räumliche Überraschungen verspricht. Der Siedlungsbau der Moderne scheint auf das Stadtzentrum übertragen worden zu sein.

Eine Rückkehr zur alten Stadt kann es nicht geben, da sie aus einer anderen Gesellschaft hervorging, die noch feste, aber starre Weltbilder kannte und diese in dauerhafte Formen zu bringen versuchte. Doch die Zeit großer Weltbilder sei unwiderruflich vorbei, so Arets. Im liberalsten Moment der Weltgeschichte käme es darauf an, der schwer zu ertragenden Instabilität aller Verhältnisse eine möglichst offene und dennoch stabile Form zu geben, die jedem Nutzer den größten Grad an Beteiligung und Verwirklichung läßt. Seine streng linearen Baukörper möchte er als eine Art von positiven Viren verstanden wissen, die dem kranken Körper Stadt ähnlich einer Schutzimpfung wieder eine bessere Resistenz bieten.

Diese Baukörper sind klar lesbar und leicht veränderbar. Und da sie nicht auf der Idee eines großen Monuments beruhen, können seine Viren ganz allmählich in den Ort eindringen und dort einen kontinuierlichen, aktivierenden Prozeß der Veränderung bewirken. Nur ein, zwei Bauten könnten so am Anfang stehen, um nach und nach mit Gebäuden ergänzt zu werden, für die wirklich ein reales Bedürfnis besteht. Auch, damit letztlich den Stadtbewohnern die Möglichkeit erhalten bliebe, sich an das Neue zu gewöhnen und korrigierend einzugreifen, falls sich das ursprüngliche Nutzungsprogramm als überholt erweisen sollte. Erst am Ende aller Bauabschnitte würde sich durch die Summe aller Eingriffe ebenfalls die Stadt verändert haben. Womit Arets auch an vielen zeitgenössischen Wettbewerben Kritik übt, die ohne ausreichende Diskussionen vage und zugleich verbindliche Nutzungsanforderungen aufstellen, mit denen dann große Stadtgebiete über Jahre hinweg starr verplant würden. Sein Modell hingegen verspricht einen sukzessiven Prozeß, der flexibel auf die jeweiligen Bedürfnisse eingeht.

Deshalb baut Arets auf einfache lineare Geschichten, die erst in ihrer Montage eine große Komplexität und Schichtung erhalten, indem sich in ihnen und um sie herum kleinere und größere Verschiebungen ereignen. Rhythmusstörungen, Verzögerungen, Umwege und Verdichtungen, die miteinander orchestriert eine größtmöglichste Dichte von Szenarien, Nutzungen und Ereignissen am Ort bündeln. Zum Alten Museum des verehrten Friedrich Schinkel sollen sie sich orientieren und so transparent wie möglich öffnen. Denn erst aus dem Dialog mit dem Bestand, mit Schinkel wie dem Palast der Republik, gewinne das neue Stadtquartier an Bedeutung.

Durch die Aufständerung aller Bauten möchte Arets eine aktive, öffentliche Grundebene entstehen sehen, die die Fußgänger dazu verführt, unbeschadet durch den Autoverkehr über das Areal zu schlendern und die verschiedenen Räume zu entdecken. Und da Berlin nur eine geringe natürliche Topographie besitzt, laden seine Körper dazu ein, ausgedehnte Unterwelten aufzusuchen, wo sich alles wieder einfinden könnte, was heute angesichts eines erhöhten Ruhebedürfnisses und maximaler ökonomischer Ausnutzung aus der Stadt verdrängt wird. Hybride Gebäude, die unten Diskotheken, Bars, Sport- und Kulturzentren aufnehmen, während oben Wohnen und Arbeiten dominieren. Ein Konzept, das sich auch gut mit dem alten Palast der Republik verträgt, der um ein Brückenbauwerk ergänzt eine neue Orientierung nach Osten erfährt. Als Regisseur wechselnder Bild- und Raumsequenzen versteht sich so Wiel Arets, der die Berliner herausfordert, sich aus der Fülle von Fragmenten ein eigenes Bild zusammenzufügen. Denn aus ihrer Verantwortung für den Ort will der Architekt sie nicht entlassen.

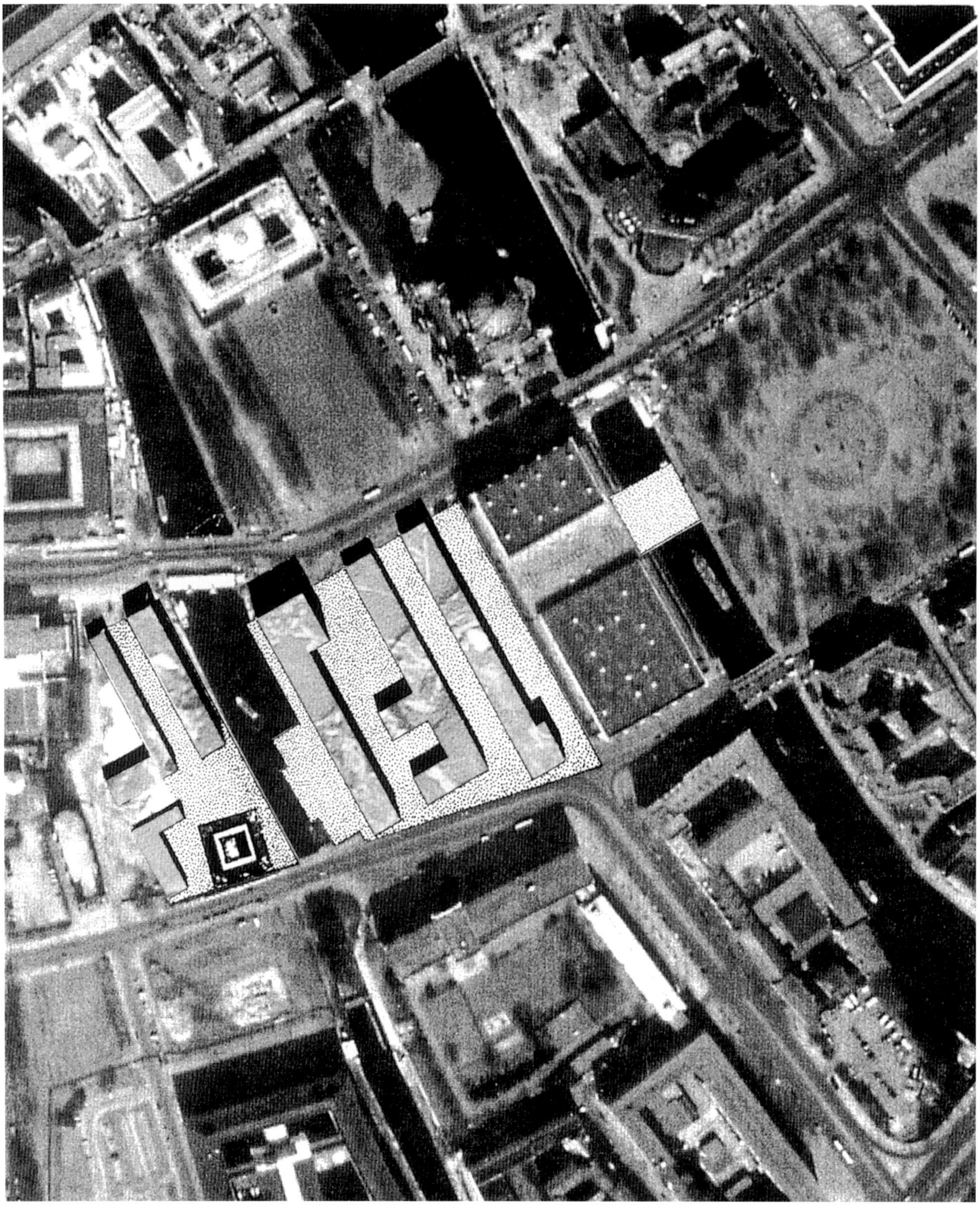

Als eine Art von Drehbuch möchte Wiel Arets seinen Entwurf zum Schloßplatz verstanden wissen. Ein Drehbuch, das flexibel auf die Wünsche der Berliner reagieren kann. Deshalb kein Wiederaufbau des Schlosses oder eines vergleichbaren neuen Monuments, sondern eines Stadtviertels, das ganz allmählich über die Ufer der Spreeinsel entstehen könnte. Entlang des Westufers des Spreekanals umfassen winkelförmige Baukörper die wiedererrichtete Bauakademie, während ein breites Brückenbauwerk den Palast der Republik nach Osten öffnet. Für die Spreeinsel selbst schlägt der Architekt mehrere parallel zum Palast der Republik geführte Zeilen mit wechselnden Vorbauten vor. Dabei soll eine öffentliche Grundebene entstehen, die abseits des Autoverkehrs allein den Fußgängern gehört. Und da Berlin nur eine geringe natürliche Topographie besitzt, wollen Arets' Baukörper dazu einladen, ausgedehnte Unterwelten aufzusuchen, wo sich alles einfinden könnte, was heute aus der Stadt verdrängt wird. Hybride Gebäude, die Diskotheken, Bars, Sport- und Kulturzentren aufnehmen, während überirdisch Wohnen und Arbeiten dominieren.

Foto: Kim Zwarts

Wiel Arets
Heerlen/Niederlande

Er zählt zur Crème de la Crème der Architektur-Avantgarde und dies nicht nur in den Niederlanden, sondern weltweit. Für einen Architekten, der 1955 in Heerlen geboren wurde und dort heute auch sein Büro hat, ist dies mehr als ungewöhnlich. Selbst in den Niederlanden wird sonst dem Geschehen an ihrer Ostgrenze, im Maastrichter Dreiländereck zu Belgien und Deutschland, nur wenig Beachtung geschenkt.

Die nationale wie internationale Aufmerksamkeit richtet sich vielmehr auf die Projekte der Randstad, wie die Niederländer das Städteband von Rotterdam bis zum Amsterdamer Flughafen Schiphol zu nennen pflegen.

Doch lange bevor dort Wiel Arets bauen sollte, hatte er schon Ende der achtziger Jahre über seine Heimatprovinz Limburg hinaus für Furore gesorgt. Kleinere Um- und Neubauten, zumeist für medizinische oder pharmazeutische Nutzungen, denen etwas Beunruhigendes wie in sich Ruhendes zu eigen war, erregten damals die Gemüter. Mochte man ihn angesichts seiner exponierten Präsentation von rohen Betonteilen noch am Anfang auf die europäische Variante des Japaners Tadao Ando reduzieren, so veränderte sich rasch das Bild nach der Lektüre seiner Texte. Denn der Architekt Wiel Arets beschreibt wiederkehrend eine sehr eigene, eine europäische Sicht der Stadt und Architektur am Ende des 20. Jahrhunderts. Und er ist Mitbegründer der Architekturzeitschrift »Wiederhall«, die interdisziplinär Theorie und Praxis zusammenzuführen versucht.

So waren es eher gattungsfremde Bereiche wie die Filmkunst Jean-Luc Godards, die Poesie von Paul Valéry oder die virologische Philosophie des Kanadiers Arthur Kroker, die ihn zu überraschenden Schlußfolgerungen in der Architektur kommen ließen. Einer Zeit, der die Realität zu entgleiten scheint, in der der Architekt immer mehr mit Unkontrollierbarem und Unsicherheiten konfrontiert wird, setzt Wiel Arets seine resistenten »Viren« streng linearer und dennoch höchst komplex aufgebauter Kuben entgegen, die sich nicht einfach vereinnahmen lassen. Gewissermaßen fungieren sie immer als Hindernisse im Stadtraum, die gegen die Neigung zu flüchtigem Gebrauch wieder Umwege und eine Verlangsamung der Wahrnehmung erzwingen.

Anders als die Anhänger eines sich vermeintlich selbst regulierenden Chaos, wie sie gerade im angelsächsischen Raum zu finden sind, tritt deshalb Wiel Arets für den Erhalt und Weiterbau der Stadt ein. Denn eine Aufgabe der Stadt aufgrund ihres unrettbaren Agglomerats widersprechender Interessen und Mächte kann es für ihn nicht geben. Dies war seine Lehre an der renommierten Avantgarde-Schmiede, der Architectural Association in London, wie an vielen weiteren Hochschulen dieser Welt, und ist es heute am Amsterdamer Berlage Institut. Wie der Regisseur Jean-Luc Godard in der Montage Bilder und Szenen zu einem Film zusammenfügt, strukturiert deshalb Arets offene Kombinationen von Ereignissen, Materialien, Aussichten und Durchblicken zu hintersinnigen, mehrschichtigen Bauten. Ein Gefühl des Fremdseins bleibt dabei bestehen und geradezu seinen Bauten zu eigen, das sich jedoch teilweise durch ihre individuelle Erfahrung überwinden läßt.

Bei der 1995 fertiggestellten Polizeistation in Valls wird der Besucher zuerst mit dem Hundezwinger, dann mit dem Zellenblock und einem Einblick auf den Schalterraum konfrontiert, bevor er schließlich in das Gebäude eintreten kann. Die Arbeits- und hier speziell die Vollzugsweise der Polizei wird gewissermaßen transparent gemacht. Bei der Kunstakademie in Maastricht wiederum scheinen Transparenz und Kuben sich vom nahen Stadtzentrum abzuwenden, doch überraschende Schnitte in den Körper, eine Brückenpromenade von einem zum anderen Kubus eröffnen den Studenten wieder eine Erfahrung von räumlichen Beziehungen und nicht zuletzt weite Blicke in und über die Stadtlandschaft hinweg. Die Außenwände aus Glasbausteinen vermitteln hingegen den Passanten im Schemenriß, was sich im Inneren der Gebäude ereignet.

Ob nun bei seinen zahlreichen Wohnbauten in Tilburg, Amsterdam und Rotterdam oder dem Pensionsfund AZL in Heerlen – immer wieder bekennt sich Wiel Arets zu seiner virologischen Architektur, die auf den ersten Blick überaus nüchtern anmutet, doch sich beim Verweilen als erlesene Kombination von Räumen und einfachen Materialien herausstellt, die wieder eine körperliche, haptische Wahrnehmung wecken. Eine Qualität, die er nun auch als einen Prozeß vieler Beteiligter für das Laurenskwartier im Rotterdamer Hafengelände erreichen möchte, das sich allmählich von einer Brache in ein lebendiges Stadtviertel verwandeln soll.

Claus Käpplinger

Viel Raum fürs Volkshaus

Christian van Lessen über Hinrich Baller, der eine neue Mitte schaffen will, für die sich alle Berliner begeistern können

Wenn Architekt Hinrich Baller an das alte, »barbarisch« gesprengte Schloß denkt, gerät er fast ins Schwärmen. Es sei das vielleicht hochwertigste Gebäude gewesen, das Berlin je zustande brachte. Das Bauwerk, allerdings auch bombastisch und von erschreckender Größe, wieder völlig aufzubauen, werde wegen der utopischen Kosten sowieso nicht gelingen. Auch fehle es heute an Künstlern und Kunsthandwerkern, um ein derartiges Werk zu vollbringen, sagt Baller.

Er, dessen Architektur für Offenheit und Wohlgefühl stehe, wolle deshalb dem unsinnigen Blick zurück eine lichte, freundliche Vision entgegensetzen: Sie verbinde Neues mit wiederaufgebauten Teilen des alten Schlosses, zeichne die großartige Schlütersche Leistung an markanten Stellen nach. Sein Schloßplatz, so Baller, müßte ein Ort werden, an dem sich wieder alle Berliner für ihre Stadt begeistern könnten.

Ein Ort, der sogar Modellcharakter haben und zeigen soll, wie lebendig Stadt funktionieren kann und muß, als abwechslungsreiche Stätte der Kommunikation, in der man sich einander näherkommt – das vermißt Baller beispielsweise an der neuen Friedrichstraße mit ihren »monostrukturalen Bürokomplexen«, an der Berlin für ihn nur noch eine zu dicht bebaute Stadt der Bodenspekulation ist, auch künftig kein Ort für die Einwohner selbst. Das aber soll der neue Schloßplatz werden, wie Baller ihn sich vorstellt.

Neues und Altes gemischt. Der Schloßplatz von vorn (oben) und aus nördlicher Sicht. Auf der zum Rathaus gerichteten Spreeseite steht der Turm.

Der Palast der Republik stört ihn bei seinen Plänen nicht: Das, was von dem einstigen Renommierbau vielleicht an Erhaltenswertem übrigbleibt, wird einfach in eine neue Haut gesteckt und in den Komplex einbezogen. Und so wünscht sich Baller, daß schon bei der Asbestsanierung des Palastes, von dem wohl nur ein Skelett übrigbleibt, das Schlüter-Portal des alten Schlosses an seine alte Stelle und in den ausgedünnten Baukörper »hereingebastelt« wird. Das Portal ließe sich übrigens sogar noch mit den Originalsteinen bauen, die auf Schutthalden in der Umgebung Berlins lägen.

Den Aufbau von wichtigen Stücken des alten Schlosses sei man der Kultur schuldig, sagt der Architekt. Es müßten ferner an der zum Rathaus gerichteten Spreeseite der mittelalterliche Turm, an der Nordwest- und Westseite weitere Schloßstücke entstehen. Und all dies umgeben und ergänzt von einem modernen, terrassenförmigen Ensemble, das sich über öffentlich zugängliche Galerien erschließt, Aussichtspunkte bietet und alles in allem grün, ökologisch, gläsern und licht wirkt. Eine kleine, vielseitig nutzbare Stadt will Baller in seinem Entwurf zum

Phantasie-Wettbewerb Schloßplatz bauen. Zu ihr gehören Läden, Ausstellungsräume, Platz für ein großes kulturelles Angebot, zu dem auch die Kleinkunst gehören muß, ferner Mehrzweckräume, wie sie auch der Palast der Republik bot, Restaurants, Cafés, Hotels oder zumindest Gästehäuser, eine Turnhalle, sogar ein Schwimmbad. Warum, fragt der Architekt vorsorglich, sollte man sich vor dem Bau einer modernen Badetherme scheuen, die vielleicht nur 20 Meter entfernt von einem Schlüter-Tor angelegt wird, wenn man diesen kleinen Teil des Schlosses erstklassig wiederherstellt? Dem alten Baumeister damit alle Ehre erweist, die heute noch möglich ist.

Das gesamte Schloßareal könne man gar nicht so dicht wie früher bebauen, denn dafür fehle nicht nur das Geld, sondern auch die Raumnachfrage. Schon das Sockelgeschoß, das mit den Neubauten entstehe, biete Platz für lange Kolonnaden, die entweder zum Spazierengehen genutzt oder mit repräsentativen Läden versehen werden könnten. Und gegenüber dem Staatsratsgebäude, wo die Denkmalpflege im Boden nach mittelalterlichen Resten gräbt, sollten wichtige Fundstücke aus der Entwicklungszeit der Doppelstadt Cölln/Berlin freigelegt, wiederhergestellt, gesichert und in einem großen Volksgarten, von den Galerien der neuen Gebäude aus, besichtigt werden können.

Baller will das gesamte frühere Schloßgelände zum öffentlichen Erlebnis machen, denkt dabei auch an die Volkshaus-Utopien von Bruno Taut und Hans Scharoun. Der Palast der Republik habe dieses Ziel nicht erreicht, sei zu sehr Machtdemonstration gewesen. Der Architekt möchte hier verwirklicht sehen, was er auch von seinen bisherigen Bauten verlangt: Daß sie sich den Menschen öffnen, die Stadt nicht ausschließen, sondern einladen, daß sie transparent sind und zum Wohlfühlen einladen. Der Schloßplatz soll »kein Solitär, sondern ein besonderes Stück Stadtstruktur für alle« werden.

Auch Schinkel, der viel von Berlin und seinen Bewohnern gewußt habe, sei mit seinen Entwürfen auf die

Areal mit viel Freiflächen. So präsentiert sich das Gelände mit Berliner Dom und Lustgarten (links).

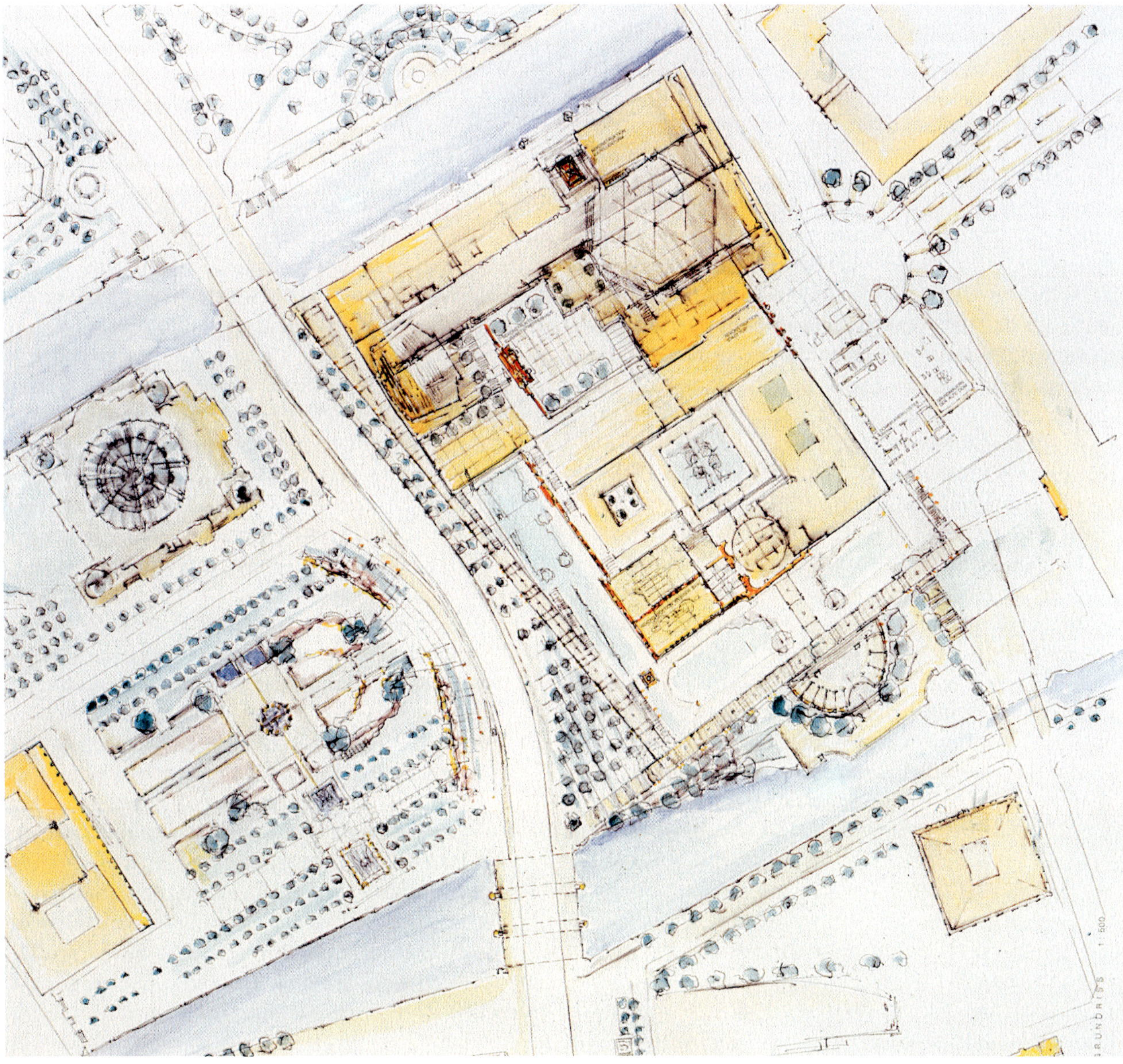

Neue Mitte. Wiederaufgebaute Schloßreste, umgeben von gläserner Moderne, umrankt von viel Grün. Das neue Ensemble soll sich seiner Umgebung mit dem Zeughaus (links), dem Berliner Dom und der noch aufzubauenden Bauakademie (rechts) anpassen.

Menschen eingegangen, habe Stadt und Architektur zusammengebracht. Diese Tradition, sagt Baller, wird heute leider negiert. So drohten die Bauten um den Pariser Platz – mit Ausnahme des Entwurfs der Akademie der Künste, für den der Architekt Günter Behnisch hoffentlich weiter kämpfe – mit ihren Natursteinplatten und Fensterlöchern abweisend, grau und düster zu werden.

Baller aber will gegen die unnahbare, absolute Fassade – gegen die Utopie des Todeskristalls – die Utopie des Lebensbaums setzen, der sich dem Menschen öffnet und den er in seinen Entwürfen oft symbolisiert.

Über viele Jahre hat sich der Berliner Architekt, auch als Hochschullehrer, mit dem Schloßplatz beschäftigt, hat ihn geradezu studiert, alte Akten und Berichte ausgewertet, die Geschichte des Ortes dokumentiert. Dabei half ihm auch seine Freundschaft zu Goerd Peschken, der als ausgewiesener Schloßkenner gilt und ein Buch über *Das Königliche Schloß* schrieb – jenes in Jahrhunderten aus einer Zwing- und Wasserburg des Kurfürsten Friedrich II. entstandenen, immer wieder veränderten Bauwerks, das sich zuletzt mit dem von Andreas Schlüter gestalteten äußeren Bild endgültig in der Erinnerung festgesetzt hat.

Baller ist bei seinen Studien der markante mittelalterliche Turm aufgefallen, den er in seine Neubaupläne einbeziehen will und der gut dokumentiert ist. Auf dem Areal in Spreenähe wiederum steht noch ein Teil des Palastes der Republik, der aber nach Ballers Plänen sowieso schon angeknabbert wird. Der Turm sei damals mit sparsamsten Mitteln errichtet worden, zu einer Zeit übrigens, als Geld besonders knapp war. Das Bauwerk passe also hervorragend in die heutige Zeit, weil es auch verhältnismäßig preisgünstig hergestellt werden könne.

Und auf der anderen Seite des Platzes sind es der Weiße Saal oder auch das Elisabeth-Treppenhaus und das Tor »gegenüber der Stadt«, die nach Ansicht Ballers als Symbole unübertroffener Baukunst wiederhergestellt werden müßten, mit repräsentativen Räumen und dazu passender Gastronomie. Neu und »Alt« sind verbunden, offen zugänglich über mehrstöckige Galerien, den sogenannten Terrassenberg, oder auch über große Gärten.

So wächst das Areal mit seinen unterschiedlichen Baustilen nicht nur symbolisch zusammen. Die erschreckende Größe, die Hinrich Baller bei aller Begeisterung am alten Schloßplatz irritierte, schrumpft optisch, löst sich in Leichtigkeit auf, schärft das Auge auch für die klassischen Einzelheiten.

Hinrich Baller empfiehlt allen, die sich Gedanken über die Zukunft des Berliner Schloßplatzes machen, einen Gang übers Gelände. Man sollte den Umriß des alten Schlosses bedächtig schrittweise abgehen, um sich wirklich ein Bild über dessen früheres Ausmaß zu machen. Immerhin war hier einst auch eine ganze Garnison stationiert. Das Schloßgelände war eine kleine, in sich abgeschlossene Stadt. Eine kleine Stadt sollte es, so Ballers Vision, wieder werden. Aber eine offene, die alle Menschen Berlins einlädt und in der sie sich wohlfühlen können.

Foto: Markus Wächter

Hinrich Baller
Berlin

Geboren 1936 in Stargard, Pommern. Seit 1945 lebt Baller in Berlin, machte hier 1956 das Abitur, studierte anschließend Architektur an der Technischen Universität. Von 1964 bis 1970 arbeitete er an der TU als Wissenschaftlicher Mitarbeiter, ehe er 1967 mit Inken Baller ein gemeinsames Architekturbüro in Berlin gründete. Seit 1972 ist er Professor an der Hochschule für Bildende Künste in Hamburg und betreibt seit sieben Jahren ein gemeinsames Büro mit seiner jetzigen Ehefrau Doris Piroth.
»Keine Stadt wird lebendig, wenn sie nicht von ihren Bewohnern geliebt wird«, sagt Hinrich Baller. Architektur trage entscheidend zur Stimmungslage bei, müsse offen sein, Außen und Innen ins Gespräch bringen. Vor allem in Berlin sind inzwischen rund hundert Gebäude nach seinen Plänen entstanden. Mit »swingenden« Fassaden, mit formenfreudiger, leicht und schwebend wirkender, unverwechselbarer, sich einprägender Architektur, die von Bauhistorikern zuweilen als »neuer Expressionismus« charakterisiert worden ist.
Zu den wohl bekanntesten Baller-Gebäuden zählen die Doppelturnhalle an der Charlottenburger Schloßstraße, ein Wohnhaus an der Lietzenburger Straße mit auffällig pilzförmigen Balkonbrüstungen sowie das Philosophische Institut der FU. Zu den Attraktionen der Internationalen Bauausstellung Berlin (IBA) gehörte in den achtziger Jahren die schwungvolle Bebauung einer überdimensionalen alten Hinterhof-Brandwand am Kreuzberger Fraenkelufer. Das lichte, fast schon exklusiv wirkende Gebäude demonstrierte hinter hügeligen Grünflächen neues Wohnen im Sozialen Wohnungsbau.
Daß der Architekt, wie in seiner Schloßplatz-Vision, Neu und Alt zusammenbringen kann, beweist nicht zuletzt sein eigenes Büro, fünf Stockwerke über dem Lietzensee. Da planen er, seine Frau und die Mitarbeiter in zwei großen ausgebauten Dachgeschossen mit weiten, geschwungenen Fensterflächen, mit viel Grün, Glas und Holz.
An den Altbau darunter erinnert aber das mit Bedacht bewahrte, inzwischen fast geschwärzte, unverputzte Dachstuhlgemäuer. Es schafft zur Moderne einen wohligen Kontrast, der beim zweiten Blick gar keiner mehr ist. Und zwischen den Arbeitscomputern und Reißbrettern stehen noch ein altes Klavier mit aufgeschlagenen Noten von Johann Sebastian Bach und ein Cembalo. Es wirkt uralt, aber Musikfreund Baller hat es erst vor einigen Jahren selbst gebaut.

Christian van Lessen

Im Glashaus zwischen Kuppel und Palast

Christian van Lessen über die Vision von Wolf-Rüdiger Borchardt

Wolf-Rüdiger Borchardt mag Provisorien eigentlich nicht, schon gar nicht beim Bau. Nach den Plänen und Entwürfen des Berliner Architekten entstehen, stabil und dauerhaft, Wohn- und Geschäftshäuser, Schulen, Hotels und Einkaufszentren, werden Bahnhöfe errichtet oder restauriert. Überall in Berlin, im gesamten Land und anderswo.

An der Spree verhalf er der Tiergartener Kongreßhalle, in den fünfziger Jahren von ihrem amerikanischen Planer vermutlich etwas provisorisch entworfen, nach dem Dacheinsturz 1980 zu einer neuen, sicheren und langlebigen Konstruktion. Provisorien sind Wolf-Rüdiger Borchardts Sache nicht. Aber Ausnahmen dürfen gestattet sein.

So hat er für den Schloßplatz ein Provisorium entworfen. Eines, das sich ohne Schwierigkeiten relativ schnell bauen läßt, den Palast der Republik teilweise einbezieht. Eines, das die wohl lange Zeit bis zur endgültigen Entscheidung über die Platzgestaltung sinnvoll überbrücken könnte: als gläserner Veranstaltungsort. Eingerahmt wird er von Teilen des Palastes der Republik, von dünnwandigen, aber statisch festen Rohbaufassaden, einer Galerie und einem Neubau. Das Provisorische an dem Entwurf soll allein der in Schloßplatz-Mitte stehende Würfel aus Stahl und Glas sein, 60 Meter lang, 60 Meter breit, 45 Meter hoch. Ein stabiler, funkelnder Glaskasten, vielseitig verwendbar und recht kostengünstig als Zwischenlösung herzurichten.

Ein Provisorium, das hält, das aber vielleicht schon in zehn oder auch erst in 50 Jahren abgerissen wird, wenn Geld in öffentlichen Kassen vorhanden sein sollte, um ein grandioses Bauwerk zu finanzieren. Vielleicht aber, überlegt der Architekt, will man das Provisorium gar nicht mehr missen, weil es längst liebgeworden ist.

In seinem Inneren soll der Würfel wie ein moderner Tempel sein, sagt Borchardt. Ein Ort, in dem sich vor vielen Hundert Gästen Konzerte geben, Theater, Oper oder auch Zirkus spielen läßt. Vielleicht auch, und das wäre sein Traum, die weltlichen Gesänge der Orffschen Carmina Burana aufgeführt werden könnten. Ein Ort für Schauspieler und ihr Publikum, die Spielschauer, wie Borchardt formuliert. Aber auch eine Stätte für Veranstaltungen aus Wirtschaft und Politik, für öffentliche Diskussionen; bei denen jeder Vorbeikommende mitreden darf, eine Art Forum, eine Hyde-Park-Corner mitten in Berlin.

Mit dem gar nicht provisorischen Rahmen, den Borchardt um diesen modernen Glaswürfel setzt, möchte der Architekt Teile des Palastes der Republik als Dokument

Der Schloßgarten, bei Nacht und bei Tag. Zum Platz hin deutet die Rohbaufassade mit dem Eingangsportal und der Kuppel die Ausmaße des früheren Schlosses an. Der gläserne Würfel in der Mitte des Geländes soll vielseitig nutzbarer Veranstaltungsort sein. Hinter dem Glasbau führt eine Passage in Nord-Süd-Richtung vom Lustgarten zum Marstall.

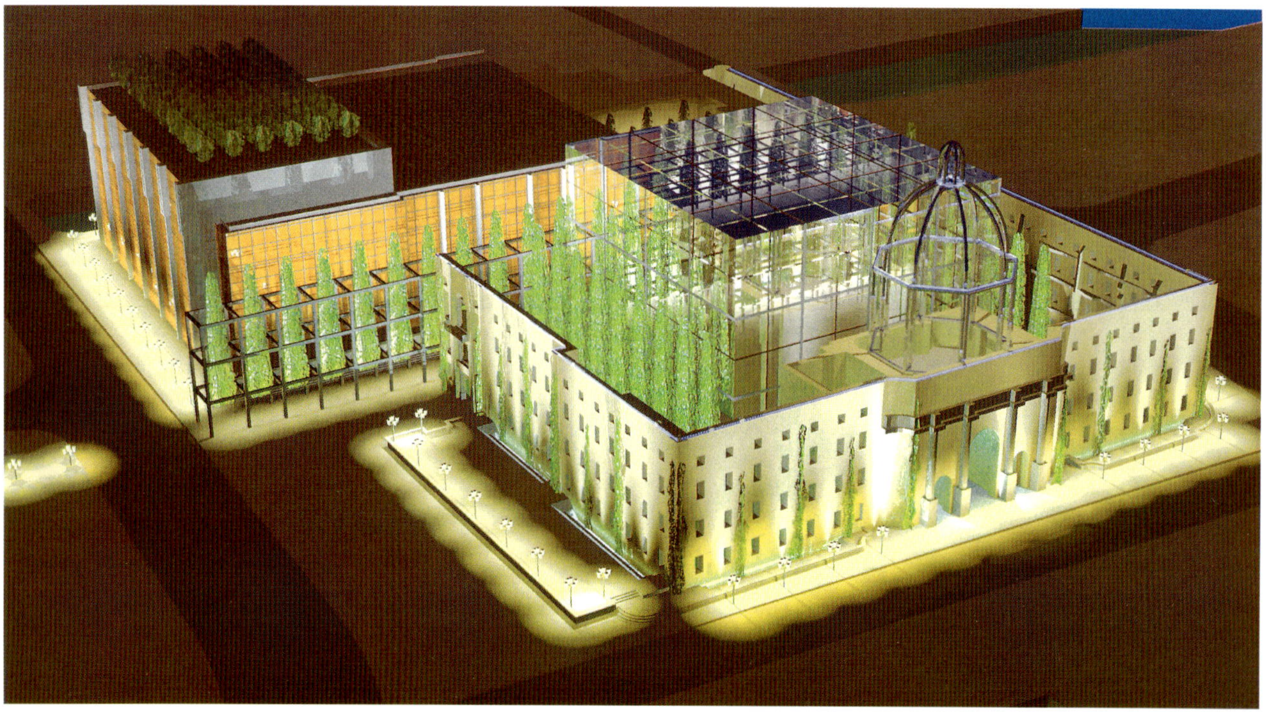

der DDR-Architektur, vor allem aber das Schloß und seinen alten Grundriß würdigen. Das altehrwürdige Schloß wiederaufbauen, und wenn auch nur in Teilen, hieße für ihn schlicht: Baufälschung. Aber er möchte es, intensiver und natürlich dauerhafter als es die kurzlebige, flatterhafte Schloßattrappe aus Stoff vor drei Jahren tat, materiell wirklich spürbar, seine einstigen Proportionen auch sichtbar machen.

Womit will er beginnen? Seine Idee für das Projekt »Schloßgarten« sieht vor, zunächst die alten Kellerwände des Schlosses freizulegen und zu konservieren. Restfundamente der früheren Randbauten des Eosanderhofes sollten, soweit vorhanden, für öffentliches Besichtigen zugänglich werden. So wie es zum Beispiel das Römisch-Germanische Museum in Köln vorführt oder das an Bedeutung, Größe und Öffentlichkeit kaum zu überbietende Forum Romanum mit den Resten des altrömischen Regierungsviertels.

Das Schloß, erinnert Borchardt, war immerhin mal politisches und wirtschaftliches Zentrum des alten Berlin. Und dieses Bauwerk muß irgendwie auch sichtbar werden, und wenn nur in seinen Ausmaßen. Er will als Platzkante einen gemauerten Rohbau errichten, nur aus rund 80 Zentimeter dicken Außenwänden, eine Fassade mit leeren Fensterlöchern. Keine Tapete, sondern eine Teilruine, gestützt durch kräftige Stahlpfeiler, an denen vielleicht auch noch Ränge und Gänge angebracht werden könnten, zum Entlangschlendern. Und mit einem Stahlgerüst als nachgebildeter Kuppel über dem einstigen Eosanderportal. Borchardt bezeichnet diesen Teil des Bauwerks als Primärstruktur; dem Sekundären, der Natursteinverkleidung oder den Dekors und Reliefs der ursprünglichen Fassade wird wenig, fast gar keine Bedeutung beigemessen. Vorgesehen ist dafür, auf der rohen Fassade Pflanzen wachsen zu lassen.

Nach dem Schloßgarten-Konzept wird eine Ecke des Palastes der Republik abgerissen, der nordwestliche Teil bleibt erhalten. Daß es der Trakt mit dem ehemaligen Volkskammersaal ist, hat sich beim Entwerfen zufällig ergeben. Der Palast ist zwar nicht schön, aber es läßt sich was aus ihm machen, sagt Borchardt. Nichts aber kann er mit dem Palast in seinem südöstlichen Bereich am Marstall anfangen. Hier soll hinter einem kleinen Vorplatz ein wirklicher Neubau entstehen, beispielsweise mit Räumen für Ausstellungen und für hochkarätige Gastronomie. Damit ist das gesamte Ensemble mit Rohbauwand und Palastrest äußerlich komplett.

Eine Passage durchquert das Areal von Nord nach Süd, vom Lustgarten zum Marstall. Quadratische Stahlträger bilden eine Pergola, es entsteht eine Baumallee. Und in der Mitte des Ganzen, im ehemaligen Eosanderhof, glänzt, flankiert von mediterran wirkenden Pyramideneichen und Rasenflächen, jener verglaste Stahlbaukörper, der Würfel. Ein idealer Platz für neues Leben in dieser so zentralen Mitte, sagt Borchardt.

Und er glaubt, daß Ludwig Mies van der Rohe, wenn er noch könnte, seine Neue Nationalgalerie gerade hier in diesen Schloßgarten hineinsetzen würde. Mit seiner Idee des Schloßgartens will der Berliner Architekt historische Spuren respektieren: die vorhandene Substanz, die sich in freigelegten Kellern erschöpft, sichern. Er will historische Elemente in Form des dünnwandigen Rohbaus rekonstru-

Im hinteren Teil, zum Dom gerichtet, ist ein größerer Rest des früheren Palastes der Republik in das Projekt einbezogen. Der Glaswürfel verdeckt aus dieser Perspektive etwas den Neubauteil an der östlichen Spreeseite. Das gegenüberliegende Ufer sollte nach Ansicht des Architekten wie früher bebaut werden.

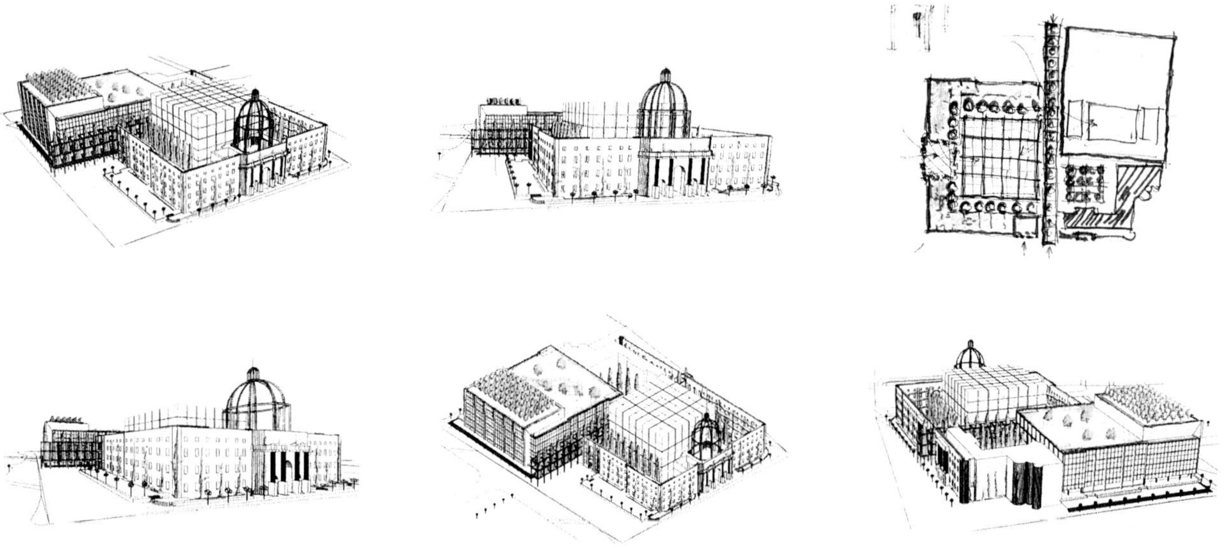

Skizzierte Mitte. Der Schloßgarten von (Nord-)Westen, von oben, aus Richtung Marstall gesehen, aus nordwestlicher Sicht und aus östlicher Rathausperspektive, mit einem Neubauteil. Dieser bildet die Verbindung zwischen dem Rest-Palast der Republik, der Rohbau-Fassade und dem Glaswürfel.

ieren, der auch als Gerüst für rankende Pflanzen dient. Darüber hinaus möchte er wichtige Raumfolgen des Palastes der Republik erhalten und alles öffentlich zugänglich machen. Der Architekt hat das Projekt bereits durchgerechnet. Er kommt auf 180 Millionen Mark. In dieser Summe sind die Abrißkosten für Teile des Palastes der Republik nicht enthalten, auch nicht die Kosten für Außenanlagen.

Borchardt hat für seinen Schloßgarten anspruchsvolle Modelle und Zeichnungen angefertigt. Sie zeigen das Ensemble bei Tag und Nacht, dann angestrahlt als Blickfang in Berlins Mitte. Der zur Domseite erhaltene Palast der Republik wirkt wie ein fester Bestandteil des Ganzen, nicht als Femdkörper. Und der gläserne Würfel inmitten der Anlage scheint aus der Vogelperspektive so transparent, daß er kaum auffällt.

Der Architekt montierte den Schloßgarten auf der Kubatur des alten Schlosses beispielsweise auch in ein altes Foto aus den zwanziger Jahren hinein, retuschierte das historische Bauwerk weg. Und nun reicht die Stadt von der östlichen Seite her dicht an die Spree und an den neuen Schloßgarten heran. Ein Neubau, sagt der Architekt, muß sich in seine Umgebung einordnen, darf nicht isoliert geplant werden.

Weil er die alte für ideal hält, hat er gar keine neue Umgebung geplant, sondern die versunkene wieder aufleben lassen – mit einer Stadtkante im Osten und mit einer Schinkelschen Bauakademie im Westen der Spreeinsel.

So müßte die vielfältige Stadtstruktur wiederhergestellt werden, sagt er. Denn so provisorisch, wie Berlins Mitte am alten Schloßplatz jetzt aussieht, liebt sie Architekt Wolf-Rüdiger Borchardt nicht.

Foto: Kai-Uwe Heinrich

Wolf-Rüdiger Borchardt
Berlin

Westend ist seine Welt, eine funktionierende Stadt, wie er sie mag. Er freut sich über die gemischte Bevölkerung, die vielseitige Architektur, vom Sozialen Wohnungsbau bis zur edlen Villa. Er zählt Läden und Restaurants auf, deren Angebot jeden Geldbeutel berücksichtigt. Wolf-Rüdiger Borchardt wohnt hier bereits seit zwei Jahrzehnten, und ein ein paar Ecken weiter richtete er sein großes Büro mit 35 Mitarbeitern ein.
Ein Büro, das wie ein Märchenwunderland wirkt: mit Räumen voller winkliger Ecken, mit langen Gängen, vollgestopft mit hölzernen Haus- und Stadtmodellen, mit Bauskizzen, mit Plakaten und Kartons voller Auszeichnungen samt Schinkelpreis. Kreatives Chaos, zeitlos: Über dem Schreibtisch von W.-R. Borchardt hängt zwischen Bahnhofsfotos eine alte, vor Urzeiten auf Fünf stehengebliebene Bahnhofsuhr.
Mit den Bahnhöfen hat er's, seitdem er vor 16 Jahren für die BVG den U-Bahnhof Wittenbergplatz restaurierte. Die Idee, große, antike Werbeplakate an den Wänden anzubringen, stammt vom ihm. Für den Bahnhof erhielt Borchardt den Europäischen Preis für Denkmalschutz »Europa Nostra«. Er restaurierte und baute viele weitere Stationen, darunter den Lehrter Stadtbahnhof, den Bahnhof Westend (der baugleich auch in Namibia steht) oder den gläsernen U-Bahnhof Prinzenstraße in Kreuzberg.
Er leitete den Wiederaufbau der Kongreßhalle, die Restaurierung der ehemaligen dänischen Botschaft, den Wiederaufbau des abgebrannten Blockhauses Nikolskoe, die Restaurierung der Alten Meierei Bolle am Tiergartener Spreeufer mit dem Sorat-Hotel als Neubau, der sich stählern über den alten Klinkerbau stülpt: Schulklassen pilgern hierher, zum Anschauungsunterricht in Heimatkunde. Sie bewundern das gelungene Neben- und Miteinander von alter und neuer Architektur. Gern arbeitet Borchardt mit märkisch-typischem Klinker, mit Holz und mit sichtbaren Deckenkonstruktionen. Das zeigt sich auch an seinen Schulbauten, beispielsweise der Lemgo-Schule in Kreuzberg. Der Architekt baute mit viel Holz auch das Paracelsus-Bad zeitgemäß um. Insgesamt entwickelte er weit über 70 Projekte, darunter Wohn- und Geschäftshäuser und Hotels im Bundesgebiet, ein Golfclubhaus in Bad Saarow, selbst eine Pferderennbahn in Saudi-Arabien.
Sein größtes Projekt in Berlin ist derzeit das fast rohbaufertige Geschäftshaus Kap-Carré am Kurt-Schumacher-Platz. Für Borchardt brachte es neue Erfahrungen: Er mußte für die Fassaden Teile entwerfen, die Radar abweisen, wegen des Flugverkehrs.
Gerade erhielt er den Auftrag, am Rheinufer in Ludwigshafen um eine alte Walzmühle herum auf ehemaliger Industriebrache für 300 Millionen DM ein riesiges Einkaufszentrum zu bauen. Der Umgang mit Altem reizt Borchardt immer wieder. Er beschäftigt sich bei seinen Projekten stets mit der Geschichte des Ortes, sucht Spuren vorhandener Architektur, überlegt sich neue Strukturen und Nutzungen.Schon als Junge wollte er, 1939 in Berlin geboren und in Wilhelmshagen aufgewachsen, später einmal Häuser entwerfen. Die großen weißen Pläne auf dem Tisch des Onkels, der Architekt war, faszinierten ihn. Von seiner Mutter, die an der Staatsoper Unter den Linden die Kostümabteilung leitete, erbte er das Kunstverständnis.
In abenteuerlicher Maskerade, mit Hilfe der Mutter blondgefärbt, wechselte er mit dem Ausweis des West-Cousins vier Tage nach dem Mauerbau von Treptow in den Westteil der Stadt. Am Wilmersdorfer Goethe-Gymnasium machte Borchardt 1959 noch einmal das (West-)Abitur und studierte dann an der TU Berlin bei Oswald Mathias Ungers. Anschließend war Borchardt dann zwei Jahre lang Mitarbeiter von Ungers, ehe er im Jahre 1968 sein eigenes Büro gründete.

Christian van Lessen

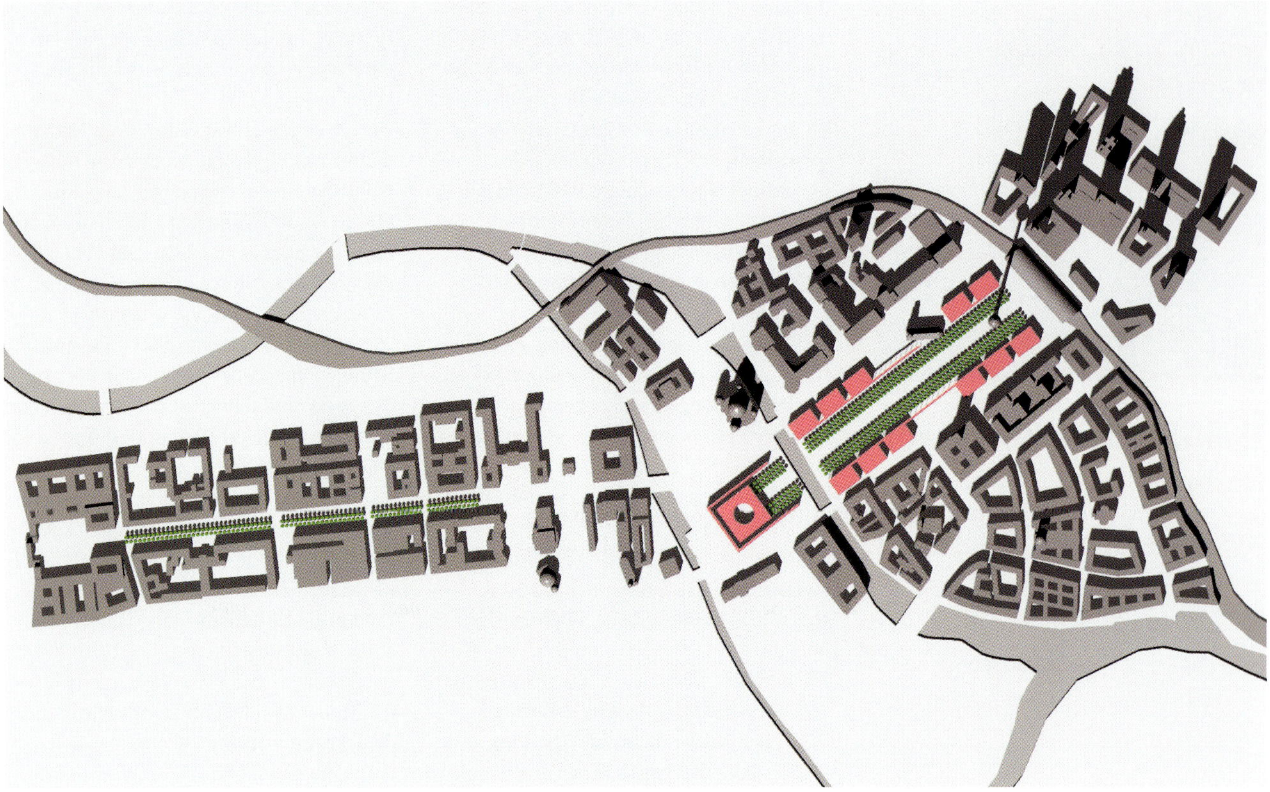

Eine Brücke zwischen Ost und West

STEPHAN BRAUNFELS ÜBER SEINE VISION

Keiner, der auch nur etwas Gespür für städtebauliche Kompositionen hat, konnte sich der Faszination entziehen, die die verblüffende stadträumliche Wirkung der »schräg« dastehenden Attrappe der Schloßfassade in den vergangenen Jahren ausübte. Plötzlich hatten die »Linden« einen Abschluß, ja noch mehr: Sie zielten auf einen neuen Anfang, auf etwas, das über sich selbst hinauszuweisen schien, nicht nur zurück nach Westen, sondern weiter nach Osten.

Die stadträumliche Sensation der Schloßfassade ist die Winkelverdrehung zur Achse »Unter den Linden«, die einen neuen Auftakt in die andere, vielen fremdgewordene östliche Hälfte der Stadt ankündigt.

Hier hört bisher für die meisten West-Berliner das »schöne« Berlin auf, sie fühlen sich in städtebauliche Ödnis und Leere entlassen. Genau hier aber liegt die Chance für das notwendige städtebauliche Scharnier, mit dem die zwei immer noch getrennten Hälften Berlins wieder zusammengefügt werden können: Es ist das Schloß. Nicht die alte Hohenzollernburg, nein, die Schloßfassade von Schlüter bildet das Gelenk. Als großartigstes Beispiel europäischen Barockklassizismus in Deutschland war es schon zu seiner Entstehungszeit Ummantelung des älteren Renaissanceschlosses. Schon Schlüters Fassade suchte vor allem die städtebauliche Wirkung, wollte die neue Mitte für die zukünftigen, gerade erst angelegten Stadterweiterungen sein.

Doch nur nach Westen konnte sich die Stadt frei entfalten und zwischen Dorotheenstadt und Friedrichstadt die stadtbestimmende Achse »Unter den Linden« vom Schloß aus entwickeln. Östlich des Schlosses behinderte das mittelalterliche Berlin eine Anbindung der Stadterweiterungen – Königstadt und Stralauer Vorstadt – an die Mitte. Nachdem die DDR die vom Krieg verschonten Reste Alt-Berlins niedergerissen und eine riesige, klobig verbaute Stadtwüste hinterlassen hat, besteht nun die Jahrhundertchance, den westlichen »Linden« ein östliches »Lindenforum« gegenüberzustellen, der Stadterweiterung nach Westen nun eine nach Osten folgen zu lassen.

Es sind also vor allem städtebauliche Argumente, die für den Wiederaufbau des Schlosses sprechen. Zunächst: Alle bedeutenden Bauwerke rings um das abgerissene Schloß – Schlüters Zeughaus, Schinkels Altes Museum und die Bauakademie – sind als Satelliten des Schlosses geplant und ohne dieses Kraftzentrum in ihrer genial verwinkelten Freistellung überhaupt nicht verständlich. Den »Linden« mit Oper, Universität, Staatsbibliothek und Akademie der Künste – als bewußtes bürgerliches Gegengewicht zum Schloß entstanden – fehlt die östliche Entsprechung.

Doch wo sich einst die Stadt nur nach Westen entwickeln konnte, bietet der Schloßplatz heute die Keimzelle für eine neue Entwicklung nach Osten. Zwar nicht wie einst aufs freie Feld hinaus, sondern in die innere Leere hinein, die die völlige Zerstörung der Bürgerstadt hinterließ. Berlin muß zuerst nach innen wachsen, bevor es die Ränder weiter zersiedelt. Das innere Wachstum darf aber nicht in der »kritischen Rekonstruktion« des mittelalterlichen Stadtgrundrisses verharren. Hier, wo die DDR meinte, »metropolitane Räume« zu schaffen, tatsächlich aber die größte deutsche Stadtzerstörung vollendete, liegt die einzigartige Chance, eine angemessene Mitte für die Viermillionenstadt Berlin zu gestalten. Deutschlands Hauptstadt hegt zwar den Anspruch, sich mit London oder Paris zu vergleichen, doch haben schon Mailand, Lyon oder Barcelona großstädterische Zentren als Berlin.

Berlin fehlt es an großen schönen Plätzen, ja mehr noch: Es fehlt Berlins neuer Mitte am großen städtebaulichen Gedanken. Fünfzig Jahre Teilung haben die historisch bedingte Westlastigkeit und die polyzentrische Struktur Berlins noch verstärkt. Gewiß, Berlin sind viele Orte, Berlin hat viele wunderbare Stadtviertel. Doch es fehlt die Mitte, es fehlt das Herz, bei dem man den Puls der vielen schönen Glieder pochen spürt. Die Mitte ist leer.

Doch die Leere ist eine Chance, sie sollte nicht – wie es Stimmanns »Masterplan« vorschlägt – kleinkariert wieder aufgebaut werden. Ein großer Platzraum voll städtischen Grüns könnte zugleich die Stadt als Ganzes versammeln, wie auch dem völlig zerstörten Alt-Berlin eine parkartige Mitte schenken. Aber auch dieses große Forum – es wäre der größte Platz der Stadt – bliebe isoliert ohne das Schloß als Gelenk. Erst durch dieses

Die wiederaufgebaute Schloßfassade von Andreas Schlüter bildet mit ihrer Winkelverdrehung zur Achse »Unter den Linden« das Gelenk und den Auftakt für die »östlichen Linden«, dem zentralen Platzraum und Park in der Mitte Berlins. Das Innere des alten Schlosses kann nicht wiederaufgebaut werden. Hier sollte ein modernes Kulturzentrum entstehen, dessen zentraler Innenhof die Achse des Lustgartens mit Schinkels Altem Museum aufnimmt. Das neue »Lindenforum« (links und unten: grün) springt von Osten nach Westen über die Spree und reicht bis in die wiedererrichtete Schloßfassade hinein. Schlüters Schloßfassade wird so zum Scharnier zwischen Ost und West und zum Symbol für das wiedervereinigte, das ganze Berlin.

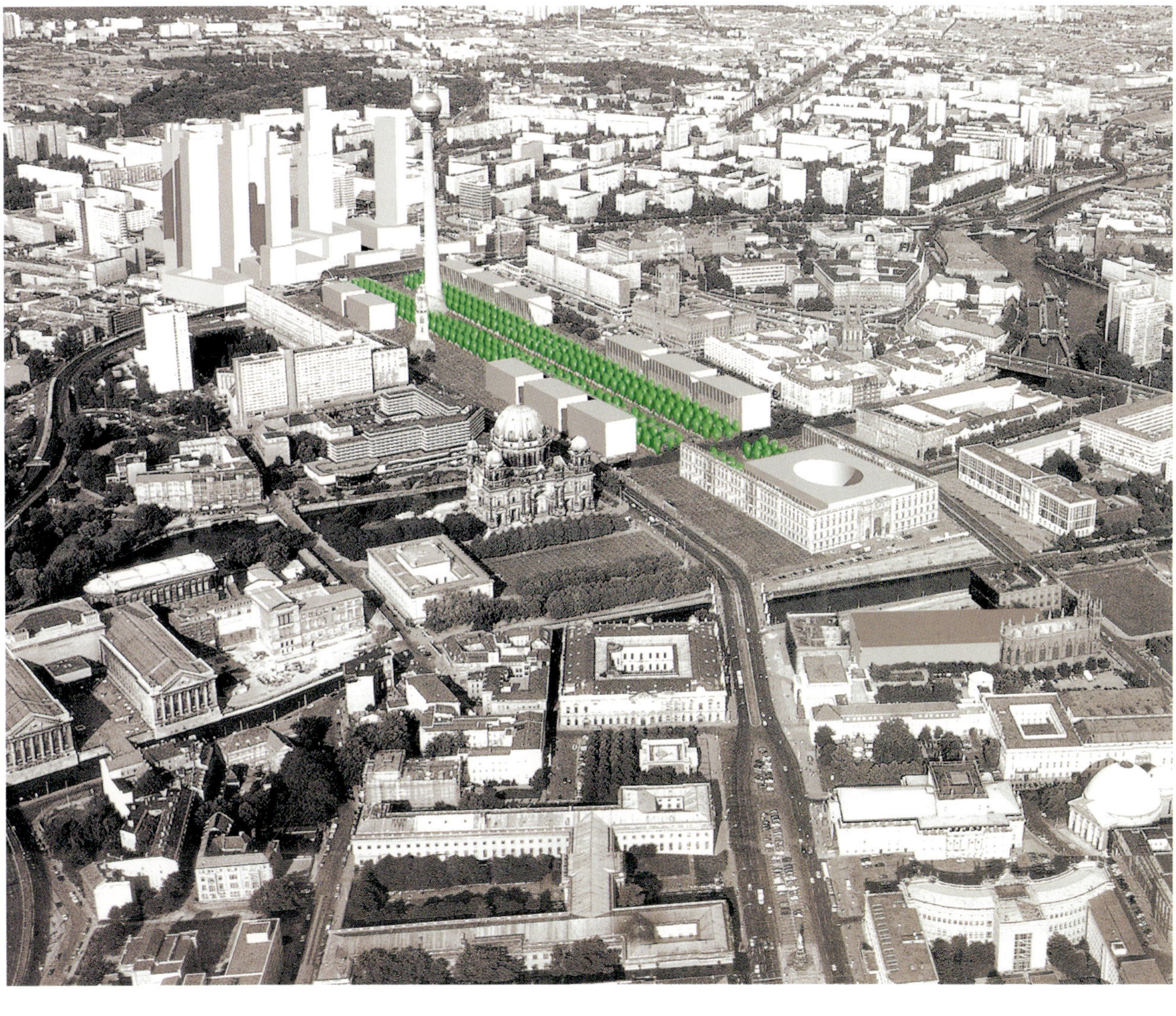

Scharnier, durch die verblüffende Richtungsänderung der Schloßfassade wird aus dem neuen Schloßforum die notwendige, nicht mehr abtrennbare östliche Hälfte einer Gesamtstruktur, ein östliches »Lindenforum« als Pendant zu den westlichen »Linden«. Neue östliche »Linden« also könnten es werden, und der Alexanderplatz könnte mit Kollhoffs Turmvisionen das Gegenstück zum Pariser Platz sein: ein neuer Torplatz nach Osten.

Westliche »Linden« und östliches »Lindenforum« müssen zu einer städtebaulichen Gesamtkomposition werden, um die Stadt Berlin und ihre Teile als Ganzheit wieder verstehen zu lernen. Keine noch so gute moderne Architektur kann dies stadtbaukünstlerisch glaubwürdiger leisten als Schlüters grandiose Schloßfassade – war sie doch als Stadtfassade mehr Innenwand des sie umgebenden Außenraums als Außenwand des inneren Altbaus.

Dies ist keineswegs eine Bankrotterklärung der modernen Architektur, sondern nur das faire Eingeständnis, daß auch die beste zeitgenössische Architektur in Jahrhunderten gestaltete Stadtgeschichte nicht darstellen kann. Deshalb bin ich der Meinung, daß es nur hier und nur aus städtebaulichen Gründen gerechtfertigt, ja notwendig ist, die Schloßfassade wieder zu errichten: als Scharnier für eine Gesamtkonzeption der wiedervereinigten Mitte Berlins, als Auftakt für ein inneres Wachstum des Stadtzentrums über die Spree hinaus.

Foto: Uwe Rau

Stephan Braunfels
München und Berlin

Es ist gar nicht so leicht, in dem Großraumbüro mit den vielen Computern einen Zollstock aufzutreiben. Der wird aber gebraucht, denn mit dem kurzen Lineal ist das lange Modell nicht zu messen. Auch Stephan Braunfels möchte gern genau wissen, wie lang das Bauwerk ist, das er in den Spreebogen stellt: Knapp 400 Meter lang sind Alsen- und Luisenblock zusammengenommen. Rund 900 Millionen DM wird diese die Spree überspringende Gebäudereihe kosten, in der einmal die Bundestagsabgeordneten ihre Büros haben werden und das Parlament seine Ausschußarbeit machen will. Stellte man den Bau hochkant in die Luft, er wäre mehrfach höher als der »Lange Eugen« am Rhein. Lange Zeit war Stephan Braunfels dafür bekannt, wenig zu bauen. Jetzt ist er der Architekt in Deutschland, der das größte Bauvolumen bewältigt. Neben den Bundestagsbauten in Berlin baut er noch die 200 Millionen Mark teure Pinakothek der Moderne in München. Er hat also zu tun und in Berlin gerade auf einer Fabriketage in der Kochstraße ein Büro für dreißig Leute eingerichtet. Auch wenn zehn davon aus München mit ihm mitgekommen sind, so bleiben dort noch fünfzehn zurück. München und Berlin – das sind nun seine beiden Lebensmittelpunkte. Dabei schmerzt ihn nur, daß Dresden zu kurz kommt, die Stadt, für die er nach der Wende ein Leitbild für den Wiederaufbau der Innenstadt erarbeitet hat. Dies sei so etwas ähnliches wie der Masterplan, den Hans Stimmann für Berlin gemacht habe, nur sei er in Dresden geschickter vorgegangen und habe den Plan im Vorfeld mit vielen abgestimmt. Überhaupt Stimmann und das steinerne Berlin – was hält Braunfels davon? Grundsätzlich könne er den Ideen etwas abgewinnen, nicht aber der Rigorosität, mit der sie durchgesetzt werden sollen. »Mein Thema ist die Stadtbaukunst«, sagt Stephan Braunfels und kommt damit schnell auf seinen Vater zu sprechen: Wolfgang Braunfels hat sich als Kunsthistoriker vor allem mit historischer Stadtbaukunst befaßt. In dieser Gedankenwelt sei er, zunächst in Aachen und dann in München, aufgewachsen. Außerdem habe es da noch den Großvater, den Komponisten Walter Braunfels, und den Urgroßvater, den Bildhauer Adolf von Hildebrand, in seinem geistigen Umfeld gegeben. Diese Familientradition mag erklären, warum der 1950 geborene Stephan Braunfels zwar mit 26 Jahren sein eigenes Architekturbüro gründete, aber das Gewerbe zunächst theoretisch betrieb. Bekannt geworden ist er als erbitterter Gegner des Neubaus der bayrischen Staatskanzlei im Münchner Hofgarten. Damit habe er sich zwar viel Ehr', aber auch viel Feind' gemacht. An Aufträge sei danach erst einmal nicht zu denken gewesen. Mit 36 Jahren ging es langsam los: Wettbewerbsgewinnen folgten erste Wohn- und Bürobauten in München. Ein einhundert Millionen Mark teuerer Verwaltungsbau direkt an der Elbe in Dresden war dann das erste ganz große Gebäude von Braunfels.

Vorbilder? Als er Anfang der siebziger Jahre angefangen habe zu studieren, sei die Architektur der Moderne, die er seit frühester Jugend verehrt hat, gerade auf dem Tiefpunkt gewesen. Erst auf dem Umweg über die zerplatzte Seifenblase Postmoderne habe er wieder zu seinen Idolen Le Corbusier und Mies van der Rohe zurückgefunden. Mehr noch als diesen fühle er sich allerdings dem jeweiligen Genius loci und deswegen wohl am meisten dem Vorbild Louis Kahn verpflichtet. Die Begeisterung für Kahn verbinde ihn mit Axel Schultes. Daß Braunfels diesen wenig älteren Kollegen für ein Vorbild, ja, momentan sogar für den besten deutschen Architekten hält und dessen Bonner Kunstmuseum für den besten zeitgenössischen Museumsbau, wird manchen wundern. Braunfels jedenfalls sieht sich in guter Nachbarschaft: Schließlich baut er gleich neben Schultes im Spreebogen. »Er ist erfinderischer, ich bin strenger«, so beschreibt Braunfels den Unterschied zwischen beiden. Und warum hat der Vielbeschäftigte am Schloßplatz-Wettstreit des Tagesspiegels teilgenommen? Er stürze sich eben gern »auf wichtigste Themen«.

Monika Zimmermann

Die verlorene Mitte

Claus Käpplinger über die Vision von Klaus Theo Brenner

Wenig Verständnis bringt Klaus Theo Brenner für Kollegen auf, die ein Nutzungskonzept brauchen, um sich die wünschenswerte Architektur für einen Ort vorzustellen. Ein solcher Rückzug auf Funktionen, auf die Vorgaben von Politik und Ökonomie, ist ihm ein Grauen. Wenn sich Architektur darauf beschränke, verkomme sie zur »gebauten Sozialarbeit«, die für die heutige Unwirtlichkeit unserer Städte verantwortlich sei, so Brenner.

Viel von dem Selbstbewußtsein der Moderne schwingt mit, wenn er sich gegen den Mangel an Kreativität, das Verschwinden von architektonischen Visionen wendet, wo es doch die ureigenste Aufgabe des Architekten sei, Vorstellungen von Räumen zu entwickeln. Welche faszinierenden Möglichkeiten ein Ort bergen kann, würde zumeist dem Laien erst durch einen architektonischen Entwurf bewußt.

Klaus Theo Brenner möchte anregen und provozieren, ein Zeugnis ablegen, für eine sich selbst bewußte, öffentliche Architektur. So zeigte er auch wenig Berührungsängste, sich ein Projekt für den Berliner Schloßplatz vorzustellen. Ein Wiederaufbau des Berliner Stadtschlosses? Unvorstellbar, da dieses Kunstwerk unwiderruflich untergegangen ist. Schwerer als seine vollständige physische Zerstörung wiegt für Brenner, daß damit unwiderruflich die Idee eines Mittelpunktes verlorengegangen sei. Auch deswegen erscheint ihm heute eine Rekonstruktion des Schlosses unmöglich. Ein Verlust, der schmerzt, aber mit einer charaktervollen Architektur aufgewogen werden könnte. Eine solche Architektur dürfte sich nicht damit begnügen, eine Kulisse zu sein, sondern müßte sich als öffentliche Architektur verstehen. Eine Aufgabe, die das Schloß, lange bevor es im Kriege unterging, nicht mehr leisten konnte.

Mit dem Verlust des Mittelpunkts schwand unrettbar seine Bedeutung. Berlin als Schauplatz der von dem Architekten verehrten Moderne verwandelte sich in eine Stadt der vielen Orte, die ihre Faszination aus dem Lebendigen, aus ihrer Zeit und der Vielfalt der Orte zogen. Und eine solche Lebendigkeit wünscht sich Brenner an die Stelle zurück, wo Schinkel im Vorgriff auf die Moderne wirkte. Mit dem Alten Museum, dem Dom und der Bauakademie setzte Schinkel eine szenische Abfolge von Räumen und Körpern, die an die Stelle der schon damals brüchig gewordenen starren Ordnung der Stadt trat.

Mit viel dramaturgischem Kalkül ereignete sich auf der Spreeinsel eine »vorurteilslose Durchdringung von geordneten und ungeordneten, geschlossenen und offenen Räumen, von Volumen und Leere, von Wille und Zufall«, so Brenner. Einem Spiel, in das sich damals das Schloß nur bedingt einfügte und dennoch einen besonderen Klang erzeugte, der das Erlebnis des städtischen Raumes zu einem sinnlichen Genuß werden ließ. Der Stadtraum wurde in Szene gesetzt, den Bürgern erstmals die Begegnung unter Gleichen erlaubt. Die Stadt verwandelte sich in eine Bühne.

Es ist diese Idee des »Stadttheaters«, die Brenner reizt und mit Schinkel verbindet, der übrigens – wie er selbst – als Bühnen- wie Raumbildner tätig war. Er möchte aber das Theater nicht nur als Kunstform in dem eng begrenzten Raum der Institution begreifen, sondern als ein Sinnbild für die architektonische Fassung von Öffentlichkeit schlechthin betrachten: im Einsatz von Masse, Raum, Farbe, Licht und Material einer Theaterbühne verwandt.

Modell vom Schloßplatz: vorn die Gärten mit Glaskuppel der darunterliegenden Festsäle.

Die Stadt als Bühne der Begegnung ist das Thema, das Brenner schon lange verfolgt, dem er vor zwei Jahren sein Buch »Stadttheater« mit zahlreichen Projekten widmete. Was heute an der Stelle des Schlosses steht, der Palast der Republik, kann dies nicht leisten. Sein architektonisches wie symbolisches Potential erschöpfte sich mit der Dauer des Staates, der ihn baute und den er wohl nicht lange überdauern dürfte.

Die heutige Leere des Platzes begreift Klaus Theo Brenner als Chance für eine szenische Architektur in der Nachfolge Schinkels, die die verlorene »Erhabenheit des öffentlichen Raumes« wiederherstellt. Mit den ureigensten Mitteln der Architektur will er eine Sogwirkung erzeugen, der sich keiner entziehen kann, die mit inszenatorischem Kalkül öffentliches Leben an den verwaisten Ort bringen soll. Dem verlorenen Schloß wie dem unrettbaren Palast gebühren dabei Respekt. Symbolisch und räumlich erweist Brenner beiden Gebäuden gleichermaßen seine Reverenz, wenn sein Projekt den Bezug auf die Dimensionen der Vorgänger sucht. Doch nun, eng miteinander verwoben, entsteht daraus eine neue Gestalt, die bewußt darauf verzichtet, der Mittelpunkt der Stadt zu sein.

Wie so viele andere Orte Berlins, die Brenner bislang bearbeitete, ist auch der Schloßplatz zu einem Transitgebiet zwischen Alt und Neu geworden. Jedes Gebäude, das an dem Ort entstehen wird, muß dieser veränderten Situation Rechnung tragen. Das homogene Umfeld des alten Schlosses und die Orientierung auf den Schloßplatz existieren nicht mehr. Westlich der Spreeinsel wird der Stadtgrundriß des alten Zentrums wiedererstehen, während der Osten um den Alexanderplatz ganz dem in die Höhe strebenden, wirtschaftlichen Zentrum der Zukunft gehören soll. Entlang ihrer Nahtstelle erstreckt sich die Spreeinsel. Ihre neue Aufgabe muß es sein, zwischen historischer und moderner Stadt zu vermitteln.

Deshalb orientiert sich das »Schloß fürs Volk«, wie Brenner salopp sein Projekt nannte, an den sehr unterschiedlichen Gegebenheiten der Umgebung, an dem Berliner Dom, dem Alex wie Fernsehturm, der Spree und dem Lustgarten. Die dominante Bewegung von West nach Ost erfährt hier auf der Spreeinsel vielfältige Unterbrechungen. Hier knickt in der Verlängerung der »Linden« die Straße ab, umfließt die Spree den Lustgarten und Schloßplatz. Eine Situation, die dem Architekten ideal für eine Dramaturgie überraschender Körper und Räume erschien, deren Zusammenspiel in Bewegung erschlossen werden will und die zugleich zum Verweilen auffordern wollen.

Die monumentale Erscheinung des Schlosses findet sich in die weitaus niedrigere Umrahmung eines »hängenden Gartens« verwandelt. Verblüffend wie gewöhnungsbedürftig wachsen Bäume, etwa zehn Meter über dem Bodenniveau, aus der Umrahmung empor. Die Gärten der Seramis, Poelzigs Projekte für Salzburg und Konstantinopel, standen Brenner dafür Pate. Natur wird mit einem eigenwilligen künstlerischen Duktus inszeniert, der den »Linden« und dem Lustgarten eine lustvolle Erweiterung und Paroli bieten will. Die frühere Dominanz des Stadtschlosses verliert sich im Grün und der nachfol-

Der Gebäudekomplex für eine Bibliothek zieht sich beiderseits der Spree entlang.

Der Blick von den »Linden« zum Schloßplatz stößt auf hängende Gärten und abgestufte Gebäude.

Brenner nimmt die Kubatur des alten Schlosses (und des Palastes) auf, überspringt mit den Gebäuden aber die Spree.

genden Bebauung. Viel weiter östlich an der Spreekante endet nun der Fokus der »Linden« an einer aufsteigenden Turmlandschaft, die schon mehr dem Alex und Dom als der historischen Mitte Berlins verbunden ist. Zwei Reihen von Turmhäusern, die auf keinen Fall höher sein sollen als die Domkuppel, säumen dort die beiden Ufer der Spree. Sie formulieren eine harte Grenze, an der die alte Stadt endet und der Stadtraum der Moderne beginnt.

Zwischen die schweren Gebäudemassen, zwischen Schloß und Türmen, schiebt sich schwebend ein gewaltiger gläserner Kubus. In den Dimensionen dem Palast der Republik angenähert, bricht er mit seiner Transparenz die Härte der Architektur. Er lädt ein, auch das Innere des Quartiers zu erfahren, das weitaus größer als das verlorene Stadtschloß sein wird. Der Schwerpunkt der Insel, die einmal Mittelpunkt der Stadt war, verschiebt sich dabei nach Osten, dem jedoch wohl zum Erschrecken vieler Ost-Berliner der harte Rücken der Turmhäuser zugewandt sein soll. Und obgleich die Spree hier nicht dem Stadtbewohner näher gebracht wird, so schwingt doch eine Faszination für das Wasser mit. Brenner spricht hier von einem »magischen Raum«, von der Hamburger Speicherstadt und Venedig, »wo nicht alles, was einsehbar ist, auch betreten werden kann«.

Viele Verweise auf die Baugeschichte führt Brenner an, wenn er über sein Projekt spricht: die Höhlen und Gebirge Poelzigs, den Dynamismus Mendelsohns oder die harten Kristalle Mies van der Rohes. Es ist eine sinnliche Moderne, die ihn inspiriert und auf ihre Formensprache vertrauen läßt, wo doch heute eine andere en vogue ist. Und die Frage der Nutzung stellt sich dem Architekten ganz zuletzt. Die Geschichte der europäischen Stadt zeige, daß gute Architektur nicht an eine bestimmte Funktion gebunden sei. Wechselnde Nutzungen konnten über mehrere Jahrhunderte in ein und demselben Haus unterkommen.

Dennoch schlägt Brenner drei explizit öffentliche Funktionen vor: drei Festsäle, eine Bibliothek und den Garten. Unter dem Garten sollen die großen Festsäle liegen, den Entwürfen Gropius' und Piscators mobilem Totaltheater nachempfunden und über eine gläserne Linse dem Außenraum, speziell dem Himmel über Berlin, verbunden. Im gläsernen Kubus könnten sich Lesehallen einfinden, die Türme hingegen Verwaltung und Depots aufnehmen, mit Blick auf die Spree und den Garten. Hier und zu diesem Zeitpunkt über mehr zu sprechen, erscheint Klaus Theo Brenner ungebührlich, denn man darf als Architekt »nicht geschwätzig werden«.

Foto: Büro Brenner

Klaus Theo Brenner
Berlin

Das Werk von Klaus Theo Brenner hat etwas Unzeitgemäßes. Als Wanderer zwischen Italien und Deutschland ebenso wie als Wanderer zwischen Schreiben und Bauen wahrt er Distanz zu dem allzu hektischen Treiben seines Berufstandes. Er hetzt nicht jedem angesagten Modetrend hinterher.
1950 im schwäbischen Fellbach geboren, führte ihn Anfang der siebziger Jahre das Studium der Architektur an die Technische Hochschule nach Berlin. Dies sei eine Zeit gewesen, so bekennt Brenner, in der er »zwar studiert, doch nichts gelernt habe«. Architektur verschwand damals hinter soziologischen Formeln. Die Beschäftigung mit der Geschichte der deutschen Architektur sei geradezu verpönt gewesen. Im Büro von Josef Paul Kleihues, bei dem er nach dem Studium arbeitete, holte er das Versäumte nach, machte Erfahrungen. Brenner schuf dann Bühnenbilder für Stuttgarter und Bremer Theater – seine ersten selbständigen Arbeiten. Sie machten ihn mit einem Medium vertraut, das schon Schinkel, Poelzig und Mendelsohn inspiriert hatte. Damals begann Brenner den städtischen Raum als öffentliche Bühne zu begreifen, als wechselnde Szene für Akteure.
Die Internationale Bau-Ausstellung in Berlin, die Jahre im Büro des Mailänders Vittorio Gregotti und eine Assistenz an der Hochschule der Künste gaben ihm die Möglichkeit, zwischen Praxis und Studium zu wechseln. Er machte sich daran, die verschütteten Wurzeln der Moderne zu erkunden. Unter der fehlenden Tradition der deutschen Architektur leidend, die allen Moden im »Fünfjahresrhythmus« folgt, wagte er 1981 eine Partnerschaft mit dem ebenso jungen Berliner Architekten Benedict Tonon. Eine »Raumkunst gegen die Gewohnheit« zu schaffen, eine Architektur zwischen Kunst und Konvention, setzten sie sich zum Ziel. Ein schlichter, weiß verputzter Wohnblock an der Rauchstraße war ihr erstes gebautes Manifest, das sich 1984 wohltuend von der Nachbarschaft aufgeregter, postmoderner Stadtvillen absetzte.
Die Graf-Spee-Brücke über den Landwehrkanal und die Umgestaltung des Hotels Berlin am Lützowplatz folgten drei Jahre später. Ihre neue Fassade für das Hotel sollte an die Dynamik und Vielfalt einer Moderne erinnern, wie sie die Brüder Luckhardt in den zwanziger Jahren für den Alexanderplatz entwarfen. In Hamburg baute Brenner gemeinsam mit seinem Partner einen blockhaften Ziegelbau in der Tradition der Hamburger Moderne. Auch dort machte er die Großstadtarchitektur zu seinem Thema.
Während der Baubaisse am Ende der achtziger Jahre verließ Klaus Theo Brenner Berlin. Er nahm eine Professur am Politecnico in Mailand an und widmete sich mehr und mehr dem Nachdenken über Architektur. 1992 kehrte er wieder nach Berlin zurück, mit einem profunden Verständnis für klassische Moderne im Kopf. Mehrere Bücher – »Das radikale Projekt der Moderne«, »Stadttheater« und »Heterotope« – erschienen in den folgenden Jahren. Das Bertelsmann Medienzentrum an der Leipziger Straße markierte eine neue Bauphase, die er nunmehr ohne den Partner Benedict Tonon anging. Das Bekenntnis zu einer kubischen Großstadtarchitektur wurde dabei immer deutlicher ausformuliert. Daß das Projekt schließlich scheiterte, hatte mit Ansprüchen der Alteigentümer zu tun – nicht mit seiner Architektur. Als städtebaulicher Koordinator hat Brenner das Baugebiet Rummelsburger Bucht entwickelt. Als Architekt baut er zunehmend Wohn- und Geschäftshäuser: an der Ecke Kronen-/Friedrichstraße, an der Leipziger Straße und an der Blumberger Straße ist Brenner im Berlin der Neunziger mit seinem Werk präsent.

Claus Käpplinger

Das Haus des Kaisers wird zur Stadt

DIETER ECKERT, HUBERTUS NEGWER, DETLEF SOMMER, WOUTER SUSELBEEK
ÜBER IHRE SCHLOSSPLATZ-VISION

Wir wollen das Schloß nicht wieder aufbauen, wir wollen das Schloß im Gedächtnis bewahren. Unser Vorschlag zeigt ein Objekt, einst ein Haus – das Schloß, in unserer Vorstellung in eine Stadt transformiert. Diese Verwandlung setzt eine Konstante voraus: die Hülle und die Basis des Schlosses, das an diesem Ort einmal gestanden hat. Mit unserem Bebauungsvorschlag in den räumlichen Konturen des ehemaligen Stadtschlosses »gedenken« wir dessen städtebaulicher Bedeutung und der historischen Bedeutung des Ortes, nicht jedoch seiner Architektur.

Aldo Rossi führte in seinem Buch »Architektur der Stadt« (1966) den Begriff der Permanenz in die städtebauliche Diskussion ein. Die Permanenz der Stadt wird durch die Baudenkmäler, die sichtbaren Zeichen der Vergangenheit, aber auch an Straßenführungen und am Stadtplan erfahrbar. Er schrieb: »In Wirklichkeit bleiben auch Phänomene für uns von Bedeutung, deren Funktion längst erloschen ist. Diese Bedeutung beruht ausschließlich auf ihrer Gestalt, die ein kostbarer Bestandteil der gesamten Stadtgestalt ist.«

Als faszinierendes Beispiel nennt er die Stadt Split, die innerhalb der Mauern des Diokletian-Palastes entstand und dabei für dessen unabänderliche Formen eine neue Nutzung fand. Dieses Beispiel ist für das Wesen der Architektur von grundsätzlicher Bedeutung. In gleicher Weise versteht sich unser Vorschlag zum »Schloß«: Häu-

Ein Stadtteil mit tiefergelegtem Hof. So präsentiert sich der Architektenentwurf im historischen Stadtbild. Kein Mauerwerk, sondern eine Idee, jeder Block könnte ein Haus, jeder Stein eine Wohnung sein. Fotomontage: hola 3D modellbau

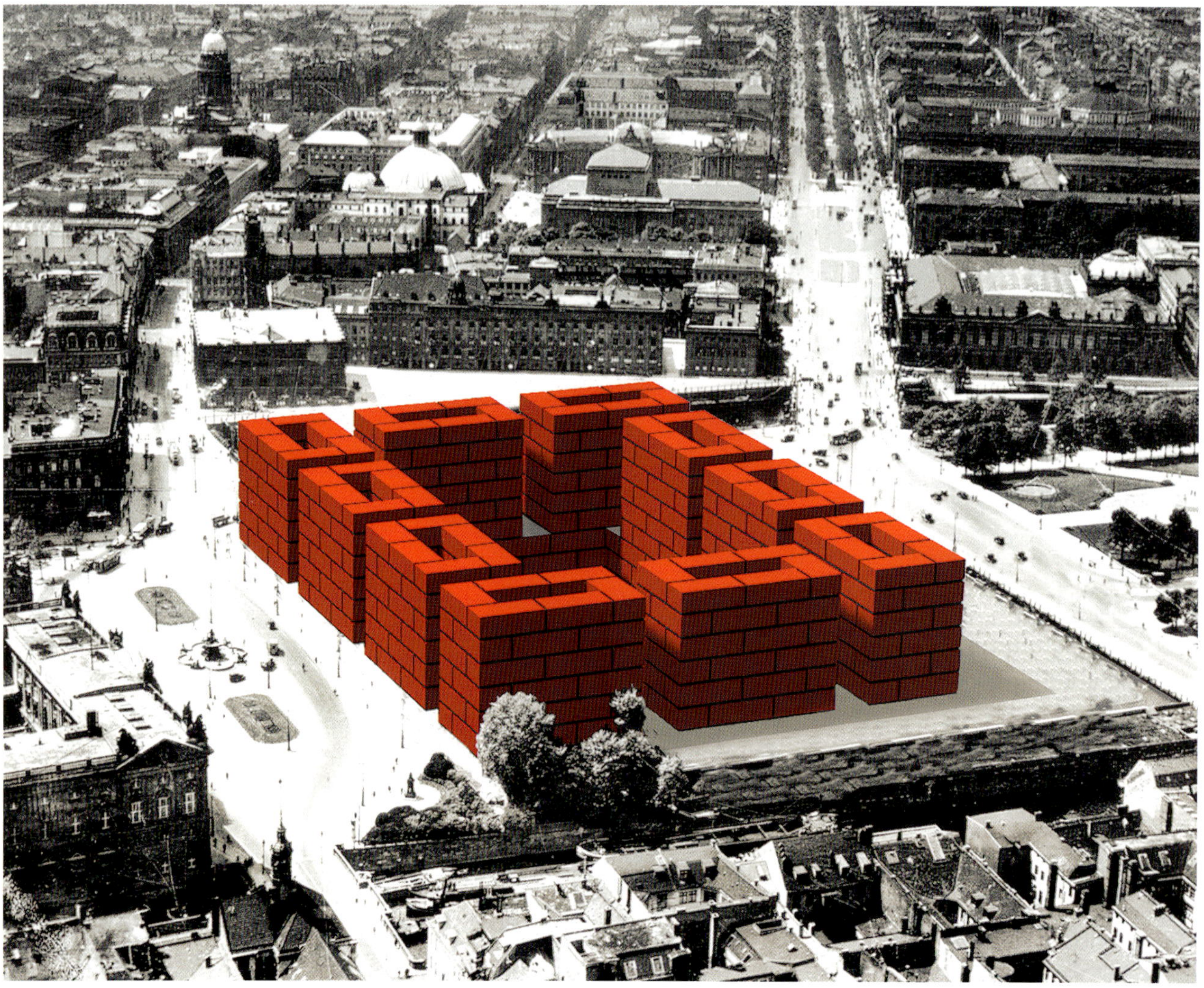

ser, die Bausteine einer Stadt, bilden die Form und das Volumen des ehemaligen Stadtschlosses. Dieses so gestaltete Stadtquartier hat eine eigene öffentliche Mitte und wird durch seine formale Geschlossenheit als »Stadt in der Stadt« erlebbar.

Das Schloß lag nicht in Berlin, Berlin war das Schloß
Dieser Satz, der einem Aufsatz von Wolf Jobst Siedler entstammt, einem Befürworter des Wiederaufbaus des Berliner Stadtschlosses, macht die Bedeutung des Schlosses für den Stadtorganismus deutlich. Der Satz beschreibt einerseits die Vergangenheit – er erzählt von einem Schloß, das es nicht mehr gibt –, andererseits beschwört er die Gegenwart – eine Stadt, die ohne Schloß ihre Identität sucht. In seinem Aufsatz beschreibt der Autor das Verhältnis zwischen Schloß und Stadt. Ein Verhältnis, das – über die Jahrhunderte betrachtet – einer Symbiose zweier Organismen gleichkommt, die dauernd zusammenleben und sich gegenseitig beeinflussen. Drei Beispiele dieser Wechselwirkung seien hier genannt:
1. Vorder- und Rückseite, Ost- und Westseite des Schlosses wurden ausgetauscht, als sich die Bedeutung des anschließenden Stadtraumes im Laufe der Geschichte wandelte.
2. Das Schloß als Baustein der Stadt – ein Block. Das Wohnen um einen Hof wird zum zentralen Thema für die Typologie der Häuser in der gesamten Stadt.
3. War das Schloß zuerst als Wohnsitz und Burg gedacht, wuchs dieses »Haus« zur Hofapotheke, Hofbibliothek und Hofkunstkammer heran, bis diese Funktionen in eigenständigen Bautypen ausgelagert und somit zu neuen Bausteinen der Stadt wurden.

»Aber alles, die engbrüstigen Häuser der Handwerker und die bescheidenen Palais des Adels, war auf das Schloß bezogen, das sie alle überragte. Kam man vom Tiergarten her durch das Brandenburger Tor, so ragte seine dunkle Masse in der Ferne und gab den ›Linden‹ Halt.« (W. J. Siedler).

Wenn wir über eine Bebauung des Schloßplatzes nachdenken, dann stellt sich die Frage nach den beiden »Organismen« Stadt und Schloß. Nicht nur das Stadtschloß ist zerstört, auch die Dichte der »engbrüstigen Häuser« und die »bescheidenen Palais« gehört der Vergangenheit an. In der Erkenntnis der Abhängigkeit von Schloß und umgebender Stadttextur, Dichte und Objekt, hilft die reine bauhistorische Rekonstruktion des Baukörpers nicht weiter – Visionen und Pläne sind gefragt.

Als Abbild der Stadt wird unser »Schloß« aus Häusern gebaut, und als Vorbild für die Stadt gehorcht es dem Gesetz von Dichte und Masse: Das Volumen des ehemaligen Schlosses wird verdoppelt – die oberirdischen Häuser werden durch einen unterirdischen Sockelkranz gleicher Höhe zusammengehalten. Dichte als Konzept gegen die von vielen beschworene Leere in der Mitte Berlins. Während die Mitte leer bleibt, wird die Stadt an den Rändern »weitergebaut«, allerdings in einer Art und Weise, die Stadtrand und damit die Stadt unkenntlich macht.

Der Entwurf für das »Schloß« handelt nach diesem Zitat von Wolfgang Pehnt. Die Mitte von Berlin – ein »Wohnzimmer«, in dem sich die Bewohner des Hauses Berlin treffen. Dies kann kein Gebäude sein, diese Rolle muß ein öffentlicher Raum übernehmen. Dieser Raum muß ein besonderer sein – einer, der sich abgrenzt, um sich räumlich gegenüber der Offenheit des Lustgartens und den seitlichen Ufern der Spree zu behaupten, ab-

»Über allem ein Ausschnitt des Himmels über Berlin«: Der Blick vom Hof aus. Umgeben von Wohnhäusern, soll er mit seinen Galerien, Läden und Passagen zur belebten Berliner Mitte werden. Zeichnung: hola 3D modellbau

grenzt aber auch gegen den Verkehr. Dennoch muß die Abgrenzung durchlässig sein, um die Menschen anzuziehen – wie einst die Tore des Schlosses, die in den Schlüterhof mündeten.

Darüber hinaus sollte der Raum eine ganz eigene Qualität besitzen. Uns erscheint nichts eindrücklicher am zentralen Ort einer Vier-Millionen-Stadt als ein städtischer Garten. Durch die Vertiefung und den Kranz der Häuser grenzt er sich von den umgebenden Stadträumen ab. Der Garten lebt von den entstandenen Gegensätzen: einerseits der Hauptstadtverkehr auf der Achse Unter den Linden, andererseits die Stille des tief gelegenen Ortes – im Sommer ein Garten mit rahmenden Cafés, im Winter verwandelt in eine Eisfläche mit Zuschauern auf den umlaufenden Galerien, und über allem ein Ausschnitt des Himmels über Berlin.

Leitbild Palais Royal
»...ich glaube an die Kraft der Vorstellung als Tatsache, und die Kraft der Vorstellung, die aus dem Konkreten entsteht.« (Aldo Rossi)

Von Beginn an orientierten wir uns an einem Leitbild zur Vorstellung dieses Raumes – dem Hof des Palais Royal in Paris. Dieser umbaute Raum, mitten in Paris, ist heute eine Insel der Ruhe und Entspannung. Einst war er eines der geschäftigsten Zentren der Hauptstadt.

J. F. Geist beschreibt in seinem Buch »Passagen« die Baugeschichte dieses Raumes: »Ziel des Duc d'Orleans ist die bauliche Fassung des Jardin du Palais Royal, um seinen Besitz zu vergrößern, seine durch Spekulationen, Spielschulden etc. angegriffenen Finanzen durch die Vermietung von Wohnungen und Läden zu verbessern. Dieser weitläufige Palast mit seinen endlosen Galerien, Gärten, Höfen, Alleen und Fontänen, seinen Cafés, Theatern, Spielsälen, Clubs und Bordellen, seinen zahllosen Läden und Wohnungen, aus deren Vermietung der Duc d'Orleans das Geld für seine Unternehmungen zog, ist eine autarke Welt. Das Palais Royal ist der erste öffentliche und vom Verkehr ungestörte Stadtraum. Feld der Agitation, Promenade, Luxusmarkt und Ort der Information und des Amusements zugleich: das Modell der Passage.«

Diese Beschreibung steht für die Vollständigkeit und Einheit eines städtischen Ortes. Unser Vorschlag zielt auf eine solche Einheit, sowohl im Programm als auch in der Form.

Wohnen in der Mitte

Eine lebendige Mitte kann nur dort existieren, wo auch gewohnt wird. Da wir für Wohnungen am Rand der Stadt erst mühsam und kostenaufwendig eine Infrastruktur aufbauen müssen, liegt es auf der Hand, die vorhandenen innerstädtischen Freiflächen mit Wohnhäusern zu bebauen. Dieser Standort »Schloßplatz« verlangt nach einer besonderen Wohnform, und man sollte nicht verleugnen, daß an diesem Ort nur ein exklusives Wohnen in Betracht gezogen werden kann.

Das Apartmenthaus ist Ausdruck einer Haustypologie und Wohnform, wie sie heute in Berlin nicht existieren. In anderen europäischen und nordamerikanischen Großstädten ist das Apartmenthaus fester Bestandteil des Reichtums an städtischen Haustypen, die aufgrund unterschiedlicher Bedürfnisse und Lebensweisen erforderlich sind.

Die Wohnhäuser werden von den »Gassen« zwischen den Häusern erschlossen; damit wird eine direkte Konfrontation von profanen Wohnhauseingängen und dem Gegenüber, zum Beispiel der Front des Alten Museums, vermieden. Eine zweigeschossige großzügige Lobby bildet das Entrée des Hauses. Über Aufzüge erreicht man auf jedem der acht Obergeschosse eine Halle, die analog zu dem von Häusern umstellten Hof den gemeinsamen Zugangsraum der sechs Wohnungen bildet.

Kommerz als Basis

1827 entwarf K. F. Schinkel das Kaufhaus Unter den Linden. Auch sein Entwurf geht zurück auf das Palais Royal. Schinkel schrieb dazu: »Berlin erhält durch die Anlage eines so bedeutenden Kaufhauses einen Mittelpunkt des Verkehrs, wodurch für Einheimische wie für Fremde manches Geschäft erleichtert und überhaupt ein Vereinigungspunkt gebildet wird, den man bis jetzt vergeblich suchte.«

Der Handel in Form von exklusiven Einzelhandelsgeschäften bildet die Nutzung des gesamten unteren Sockelkranzes und der beiden unteren Geschosse der Wohnhäuser. Die Organisationsform der Ladengeschosse folgt dem »Modell der Passage«: die Gleichzeitigkeit eines unbegrenzten Warenangebots und das Angebot eines öffentlichen Raumes – Gelegenheit zu ungestörtem Flanieren, zum Betrachten und Zeigen der Waren auf den zum Hof hin offenen Galerien, ein Sehen und Gesehenwerden und ein Gefühl des Dabeiseins, ein kollektives Gefühl.

Erkennen wir einerseits die Qualität dieser Insel im Strom des Hauptstadtverkehrs, müssen wir gleichzeitig eine optimale Erreichbarkeit dieser »Insel« gewährleisten. Ein Grund, warum nur Metropolen diese Form des städtischen Lebens kultiviert haben.

Wir schlagen eine Haltestelle »Schloßplatz« der geplanten U5 vor. Die Zugänge der unter der Erde bzw. unter der Spree verlaufenden Linie würden hier, am tief gelegenen »Schloßplatz«, unter freiem Himmel einmünden, wodurch die direkte Verkehrsanbindung der »Passage« gegeben wäre.

Wir wissen, daß wir mit dem »Modell der Passage« eine Organisationsform anbieten, deren baulich architektonische Höhepunkte nicht in diesem Jahrhundert angesiedelt sind. J. F. Geist dazu: »Es ist klar, daß das Ende der Raumidee Passage zusammenfällt mit der Aufgabe des räumlichen Systems der Stadt als eines von öffentlichen Räumen durchschnittenen Ganzen. Das einzelne Gebäude verselbständigt sich, tritt aus der dienenden Rolle heraus. Die Stadt als ein System von Räumen wird ersetzt durch ein System von Körpern.«

Für uns gibt es an diesem Ort kein Entweder-Oder; es gilt beides zu erreichen: einen beeindruckenden Baukörper, ein Objekt, wie es das Schloß gewesen ist, und einen öffentlichen Raum für die Stadt und ihre Bewohner, eine Passage. Nur die Historie beschwören und rekonstruieren, ohne eine inhaltliche, zukunftsweisende Programmatik anzubieten, ist nicht der Schlüssel des Problems. Andererseits geht es auch nicht um spektakuläre Erfindungen von Figuren und Programmen für eine Stadt, die lediglich der weiterschreitenden Individualisierung der Gesellschaft Ausdruck verleihen. Für uns ist die Wiederherstellung, das heißt die Permanenz des Stadtraumes an der Stelle des ehemaligen Berliner Stadtschlosses, die Erfüllung der Sehnsucht nach städtischen Orten; eine Sehnsucht, der in den zurückliegenden Stadtdiskussionen wenig bis keine Rechnung getragen wurde.

Foto: Kai-Uwe Heinrich

Dieter Eckert
Hubertus Negwer
Detlef Sommer
Wouter Suselbeek
Berlin

»Das Baugeschehen in Berlin geht an jungen Architekten vorbei«, sagen sie traurig. »Investoren suchen große Namen, wir aber bieten eine Methode an.« Wir, das sind Dieter Eckert, Hubertus Negwer, Detlef Sommer und Wouter Suselbeek (von links). Seit 1989 haben die Absolventen der Technischen Universität Berlin ein gemeinsames Büro, nennen es kurzerhand ENSS, nach den Anfangsbuchstaben der Nachnamen.

Dabei gehören die vier Planer zu den jungen Architekten, die längst einen »Namen« haben. Erste Preise gewannen sie beispielsweise beim Wettbewerb Moabiter Werder 1989, der Reginhard-Grundschule in Reinickendorf oder in der Spandauer Wasserstadt (jeweils 1992), der Speicherstadt Potsdam 1994, auch für Wohnungen auf dem früheren Mc-Nair-Kasernengelände 1996.

Kaum zu zählen sind die weiteren Preise und Ankäufe, etwa bei den Wettbewerben Ludwig-Erhard-Haus oder Stadtbad Schöneberg. Sie bauen Wohnungen für die Gehag und die Wohnungsbaugesellschaft Weißensee in Karow Nord, sie errichten Wohnungen auch in Caputh für den Bauherrn Ohropax (Hubertus Negwer ist ein Nachfahre des Ohropax-Gründers), bauen Lagerhäuser in Hessen, Büros in Essen, und, und, und …

Aber die vier Architekten wissen auch, daß zwischen Wettbewerbserfolg und Baubeginn ein langer, dornenreicher Weg ist, daß nach vielen Wettbewerben erst noch Investoren-Auswahlverfahren starten und Bauherren nicht unbedingt an erste Preise gebunden sind. Von acht ersten Preisen des Büros werden nur drei in die Tat umgesetzt. Hinzu kommt, daß sich Bauten oft über Jahre strecken, die Reginhard-Schule wohl erst 1999 fertig ist: zu lange Fristen, die nicht nur jungen Büros aus wirtschaftlichen Gründen ein Greuel sind. Aber der Markt für Architekten »ist ein Hauen und Stechen«.

Die »Methode«, die ENSS anbietet, läßt sich auch am Schloßplatz-Entwurf ablesen. Es ist zunächst ein gedankliches Konzept, eine städtebauliche Analyse. Architektur ist in erster Linie Raum, Volumen, ihre Gestalt wird dann am Ort geklärt. Was auch erklärt, daß die Frage nach architektonischen Vorbildern ohne Antwort bleibt. In der Schloßplatz-Vision sind Häuser gedacht, aber Bausteine gezeichnet. Das wird möglicherweise nicht auf Anhieb verstanden, schafft »vielleicht Vermittlungsprobleme«, zeugt aber von einer intensiven Auseinandersetzung in der Gruppe. Ihr Entwerfen ist ein »Prozeß«, der auf ihren unterschiedlichen Erfahrungen beruht:

Dieter Eckert wurde 1957 in Leonberg geboren, arbeitete nach dem Studium im Büro Bangert, Jansen, Scholz und Schultes, ebenso wie sein Kollege Wouter Suselbeek, der 1957 im niederländischen Apeldoorn geboren wurde. Hubertus Negwer, Jahrgang 1959, gebürtiger Potsdamer, sammelte Praxiserfahrung im Büro von Christoph Langhof. Detlef Sommer, 1958 in Villingen geboren, arbeitete bei Josef Paul Kleihues.

ENSS entwirft in einer oberen Etage des Büro- und Geschäftshauses, das Ende der zwanziger Jahre von Bruno Taut am Oranienplatz errichtet wurde. »Mittenmang in Kreuzberg«, freut sich Hubertus Negwer, und der Blick aus dem Fenster Richtung Osten bleibt am fernen Rohbau des Allianz-Hochhauses am Treptower Spree-Ufer hängen. Ein Berliner Bürohaus-Projekt fehlt ENSS.

Und bauen will die Gruppe nicht nur sozialen, sondern auch einmal »gehobenen Wohnungsbau«, Apartmenthäuser wie in New York, Paris oder London. Auch da habe Berlin an der Friedrichstraße, wo man Wohnungen nur auf Gewerberäume aufgesetzt habe, eine Chance vertan. Der Moabiter Werder, für den sie einst, kurz vor der Wende, den Wettbewerb gewannen, hätte sich auch »grandios« für diese Wohnform geeignet. Es kam wieder einmal anders.

Christian van Lessen

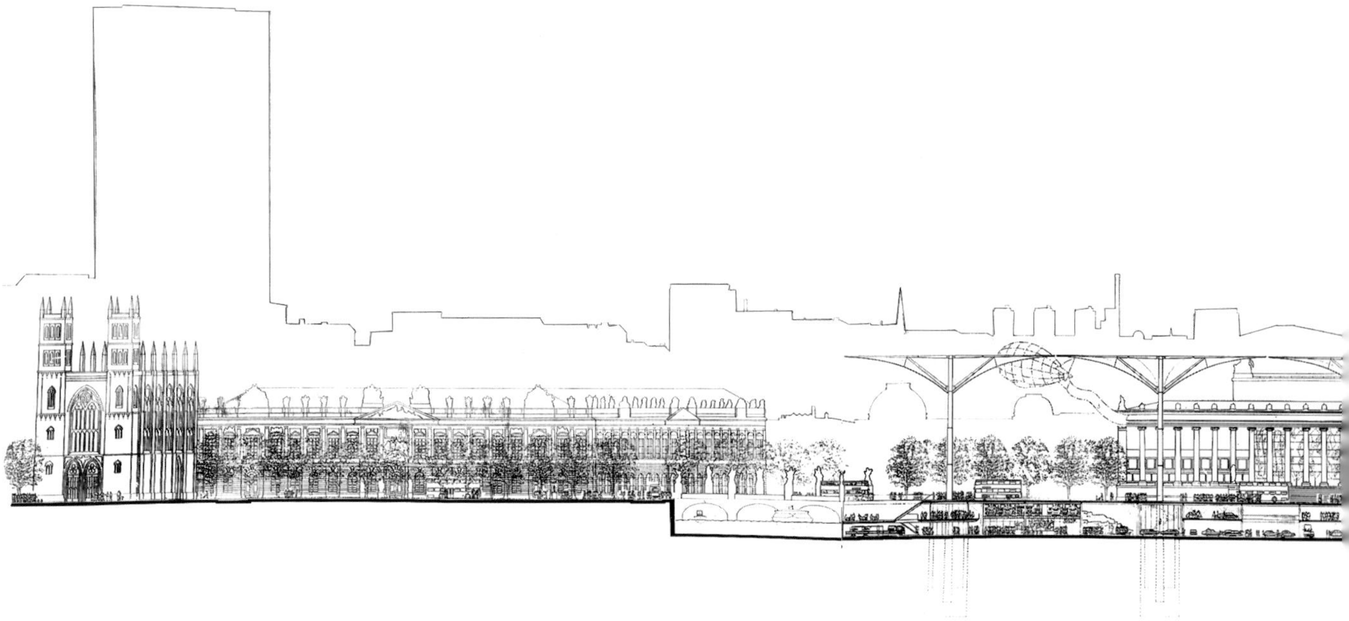

Wahrlich ein öffentlicher Platz!

Sir Norman Foster über seine Vision vom Schlossplatz

Wie können wir uns einem Ideenvorschlag für einen Platz in Berlins Mitte nähern, der bereits mit derart vielen Planungsüberlegungen, Wettbewerben und Pressemitteilungen in jüngster Zeit belegt ist?

Ein Platz, der in der Wiege Berlins gelegen, von den feinsten historischen Gebäuden umsäumt ist, Kriegszerstörungen und Wiederaufbau erlebt hat, und schließlich die Diskussionen um ein Für und Wider zum Abriß oder Erhalt des Palastes der Republik erträgt. Völlig unbeeindruckt davon nimmt der Schloßplatz ständig und für die verschiedendsten Anlässe Gestalt an, nämlich für die Öffentlichkeit Berlins und seine Besucher!

Als wir den Platz und seine Umgebung fotografisch dokumentieren wollten, wurde uns der Zugang verwehrt: Tonnenschwere Lkws transportierten sperriges Gerät für die Aufführung von Carl Orffs Carmina Burana auf den Schloßplatz; Bühnen, Dekorationen, elektronische Ausrüstungen und Zuschauertribünen wurden dort abgeladen und zusammengebaut. Die Liste ähnlicher Veranstaltungen in diesem von der Öffentlichkeit besetzten Raum läßt sich beliebig fortschreiben: Streetball Challenge, Beach Volleyball Masters, 300 000-Personen-Demonstration gegen Rassismus in Deutschland, Schloßattrappe, Rotunde während der Verhüllung des Reichstages, Weihnachtsmärkte, Schaubuden, Riesenräder, Riesenrutschen.

Schon 1930 sprach Werner Hegemann vom »steinernen Berlin«, eine Wortschöpfung, die auch heute wieder in aller Munde ist. 900 Baukräne ragen in den Berliner Himmel, »größtes Bauvorhaben Europas, aller Zeiten«, heißt es überall, eine Vielzahl inländischer und ausländischer Architekten lassen Berlin zur Hauptstadt entstehen.

Dem Schloßplatz wollen wir kein »festes Haus« zumuten, das Schloß nicht wiederauferstehen lassen, den Palast der Republik nicht unbedingt erhalten. Die Idee ist, einen Platz zu schaffen, der flexibel genug ist, um ganzjährig öffentliche Veranstaltungen abhalten zu können, bei Bedarf wettergeschützt ist oder den Elementen ausgesetzt. Ein Platz, der außerdem fließender Raum zwischen Lustgarten und der Grünfläche vor dem Alexanderplatz wird. Schließlich ein Platz, der die Uferzonen der Spree auf beiden Seiten einbezieht und diese durch Komplementärnutzungen wie Cafés, Restaurants, Geschäfte und einer an diese angeschlossenen Promenade aktiviert.

Entstanden ist eine große Schirmkonstruktion. Sie besteht aus insgesamt 15 Elementen, die eine Gesamtfläche von 250 mal 150 Metern mißt, das ist zweieinhalbmal die Grundfläche des Reichstages. Unterhalb dieser Fläche und damit des Straßenniveaus entsteht eine Servicezone, die Parkflächen für Pkws, Lkws und Busse vorhält. Hier können sämtliche Lieferungen für Veranstaltungen abgewickelt werden und mobile Hubsysteme Aufbauten auf Platzniveau ermöglichen. In dieser Ebene befinden sich ebenso sanitäre Einrichtungen, die der Öffentlichkeit auf Dauer zugänglich sind, temporäre Beheizungselemente,

Fosters Schirmkonstruktion: 30 Meter hoch, 50 Meter breit, aufklapp- oder ganz in die Erde versenkbar. Der Nutzung auf dem Platz sind – mit oder ohne Schirm – keine Grenzen gesetzt.

West
Liptonice
WORLD CHAMPIONSHIP-SERIES
WHAT'S YOUR NUMBER?

Beleuchtung des Platzes, etc. Die bestehenden Ausgrabungen könnten bei Bedarf auf Dauer zugänglich gemacht werden.

Das Schirmkonzept wurde gewählt, weil es als einziges alle notwendigen Bauteile auf eine vertikale Achse, den Mast, konzentriert und keine weiteren Konstruktionsflächen belegt. Jeder einzelne Schirm hat eine maximale Höhe von 30 Metern und eine Kantenlänge von 50 Metern im Quadrat. Er besteht aus einem eingespannten, telekopierbaren Mast, der Schirm kann geöffnet und geschlossen oder gänzlich in die Platzoberfläche eingefahren werden. Diese Konstruktion erlaubt es also, daß der Platz entweder vollständig überdeckt ist, nur teilweise beschirmt wird oder aber gänzlich frei bleibt. Den unterschiedlichsten Nutzungsvorstellungen sind damit keine Grenzen gesetzt, denkbar sind Freiluftausstellungen, messeähnliche Veranstaltungen, Feierlichkeiten zum 3. Oktober, Volksfeste, Veranstaltungen der Stadt, des Landes, Ereignisse der »Partner für Berlin«, der Schaustelle Berlin.

Nach dem Sichten einer Vielzahl von Archivmaterial über den Schloßplatz war der Entschluß zu der von uns vorgeschlagenen Lösung eindeutig, einen öffentlichen Raum für alle zu schaffen.

Vielleicht auch ein Zeichen für den Neuanfang. Schon Pläne für das Silvesterfeuerwerk zur Jahrtausendwende?

Der Schloßplatz als öffentliches Forum, auf dem sich Berlin trifft – zu Spiel, Sport und sonstigen Ereignissen. Foto: Agentur Hoch2, Fotomontage: Foster

Fosters Schloßplatz-Visionen: mit aufgespannten und mit eingefahrenen Schirmen. Fotos: Agentur Hoch2, Fotomontage: Foster

Foto: Rudi Meisel

Sir Norman Foster
London

Sir Norman ist immer präsent, auch wenn er weit weg ist. Man mache sich falsche Vorstellungen von dem persönlichen Anteil Fosters an der Architektur von Foster, meint Mark Braun, der Berliner Büroleiter, und läßt eine Zeichnung hervorkramen, die Foster am 28. August des vergangenen Jahres auf ein Blatt geworfen hat. In wenigen Strichen hat er, nach Besichtigung des Ortes, seine Vision vom Berliner Schloßplatz skizziert: Keine Bauten, sondern Schirme, die aufgespannt oder in den Boden eingefahren werden können.
Dabei ist es geblieben, auch wenn nun, Monate später, alles viel perfekter aussieht. Die Grundidee hat immer nur einer: Norman Foster.
Alles, was daraus folgt, machen andere, in diesem Fall fünf junge Leute (Dieter Müller, Christian Hallmann, Ingo Pott, Jan Roth, Jons Messedat) unter der Führung von Mark Braun. Monatelang wurde der Schloßplatz-Entwurf ausgearbeitet, denn das Büro weiß, was es dem Namen Foster schuldig ist: Perfektion.
So gibt es zum Berliner Schloßplatz im Büro Foster Zeichnungen, Computersimulationen, Modelle, Schnitte und jede Menge Fotos. Mit Fotos beginne jede Arbeit, so Mark Braun. Damit und mit Besichtigungen vor Ort verschaffe man sich eine Ahnung von dem, was gebaut werden solle – oder besser nicht gebaut werden solle. Inzwischen ist das Büro Foster im Besitz der wahrscheinlich umfangreichsten Kollektion von Schloßplatz-Fotos: Fotos, die die verschiedenen historischen Zustände beschreiben, und Fotos, die das Leben auf diesem Platz spiegeln.
Je länger die Beschäftigung mit dem Platz dauerte, je mehr scheinen die jungen Leute Spaß an einer Sache gefunden zu haben, die ihnen zunächst nur als unliebsame Unterbrechung ihrer eigentlichen Aufgabe, dem Umbau des Reichstages, erschienen sein mag. Außerdem nimmt die Arbeit am Reichstag in dem Maße ab, wie sie für den Betrachter der Baustelle zuzunehmen scheint. Die intensive Planungsphase ist vorbei, jetzt geht es an die Ausführungsarbeiten. Entsprechend verkleinert hat sich die Zahl der Mitarbeiter. Von den ehedem 45 Mitarbeitern sind 16 übriggeblieben und die sind aus dem Gebäude der früheren Kammer der Technik, gleich gegenüber dem Reichstag, in die Nähe des Ku'damms gezogen. Gern würde man inzwischen auch andere Aufträge annehmen, sagt Mark Braun, aber man bekomme keine angeboten, weil niemand sich vorstellen könne, daß der große Norman Foster auch kleinere Bauaufgaben übernimmt. Dabei habe der im westfälischen Lüdenscheid sogar ein Privathaus gebaut.
Norman Foster – das ist ein »big name« der zeitgenössischen Architektur. Foster baut in aller Welt: Das Hauptbüro in London hat über 200 Mitarbeiter und übernimmt auch für die Projektbüros, beispielsweise für das in Berlin, zentrale Aufgaben. Gibt es so etwas wie einen Fosterschen Stil? Eher wohl eine Fostersche Mentalität und die ist durch und durch britisch. Man geht nicht emotional und mit vorgefaßter Meinung, sondern analytisch an eine Aufgabe heran. Dies ist der Grund, warum die Ergebnisse immer anders aussehen.
Gleichwohl wurde Norman Foster der Stempel eines »High-Tech-Architekten« aufgedrückt. Dies sei, so Braun, ganz falsch, schließlich habe man, ähnlich wie jetzt beim Reichstag, wiederholt und gern historische Gebäude umgebaut, beispielsweise die Royal Academy in London.
Norman Foster, der inzwischen von der englischen Königin geadelt wurde und sich Sir nennen darf, kann man sich nur quantitativ nähern. Die Liste der bearbeiteten Projekte umfaßt 250 Bauten und die der Auszeichnungen, die dafür eingeheimst wurden, kaum weniger. Bei all dem wundert es fast, daß Foster erst 61 Jahre alt und ein Mensch aus Fleisch und Blut mit Frau und kleinem Sohn ist. Der Junior kommt schon mal mit, wenn Sir Norman mit seinen Mitarbeitern in Berlin Weihnachten feiert.

Monika Zimmermann

Ein architektonisches Chamäleon für Berlins Mitte

Meinhard von Gerkan über seine Schlossplatz-Vision

Es sieht wie ein Schloß aus, ist aber in Wirklichkeit wie ein Chamäleon, das sich veränderten Situationen anzupassen weiß. Der Architekt Meinhard von Gerkan schlägt angesichts der Ratlosigkeit über ein neues Bauwerk auf dem Schloßplatz eine weise Lösung vor: die auf- und abknüpfbare Fassade, je nach Geschmack und Senat veränderbar, heute Schloß, morgen vielleicht ein Bau der Moderne. Oder ein Bauwerk, das nur die Gitterstruktur zeigt: ein Haus wie ein Chamäleon, das vorn durch das Bild huscht: Sinnbild des Wandels und der Anpassung.

Der Entwurf manifestiert baulich alles, was konsensfähig ist und bleibt wandlungsfähig für alles, was nicht konsensfähig ist.

Eine politisch polyvalente Architektur also, die sich ändernden Mehrheitsverhältnissen ebenso anzupassen vermag wie dem Prozeß von Distanz und Akzeptanz der Öffentlichkeit.

In den Medien funktioniert dieses Prinzip der Anpassung an den Publikumsgeschmack hervorragend über Einschaltquoten und Auflagenhöhe, während die Architektur an der Omnipotenz von Architektenwillkür nachhaltig leidet.

Architekten – zumindest diejenigen, die sich zur Elite zählen und von Kritikern und ihresgleichen dazu gezählt werden, entwerfen fast grundsätzlich gegen die Meinung politischer Mehrheiten und gegen das Volksempfinden. Deswegen sollte der wichtigste Bau in Berlins Mitte ein architektonisches Manifest werden, das als Seismograph durch Wandlung und Verwandlung demokratisch reagieren kann, sich also der jeweiligen Mehrheit direkt und schnell anpaßt. Ein bauliches Chamäleon.

Konsensfähig ist die Stellung und das Volumen des ehemaligen Schlosses. Die dadurch entstehende Stadträumlichkeit findet fast ungeteilte Zustimmung. Deswegen schlagen wir eine Baustruktur vor, die Länge, Breite und Höhe des Schlosses in groben Zügen rekonstruiert.

Konsensfähig scheint auch zu sein, daß der große Saal im »Palast der Republik« aus historischen und funktionalen Gründen erhalten bleiben sollte. Deswegen sieht unser Entwurf vor, diesen Teil des existierenden Gebäudes samt Goldglitzerfassade in die Struktur zu integrieren und die andere Hälfte abzureißen.

Die Asbestsanierung ist selbstverständlich auch konsensfähig – wenngleich dieses Thema nur bemüht werden muß, wenn man vom Hauptproblem ablenken will. Alles andere ist zur Zeit nicht konsensfähig.

Über eine geeignete Nutzung wird es vorerst kein Einvernehmen geben. Die Träume potenter Investoren vom größten Einkaufsparadies aller Zeiten werden sich mit den Visionen altruistischer Weltverbesserer von einer Ost-West-Kultur-Kathedrale so schnell nicht zur Symbiose bringen lassen. Deswegen werden sich Investitionsdruck und Missionswillen unversöhnlich gegenüberstehen. Die Brache in Berlins Mitte kann aber nicht auf die Zweckehe von Kommerz und Kultur warten.

Deswegen schlägt unser Entwurf eine nutzungsneutrale Baustruktur vor, ein Architekturgerüst, ausgestattet mit Klimahaut und technischer Infrastruktur. Die jeweilige Nutzung wird mit präfabrizierter Innendekoration temporär implantiert. Hier sind Bühnenbildner und Messebauer gefragt – Architekten mit ihrem Ewigkeitsanspruch äußerst lästig.

Seit einigen Jahren quillt die Fachliteratur über von Lobpreisungen über die intelligente Klimafassade, die im Winter Wärme und im Sommer kühle Frische erzeugt.

Was der Technik recht ist, ist der Ästhetik allemal billig. Also haben wir die politisch intelligente Fassade entwickelt. Der gesamte Komplex, einschließlich dem halben Republikpalast mit Goldglitzerfassade, wird mit einer zweiten Schicht versehen, die sich als filigrane Gitterkonstruktion zur Übernahme technischer und baurechtlicher Funktionen eignet. Fluchtbalkone und Fluchttreppen werden ebenso integriert wie Sonnenschutz, Fensterputzanlagen und Solarenergiegewinnungstech-

Chamäleon: k/grch. Erdlöwe, Wurmzüngler
Das Farbwechselvermögen beruht auf Erregungszuständen infolge von Wohlbefinden, Licht, Wärme oder auch Ärger, Angst und Krankheit. Die Färbung kann nicht bewußt angepaßt werden.
Aus: Lexikon dtv-Brockhaus

nik. Die Gitterstruktur ist aber vor allem der Träger einer abknöpfbaren Fassade.

Nach dem Prinzip der Punktrastertechnik des Druckgewerbes kann dem Komplex jedes beliebige Fassadenkleid aufgeknüpft werden. Zunächst wird es die bildhafte Rekonstruktion des Schlüterschen Schlosses sein, weil dies der derzeitigen politischen Mehrheit und der Vox populi ohnehin entspricht. Da sich der Gefälligkeitseffekt dieser Maßnahme voraussichtlich entweder verbrauchen oder durch veränderte politische Mehrheiten obsolet werden wird, knöpft man die »historische Fassade« einfach wieder ab. Bevor man sich auf ein neues Kleid einigen kann, bleibt die nackte Gitterstruktur vermutlich als Provisorium viele Jahre bestehen. Während dieses nicht gewollten Interimszustandes stellt sich allmählich die Akzeptanz für das Einfache, Wahre und Ungeschönte ein.

Dieser Vorschlag ist keine feuilletonistische Ironie, sondern eine reale Strategie zur Gewinnung von Akzeptanz für die eigene Architektur.

Foto: Kai-Uwe Heinrich

Meinhard von Gerkan
Hamburg und Berlin

Sein Bürokomplex in einem Gewerbehof am Kreuzberger Paul-Lincke-Ufer sprengt gewohnte Dimensionen. Er zieht sich auf 1000 Quadratmetern um den Hof und läßt den Mitarbeitern viel Platz; der Empfang mit seinem langen Counter, an dem Zeitungen und Zeitschriften ausliegen, gleicht fast einer hochklassigen Hotelrezeption. Die in einer Reihe verbundenen Sitzmöbel für die wartende Kundschaft erinnern an die Sessel eines Flughafens. Weit- und Weltläufigkeit bestimmen das Ambiente, Stahl, viel Glas und ein raffiniertes Licht wirken kühl und effizient: Ein Ort, der zum Erfolg verpflichtet.

Meinhard von Gerkan ist hier der Chef. Mit Volkwin Marg und sieben Partnern leitet er eines der größten Architekturbüros der Welt. »gmp« mit Hauptsitz in Hamburg beschäftigt 240 Mitarbeiter, davon 35 in Berlin. Das Büro hat in den vergangenen Jahren mehr als 250 Preise in nationalen und internationalen Wettbewerben erzielt, es entwirft in aller Welt Verwaltungs- und Wohnhäuser, Ministerien, Krankenhäuser, Stadt- und Sporthallen, Bahnhöfe, Häfen und Flughäfen, wie gerade für Algier.

In Berlin schafften von Gerkan und Marg den Durchbruch, als sie den internationalen Wettbewerb für den dann 1974 fertiggestellten Flughafen Tegel gewannen.

An der Spree hatte der 1935 in Riga geborene von Gerkan Architektur studiert, war aber oft »versackt«, wozu sicher auch die vielen billigen Theaterbesuche im Ostteil beitrugen, wo er sich übrigens gern Maßanzüge schneidern ließ. Berlin tat ihm im Studium nicht gut, auch wenn ihm der Bau des Hansaviertels Anregungen brachte und er heute die beteiligten Architekten Oscar Niemeyer und Alvar Aalto als Vorbilder nennt. In Braunschweig schloß von Gerkan sein Studium ab, an der dortigen TU ist er bis heute Professor. Gastprofessuren führten ihn nach Japan, Südafrika und in die USA.

Die Zahl fertiggestellter Bauten von gmp geht in die Hunderte; in Berlin baute das Büro, fast 30 Jahre in einer Baracke am Flughafen Tegel untergebracht, verhältnismäßig wenig, das Salamanderhaus an der Tauentzienstraße brachte neuen Schwung nach der Wende. Das Büro entwarf den Lehrter Bahnhof, den Spandauer und den Charlottenburger Bahnhof, die Dorotheenblöcke für den Bundestag, die Dresdner Bank am Pariser Platz, ein Geschäftshaus an der Leipziger Straße. Auch das neue Ku'damm-Eck ist im Entwurf schon fertig.

Von Gerkans Bauten sehen sehr unterschiedlich aus, wirken einerseits stahl-gläsern technisch, können andererseits fast historisierend steinern wie am Pariser Platz aussehen, wo Berlin sich nach Ansicht des Architekten feierlich anziehen muß, ohne gleich die alten Kostüme zu benutzen.

»Es gibt keinen Gerkan-Stil«, sagt er, Architektur spiegelt den Zeitgeist, muß sich anpassen. Form und Inhalt aber sollten sich entsprechen, das Einzelprojekt habe sich in das Ganze zu fügen und sich nicht allzu individualistisch zu gebärden, sollte unbedingt Respekt vor dem Vorhandenen haben.

Eine Philosophie, die dem Büro überall in der Welt Erfolg eingebracht hat. Es nimmt an allen nur möglichen Wettbewerben zwischen Finn- und Feuerland teil. Für Bukarest planten sie eine Reihe von asymmetrisch plazierten Hochhäusern, um den unvollendeten Palast-Koloß des früheren rumänischen Diktators Nikolae Ceauçescu kleiner erscheinen zu lassen. Der Entwurf bekam den ersten Preis.

Es ist ein eindrucksvoller, weltweiter Rahmen, den sich von Gerkan und seine Partner gesteckt haben, und in dem der Kreuzberger Hinterhof eine Nebenrolle spielt. Die große Entwurfsfabrik steht in Hamburg, unweit der Elbchaussee, in deren Nachbarschaft der Architekt auch sein Haus gebaut hat. Ob Kreuzberger Hinterhof oder Hamburger Nobeladresse, im Leben ist es wie mit Entwürfen: alles eine Frage der Anpassung.

Christian van Lessen

Schock – Schwere – Not?

CHRISTIAN VAN LESSEN ÜBER DIE VISION VON HEIDE/VON BECKERATH/ALBERTS

Eine Provokation soll diese Schloßplatz-Vision sein: der Palast der Republik (links das Original) im Doppelpack. Die Architekten wollen mit ihrem Bild auch auf die vernachlässigte Umgebung aufmerksam machen.

Das kann doch nicht wahr sein: Ist er's, oder ist er's nicht? Der Palast der Republik, aus ungewohnter Perspektive, trotzig und stolz, viel kompakter als sonst. Verdoppelt nämlich. Der alte und vertraute hat rechts und westlich neben sich ein Ebenbild erhalten. Ausgebreitet zwischen den Spreearmen dulden die beiden massigen Palastbrüder nun nichts mehr neben sich, lassen nur noch etwas Platz für einen schmalen Parkplatz am Ufer. Verflucht, schockschwerenot! Diese schockierende Schwere

im Stadtbild; ein neuer Schloßplatz, aber offenbar aus der Not geboren. Schock – Schwere – Not!

Eingezwängt zwischen Berliner Dom, Marstall und Staatsratsgebäude, wirkt das Doppel wie eine Provokation jener, die nichts sehnlicher als den Abriß des einen und einzigen Palastes herbeisehnen. Es provoziert wohl auch jene, die den einen und einzigen Palast erhalten wollen, zu dessen Konzept der große Aufmarschplatz gehörte, der nun verbaut ist. Es muß provozieren.

Das Bild, das die jungen Architekten Tim Heide, Verena von Beckerath und Andrew Alberts vorlegen, ist ein Stück wohlkalkulierter Provokation. Lange haben sie überlegt, ob sie für den Schloßplatz etwas Fertiges, Praktikables entwerfen sollen. Aber was ist praktikabel an einem Ort, über dessen Zukunft so viel Ratlosigkeit herrscht? Einem Ort, der nur »Mittelgrund« vor einem Hintergrund ist, den die Vogelperspektive der Fotomontage erbarmungslos ausleuchtet.

Nicht allein der hineinverpflanzte Doppelpalast soll die Aufmerksamkeit auf sich lenken, sondern auch seine Umgebung, aufgenommen aus einer ungewohnten Richtung: So ist die Stadt im weiteren Kreis nun einmal, ausgefranst und stellenweise potthäßlich. Diese hingeworfenen Hochhäuser hinten an der Fischerinsel oder an der Leipziger Straße! Diese Lücken überall, auch direkt an der Spree, wo die alte Bauakademie von Schinkel hingehört: Schock – Schwere – Not: So nennt das Architektenteam seine Arbeit, sein Bild. Hat ihm nach langem Überlegen den Titel eines mittelalterlichen Fluchs gegeben, der strenggenommen ja nicht den Schock des Erschreckens, sondern eine alte Mengeneinheit meint und bedeutet: Es ist schon ein ganzer Batzen, was da an Schwere und Not auf einen zukommt! Hier nicht auf einen einzigen Menschen, sondern auf viele, auf die gesamte Stadt.

Es geht den Planern um die Wahrnehmung des Ortes, sie wollen provozieren um wachzurütteln, sie haben Spaß am Überreizen. Sie wollen zeigen, daß der Schloßplatz nur ein Teil des Ganzen ist. Ein Teil allerdings, der von immenser Bedeutung ist oder zumindest sein kann, wenn man ihn als öffentlichen Raum erkennt und seine Chancen nutzt. Sie wollen etwas vorlegen, das zwar in seiner Häßlichkeit verblüfft, sich ohnehin als unmöglich herausstellt, das aber zum Nachdenken und zu öffentlichen Äußerungen zwingt. Es gibt, sagen die jungen Architekten, eben Situationen, bei denen eine gewisse Pragmatik nicht zum Ziel kommt.

Es ist, trotz des bunten und anschaulichen Bildes vom Schloßplatz und seiner Umgebung, viel Theorie im Spiel. Der doppelte Palast soll nicht als Entwurf, sondern als »Denkfigur« gelten, bei der man allerdings auf praktische Einzelheiten achten muß. Der westlich angefügte Bau ist zwar ein Zwilling, aber seitenverkehrt aufgestellt, was sich am Dach erkennen läßt. Beide Riesen können gut miteinander auskommen, sie haben eine gemeinsame Mittelachse, sind jeder für sich lebensfähig, aber auch voneinander abhängig. Beide oder keiner. Der Platz ist vom Prinzip der Moderne aufgefüllt. Zusammen erreichen die Paläste fast die Kubatur des alten Schlosses, womit auch die Schloßbefürworter etwas besänftigt sein könnten.

Viel Raum wird geschaffen, und die Architekten wissen, daß auch viel Raum allein zu wenig ist, um etwas zu beleben. Auch das Ziel, den Raum öffentlich zu nutzen, führe wohl nicht zwangsläufig zum gewünschten Erfolg, zum Erlebnis, vielleicht auch zur Attraktion; locken heute nicht eher die Kaufhäuser als die großen Plätze und Säle das Publikum mit öffentlichem Raum an? Auch darüber müsse dringend diskutiert werden, bevor man den Schloßplatz umgestaltet.

Aber eine öffentliche Nutzung im Doppel-Palast, der ja nur eine »Denkfigur« ist, sollte es schon sein. Obwohl doch die ganze Stadt genug an öffentlicher Nutzung bietet. Ob nun auch die immer wieder diskutierten Museen oder Bibliotheken hier Platz finden müßten? Die ganze Stadt sei auch voller Bücher, und Bildung verschafften sich die Leute bald ohnehin nur noch vom Bildschirm. Man habe sich deshalb, sagen die Architekten, wieder einmal an den alten, noch belebten Palast der Republik erinnert, den man bei Besuchen in Ost-Berlin kennenlernte. Haften blieb bis heute die Erinnerung an Säle, Restaurants, große Räume, alle möglichen Formen einer öffentlichen Zusammenkunft. Die Säle waren einfach nur öffentlich, ohne bestimmte Funktion. Sie funktionierten, weil sie so viele Möglichkeiten offenließen.

Und so haben die Planer vor ihrem Auge eine Menge ungefüllter Räume, sehen darin auch Parallelen zum alten Schloß, sprechen gar von einer gewissen Verwandtschaft. Das funktionslos vorgegebene, Spielraum öffnende Platzangebot sei vielleicht eine luxuriöse Vorstellung; ein doppelter Palast eröffne jedenfalls viel Spielraum. Man könne zum Beispiel die eine Hälfte durchaus kommerziell nutzen, mit dem Erlös die öffentliche Nutzung der anderen Hälfte finanzieren.

So haben die Architekten durchaus praktische Ideen, wie mit den Palast-Zwillingen umzugehen ist, obwohl sie nicht, wie sie sagen, in den Pragmatismus von Folgerichtigkeiten geraten wollen. Sie mögen den Palast der Republik nicht, den sie verdoppeln wollen, finden ihn so häßlich wie das Stadtbild, das ihn umgibt. Sie vermuten, daß es den Menschen, die um die Erhaltung des Palastes streiten, nicht um das Bauwerk selbst, sondern um dessen Bedeutung vor 1989 geht. Sie glauben, daß der Palast so faszinierend auf die Bevölkerung in Ost-Berlin und in der DDR wirkte, weil er gleichzeitig verschiedenartigste Veranstaltungen unter seinem Dach vereinte, hier die Politik der Volkskammer, dort das Volksvergnügen.

Die Faszination ist dahin, der Zustand des Schloßplatzes wirkt grauenhaft. Er ist nicht geheuer. Die Architekten fühlen sich an den tschechischen Philosophen Vilém Flusser erinnert, der das Ungeheuerliche durch Schichten der Gewöhnlichkeit und der Gewöhnung verdeckt sah. Aber ist der Platz mit dem doppelten Palast wirklich so grauenhaft? Hat er nicht zumindest etwas Konsequentes, führt er nicht eine Idee fort, und wenn es auch ad absurdum ist? Muß hinter dem Fluch Schockschwerenot nicht auch ein Fragezeichen stehen? Gedanken, die durchaus im Sinne der Erfinder sind. Ihre Arbeit, an der sie auch viel Spaß hatten, zwingt unweigerlich dazu, Neues zu diskutieren. Es ist kein Entwurf, sondern eine Überlegung, nur eine perfekt in Szene gesetzte Theorie, aber vielleicht ein erster Schritt zu einer praktikablen Vision.

Manche Dinge in meiner Umgebung sind mir nicht ganz geheuer. Sei es, weil ich mich ihrer zu bedienen scheine, aber in Wirklichkeit weiß, daß ich sie bediene. Sei es, weil diese Dinge mir offensichtlich zur Verfügung stehen und mir auch offensichtlich zur Verfügung gestellt werden und weil ich auch tatsächlich über solche Dinge verfüge, ohne dabei mehr als eine sehr verschwommene Kenntnis von ihrer Funktion zu haben. Und zwar weiß ich dabei weder genau, wieso sie funktionieren, noch, wozu sie funktionieren. Sei es, schließlich, weil diese Dinge eine hohe innere Komplexität zu haben und Resultate einer hohen, geistigen Disziplin zu sein scheinen, die in gar keinem Verhältnis zu ihrer äußerst armseligen, um nicht zu sagen, beinahe idiotischen, Leistung stehen. Diese Ungeheuer unter den Dingen in meiner Umgebung lassen sich unter dem Sammelnamen »Apparate« fassen (...) Das Ungeheuerliche an diesen Dingen oder, um es noch unheimlicher auszudrücken: das nicht ganz Geheure, ist allerdings durch dicke Schichten der Gewöhnlichkeit dieser Dinge und der Gewöhnung an sie verdeckt und tritt meistens nur bei der Anstrengung zur Entfernung dieser Schichten zu Tage.

Vilém Flusser: »Dinge in meiner Umgebung«, in: *Dinge und Undinge*, 1993, Seite 7

Foto: Jakob von Dohnanyi

Tim Heide
Verena von Beckerath
Andrew Alberts
Berlin

Für ein verhältnismäßig junges Berliner Architektenteam haben sie eine verhältnismäßig ungewöhnliche Adresse: Kurfürstendamm, repräsentativer Altbau, hohe Räume, Vorderhaus. Während viele junge Planer, auch ältere, arrivierte Architekten dem herben Charme vermeintlich preisgünstiger alter Fabriketagen in hintersten und finstersten Höfen erlegen sind, arbeiten sie ganz vorn. Aber das hat finanzielle Gründe: Tim Heide (links), Verena von Beckerath und Andrew Alberts wurde die zuvor gemietete Hinterhof-Fabriketage an der Schöneberger Belziger Straße zu teuer, der Ku'damm ist billiger. Aber es sieht hier, trotz des Nobel-Blicks durch hohe Fenster, immer noch wie in einer quirligen alten Fabriketage aus. Irgendwie beruhigend wirkt auch das schöpferische Chaos. Die Räume sind vollgestellt mit PCs, Modellen und Entwürfen, in den Wandregalen künden die Aufschriften der Aktenordner von Wettbewerbssiegen und Projekten, etwa »Sozialer Wohnungsbau, Altglienicke«. Die drei haben viele Wettbewerbe gewonnen, verhältnismäßig wenig gebaut, das geht vielen Architekten so.
Das Trio lernte sich beim Studium an der TU Berlin kennen, machte hier vor sieben, acht Jahren das Diplom, entschloß sich danach zu »projektbezogener Zusammenarbeit«, die dann, relativ spät, zur Gründung eines Büros führte. In der Gruppe, sagen sie, fühlt man sich sicherer. Nebenbei blieben sie der Wissenschaft treu: Tim Heide (1959 in Hamburg geboren), drei Jahre bis 1993 als Lehrbeauftragter an der Technischen Fachhochschule und der TU Berlin, lehrte dort für zwei weitere Jahre als Gastprofessor.
Die auch aus Hamburg stammende Verena von Beckerath, Jahrgang 1960, studierte in der Hansestadt zuvor Kunstgeschichte und Soziologie. Nach dem Architekturstudium in Berlin kam sie 1992 zur Hochschule der Künste, ist seither dort Assistentin von Professor Krischanitz. An der HdK (Professor Grazioli) assistiert seit 1991 auch Andrew Alberts, der 1959 im kanadischen Vancouver geboren wurde, aber in Köln aufwuchs.
Die Lehre ist für sie wichtig und Bestandteil der praktischen Entwurfsarbeit – »weitet das eigene Denken, ist Austausch«. Die sich wandelnde Stadtgestaltung fasziniert sie. Auch die Frage, was Berlin ausmacht, was Berlin-spezifischer Städtebau ist. Die Antworten werden noch gesucht, sie müssen nicht unbedingt positiv ausfallen; die Studenten Verena von Beckeraths arbeiten beispielsweise gerade am Thema: Berlin ist keine Reise wert.
Ihren Entwürfen für Wohnhäuser, Schulen oder auch Lagerhäuser verlangen die Architekten das Besondere ab, Lebensgefühl nämlich. Sie stimmen sich in die Gegend ein, für die sie etwas entwerfen. Die Häuser sind, oft »bandagierender Vorgaben« zum Trotz, für die Architekten nicht nur Gebäude, sondern gestalteter Lebensraum. In Altglienicke errichten sie für die Wohnungsgesellschaft Stadt und Land ein Mietshaus, dessen Wohnungen ohne Flur größer sind und dessen französische Fenster sich verschieben lassen.
In Lichterfelde entwarfen die drei Planer eine Schule, die den Schulhof auf dem Dach hat, weil das nötige Grundstück dafür fehlt. Bei Hamburg errichteten sie eine verglaste Lagerhalle, um den dort Beschäftigten nicht nur natürliches Licht, sondern auch Blicke nach draußen zu gewähren, auch ein Lebensgefühl. Es sind weniger Baustile, eher die Stimmungen des jeweiligen Ortes, von denen sich Tim Heide, Verena von Beckerath und Andrew Alberts beim Entwerfen leiten lassen.
Von Vorbildern halten sie nichts, weil sie spüren, daß sich aus der Distanz die Einstellung, etwa zur anfangs heftig kritisierten Postmoderne, ändern kann. Im Gespräch fallen kurz die Namen Axel Schultes und Otto Steidle, bei denen Verena von Beckerath ein Praktikum absolvierte. Aus der Zeit des Nachahmens, sagt die Architektin beim Blick auf den Kurfürstendamm, sei man heraus. »Mit wachsendem eigenem Selbstverständnis spielen Vorbilder keine Rolle.«

Christian van Lessen

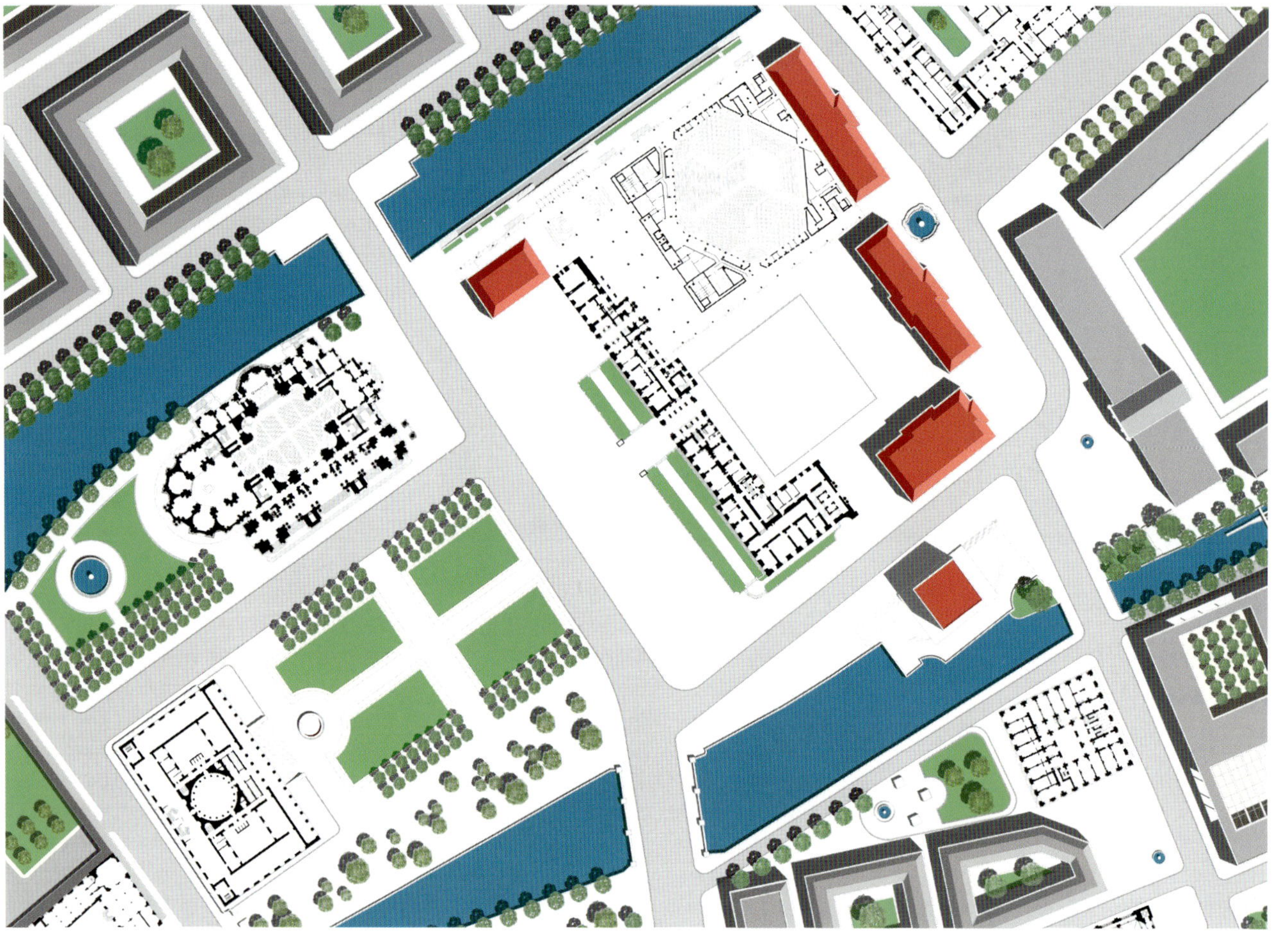

Schloßpalast, Haus und Stadt

Hans Kollhoff über seine Vision von Berlins Mitte

Wäre es nicht an der Zeit, in Berlin, und zwar in der Mitte, auch etwas so Atemberaubendes vorweisen zu können wie das Atomium in Brüssel, das Centre Pompidou oder den Grande Arche in Paris. Wenn im Geheimen, in Paris und London wieder ganz Großes ausgeheckt wird, kann da Berlin als neue Hauptstadt zurückstehen?

Was wäre also naheliegender, als sich der Erfolge auf diesem Parkett in der eigenen Stadt zu erinnern, an das ICC etwa, dessen Science-fiction-Charme ungebrochen scheint, um es mit der Stadtschloß-Idee zu verheiraten. Das ist die Lösung des Gordischen Knotens, so kann man sich am eigenen Schopf aus dem Schlamm ziehen! So sehr ich Herrn von Boddiens Anliegen teile, so wenig bin ich von seiner Strategie überzeugt, denn die Mitte Berlins ist kein Weltausstellungsgelände, wenngleich der Rummel an diesem Ort, nicht nur zur Weihnachtszeit, das Gegenteil verspricht. Mit einer technokratischen Planung, pfiffigem Investitionskonzept und verlässlichem Generalunternehmertum wird man dem Anspruch nicht gerecht werden können, den die verstreuten Trümmer des Schlosses von uns fordern. Hier geht es um Stadt-Bau an der sensibelsten Stelle. Man wird also wieder mit dem großen Problem konfrontiert sein, das man beim Bauen kleiner Häuser hat, und man wird zur Kenntnis nehmen müssen, daß Stadtsubstanz sich selten einem großen Wurf verdankt, ja daß eine erfolgreiche Stadtstruktur nur im Ausnahmefall, für besondere Zwecke an besonderem Ort, großer Architektur bedarf. Ohne Zweifel, hier ist dieser Ort, doch seiner Herausforderung wird man sich ernsthaft nur stellen können in der Bereitschaft, den städtischen Hausbau erneut einzuüben.

Zum Lustgarten hin ist das alte Schloß, nicht nur mit seiner Fassade, wieder aufgebaut. Das rekonstruierte Gebäude bildet mit dem großen Saal des Palastes der Republik eine Einheit, ist Bestandteil des möglichen Kongreßzentrums. Die roten Bauten sind moderne Ergänzungen.

Mit Phantasie und »Visionen« den Verlust gesellschaftlicher und damit baulicher Form wettzumachen, gehört zu den folgenschweren Irrtümern unseres Jahrhunderts. Halt- und bodenlos tritt das fortschrittsselige Individuum gegen die Vergangenheit an, angefeuert vom kollektiven

Ruf nach neuen Bildern. Jeder auch noch so unbegabte Architekt sieht sich gezwungen, aus jeder auch noch so unbedeutenden Bauaufgabe das aufsehenerregendste Kunstwerk hervorzuzaubern, das die Welt je gesehen hat. Das Neue an sich rechtfertigt den Verzicht auf Bewährtes, die Zerstörung des Guten. Seinen Dingen entfremdet, zunehmend abstrakten Existenzgrundlagen ausgeliefert, sucht der Mensch offenbar seine Angst vor der hereinbrechenden Leere mit Hilfe einer ungehemmten »Informations«-Flut zu verdrängen. Ein auf Massenkonsum ausgerichteter Markt versteht es, Bedarf für die unsinnigsten »Innovationen« zu wecken und kommentiert zynisch, Demokratie ist, wenn jeder haben kann, was er will. Solange Einvernehmen herrschte über die Art und Weise gesellschaftlichen, insbesondere städtischen Zusammenlebens und solange eine entsprechende Konvention des Bauens wirksam war, solange war das moderne Leben, wie zukunftsgewandt auch immer, gehalten im Gefäß des historischen Ortes. Das Leben im Heute wurde empfunden vor dem Hintergrund des Gestern, für jeden präsent, sichtbar und begreifbar: In den Mauern der Häuser der Stadt.

Um Mißverständnissen vorzubeugen, es geht mir hier nicht darum, der »guten alten Zeit« nachzutrauern, von der wir alle wissen, daß sie so gut nicht war. Es geht mir allerdings um die gesellschaftliche Bedeutung der Erinnerung, manifestiert im Gebauten, eben jenes Gefäß, das die Stürme des Augenblicks relativiert, in dem der Augenblick gewissermaßen gut aufgehoben ist. Ohne dieses Gefäß ist alles Augenblick, alles blitzt für einen Moment auf, um im Strom der Zeit zu verschwinden, ohne Hoffnung, geschichtlich zu werden. Der Augenblick und das Nichts. Das ist das Schicksal der jungen Mega-Städte Asiens und Südamerikas, für die die europäische Stadt als Modell längst ausgedient hat, und nicht nur, weil städtische Zivilisation erst anfängt, wenn die Not ein Ende hat. Die europäische Stadt ist eingefangene Zeit, mit den Mitteln der Architektur.

Das Wesen der europäischen Stadt ist Ablagerung, Überformung des Überlieferten von Generation zu Generation. Dagegen dürfte die Stadt des International Style in ihrem Wesen Plötzlichkeit sein, Momenthaftigkeit: Sie ist da oder sie ist nicht da, sie entsteht nicht, sie altert nicht. Sie wird gebaut und abgerissen. Sie ist visionär, reine Erfindung. An ihr darf nicht weitergebaut werden, Weiterbauen stört, zerstört die Authentizität der Vision. Die Visionen der Moderne unseres Jahrhunderts aber zersetzen die alten Stadtstrukturen, zuerst an den Rändern, dann auch im Inneren. Kriegszerstörte Städte sind dem Hereinbrechen des bedingungslos Neuen in besonderem Maße ausgeliefert.

Der Aderlaß durch Naziregime und zweiten Weltkrieg wird erst in den siebziger Jahren in seiner erschreckenden Dimension deutlich, materiell im Städtebau, der sich als Stadtzerstörung erwies und in der Architektur, die ihrem Metier entfremdet, moralisch gutwillig sich an den Strohhalm einer ausgebrannten Moderne klammerte und Formen gebar, die in ihrer Grobheit beispiellos sind. Das Weiterbauen an der traditionellen Stadt war, zumal in Berlin, aufgrund der ideologischen Vereinnahmung durch den Nationalsozialismus desavouiert. So blieb als unbelasteter historischer Bezug der moralische Imperativ einer revolutionären Moderne, der sich tragischerweise als zu schmale Basis für eine zukünftige Architektur und, gravierender, eine zukünftige Stadt, erwies.

Um 1970 läßt sich so der Nullpunkt der Architektur und der Stadtbaukunst diagnostizieren. Wer will widersprechen? Besuchen Sie die meterhohen Hausnummern in Blau und Rot auf kolossalen, handwerklich unbeholfenen Sichtbeton-Stützen im Märkischen Viertel oder die Waschbeton-Eingänge der Plattenbauten in Marzahn mit ihren armdicken Teerwülsten: Das ist der Nullpunkt der deutschen Architektur, auch wenn die Protagonisten noch immer auf ihre Integrität verweisen, nachdem sie den Dekonstruktivismus verwertet haben, besser als Coop Himmelblau das selbst vermochten. Deshalb auch ist die »Architekturdiskussion« in der Stein-Glas-Sackgasse angekommen, weil hinter der dürftigen Analogie eine Leere gähnt, die sich nicht länger postmodern kamouflieren läßt.

Der Nullpunkt der Architektur könnte uns aber zuversichtlich stimmen, er könnte ein Anfang sein. Wohin uns dieser neue Anfang führen könnte, werden wir nicht erfahren, ohne uns daran zu erinnern, woher wir kommen. Es wäre nicht das erste Mal in der Architektur- und Stadtgeschichte, daß in einer dürftigen Zeit erst die Erinnerung wirklich Neues hervorbringt. Die Ausgrabung des Rom der Cäsaren stimulierte den Aufbau des barocken Rom der Päpste. Ausgraben und weiterbauen! So entstand das Pantheon.

Im Konzept des Schlosses als analoger Stadt haben ganz unterschiedliche Architekturen Platz, auch mittelmäßige, denn der Beitrag zum Ganzen zählt mehr als die exzeptionelle Einzelleistung. Es wäre demnach folgerichtig, den »Palast der Republik«, wenigstens in Teilen, einzubeziehen. Erinnert der Wiederaufbau des Schlosses an die Stadtgeschichte unter den Hohenzollern, so erinnert der »Palast« nicht nur an die fünfzig Jahre Sozialismus im Osten Deutschlands, sondern auch an das Ende der letzten Gewaltherrschaft, die den Erlösungsgedanken der Moderne verkörpert hat. Der »Palast« ist ein solcher »großer Wurf« gegen die Historie, eine späte »Vision« der Moderne, nun selbst von der Geschichte eingeholt. Nicht zuletzt deshalb ist er städtebaulich-architektonisch gescheitert, ein Ärgernis an der sensibelsten Stelle der Stadt. Auch der »Palast«, ein Monument der Hilflosigkeit, entstand am Nullpunkt der Architektur: äußerlich eine Melange aus westlichem Kommerzstil und sozialistischer Parteitagsgebärde, im Inneren aber eine Großzügigkeit der Raumbildung und trotz Muffigkeit ein Sinn für atmosphärische Nuancen. Das läßt sich weiterdenken, zumal alles programmatische Brainstorming für den Schloßaufbau bisher auch nicht mehr zutage zu fördern vermochte als das, was im »Palast« ohnehin vorhanden ist, vom Konferenzzentrum bis zur Kegelbahn.

Sind wir nicht zu überheblich, wenn wir den »Palazzo Prozzo« aus einer westlichen Perspektive beurteilen? Auch das Schloß Charlottenburg sollte einmal abgerissen werden, und es ist nicht auszuschließen, daß das ICC an seiner Stelle gelandet wäre. Bei allem ideologischen Überbau schwingt in den zeitgenössischen Erläuterungen zum Neubau des »Palastes« doch etwas mit, was uns allen sehr vertraut klingt. Gelingt es uns, für einen Augenblick die Floskeln zu überhören, sind Parallelen zu Projektbeschreibungen westlicher Prägung unverkennbar und nicht selten erstaunlich aktuell.

Die »optische Transparenz« des Baukörpers und die »plastische Durchdringung der Bauglieder« sollte die erklärte Offenheit des ›Palastes‹ für alle Bürger symbolisieren, eine »helle, optimistisch stimmende Grundnote« war beabsichtigt, ein heiteres Gebäude. Als hätte man das Glas erst gestern erfunden, wird von der »großen Idee des durchsichtigen Hauses« gesprochen. »Die Homogenität des liegenden Glasquaders wird unterstützt vom angeglichenen Bronzeton der eloxierten Aluminiumdeckprofile. Ihre aus dem Zweck der Konstruktion und ihrer Wartung abgeleitete Profilierung zeigt sich als ein mit senkrechter Betonung ausgeprägtes Maßwerk, das sich gemeinsam mit den rhythmisch differenzierten Größen der Glasscheiben harmonisch auf die Fensterproportionen der umgebenden Gebäude einstellt.« Ein ganz und gar zeitgemäßes Konzept möchte man meinen, wenn man weiterliest: »Die Prinzipien der Stadtoffenheit des Hauses und seiner vielfachen Nutzungsmöglichkeiten erforderten neue Lösungen, wie die der ineinanderfließenden Räume, und führten zur Konzipierung von spannungsvollen Raum- und Erlebnisfolgen. Im Hinblick auf die Erlebnisfolge gelang es, differenzierte Raumeindrücke zu schaffen und durch sie eine dynamische Architekturwirkung zu erreichen…« Vom Architekturerlebnis zur Erlebnisarchitektur, ist man versucht zu konstatieren.

Das Konzept gipfelt denn auch in der Erlebnisgastronomie: »Die Spreestuben besitzen entsprechend ihrer Größenordnung eine intime Note. Der größere Gastraum – die Weinstube – bietet 50 Personen Platz, der kleinere Raum – die Bierstube – 35 Personen. In der architektonischen Gestaltung klingt historisierend der Stil zweier für Berlin besonders wichtiger Zeitepochen an: Es ist in der Weinstube der Klassizismus und in der Bierstube der Barock. Diese Stilelemente zeigen sich beim ersteren vor allem in einem Terrakottenfries sowie beim Gestühl und den Tischen nach Modellen von Schinkel, die dem Raum Gepräge und Stimmung verleihen. In der Bierstube stehen Holzarbeiten aus geräucherter Eiche an Sitzbankgruppen und am Schankbüfett in enger Verbindung mit einer bildkünstlerischen Fotomontage mit Motiven aus der Zeit des großen Baumeisters Schlüter.«

Es wäre zu kurz gegriffen, den barbarischen Akt des Schloßabrisses allein Honecker anzulasten. Der Zynismus, die Bauakademie einzureißen und eines der Portale als Eingang für die Schinkelklause zu verwenden oder das Schloß auszuradieren, um dann in der neu eingerichteten Bierstube dem großen Baumeister Schlüter die Reverenz zu erweisen, charakterisiert wohl das düsterste Kapitel der deutschen Nachkriegsarchitektur. Nicht zuletzt deshalb sollte man Nachsicht walten lassen und gerade an diesem Punkt, der das Ende der modernen Erlösungsideologien dokumentiert, dem Ausradieren der Spuren überwundener Überzeugungen Einhalt gebieten. Warum also nicht, gleichsam als Umkehrung des Reichstagsprinzips, das Herzstück des »Palastes«, den großen Saal und seine Foyers erhalten und mit einem Schloßkonzept verbinden?

Der große Saal ist als multifunktionaler Versammlungsraum für Großveranstaltungen politischer, wissenschaftlicher und kultureller Art eingerichtet und bietet 5 000 Besuchern Platz. Seine Bühnen sind von 170 Quadratmeter bis 1000 Quadratmeter wandelbar und mit aufwendigster Technik ausgestattet. So ist ein Großteil der Bühne mit Hubeinrichtungen versehen, die schwenkbaren Parkettsegmente erlauben eine Magazinierung von 1 500 Stühlen in zehn Minuten, die Obermaschinerie weist absenkbare Deckenplafonds auf und eine Bildwandanlage von 12 x 56 Meter, das Trennwandsystem umfaßt Rollwände im Hochparkett und Rangbereich sowie ein System absenkbarer Teleskopwände. Das alles zu reaktivieren dürfte doch so unmöglich nicht sein, trotz Asbest. Man muß sich nur durchringen, in den sauren Apfel zu beißen, und man wird belohnt mit einem Kongreßzentrum, an dessen spröden Charme das westliche Auge sich erst gewöhnen muß, wenngleich der prinzipielle Unterschied zum ICC kleiner ausfallen dürfte als erwartet. Und: Man gewinnt immerhin ein Gebäude, das schon eine Geschichte hat, das sich sozusagen schon zu städtischer Substanz verdichtet hat, trotz seiner belanglosen architektonischen Hülle.

Mit der Entscheidung, den Kongreßteil des »Palastes der Republik« zu erhalten, ist der Verzicht auf die Rekonstruktion des Schlüterhofes verbunden, der nur den schmerzen wird, der sich der Illusion hingibt, man könne dieses skulpturale Gesamtkunstwerk wiedererwecken. Mit dem Erhalt des Staatsratsgebäudes entsteht nun eine städtebauliche Situation, die eine Rekonstruktion des Schloßplatzes nicht mehr zuläßt. Als Geste der Erinnerung sollte allerdings der Neptunbrunnen wieder an seinen alten Standort zurückgebracht werden. Wäre es nun nicht naheliegend, den Schloß-Platz im ehemaligen Schloß-Hof zu sehen, der sich der Stadt öffnet, indem eine bauliche Ergänzung in Form großer Solitäre an die Sprengung erinnert und sich gleichzeitig einem Schinkelschen Städtebau verpflichtet fühlt: Gehalten von der wiederhergestellten Textur des alten Stadtzentrums, darf an dieser Stelle die Stadtlandschaft sich entfalten. Wenn uns auch die geistige Kraft fehlt, das Schloß als Ganzes wiederzugewinnen, so könnte es uns doch gelingen, die Beweglichkeit eines »romantischen« Städtebaus in den Dienst der »Demokratie als Bauherr« zu stellen.

Foto: Kai Uwe Heinrich

Hans Kollhoff
Berlin

Hans Kollhoff, nach seiner Biographie befragt, sagt kurz und knapp: »Architekt in Berlin, Professor in Zürich. Das reicht.« Natürlich reicht das nicht. Dann holt er zögernd ein Papier aus dem Computer und fängt an, in den wenigen Angaben so kräftig zu streichen, daß fast nur drei, vier Stationen übrigbleiben: 1946 geboren in Lobenstein/Thüringen. 1968 bis 1975 Architekturstudium an der Universität Karlsruhe. Seit 1978 selbständiges Büro in Berlin. Seit 1984 Partnerschaft mit Helga Timmermann. Seit 1990 Professor für Architektur und Konstruktion an der Eidgenössischen Technischen Hochschule Zürich.
Nach seinen Entwürfen (und Arthur Ovaskas) entstanden für die IBA vor gut zehn Jahren 110 Wohnungen an der Lindenstraße in Kreuzberg, ferner der Garten am Berlin-Museum; Kollhoff entwarf 65 Wohnungen am Luisenplatz in Charlottenburg, 16 Häuser am Malchower Weg in Hohenschönhausen, er lieferte Pläne für den Hofgarten am Gendarmenmarkt, nach seinen Entwürfen entsteht für debis ein Hochhaus am Potsdamer Platz, er gewann den städtebaulichen Wettbewerb Alexanderplatz mit einer Kette von Hochhäusern, die sich für ihn aus der Geschäftshaustypologie Berlins entwickeln, also mit der gewachsenen Stadt in Einklang zu bringen sind. Zu den internationalen Projekten zählt der Bau von mehr als 300 Wohnungen im Amsterdamer Hafengebiet. Kollhoff mischt in der Architekturdebatte kräftig mit, für manche ist sein Name ein Reizwort, verbunden mit Hochhaus-Entwürfen und steinernen Fassaden.
Der Architekt hat drei Jahre in den USA gelebt, in der amerikanischen Hochhaustypologie sieht er Schinkelsche Ursprünge und fragt sich, warum sich Europa mit Hochhäusern so schwer tut. »Architektur braucht Masse«, sagt er, meint damit nicht unbedingt Höhe, eher Stabilität. Gläserne Architektur läßt er nur bei holländischen Gewächshäusern gelten.
Hat er Vorbilder? »Aus dem Alter bin ich heraus.« Während des Studiums begann er, sich kritisch mit der Moderne auseinanderzusetzen. Er kam zur Erkenntnis, daß die Häuser der Moderne die Fassade betonten, aber den Innenraum vernachlässigten. Das Hauptgebäude der TU an der Straße des 17. Juni ist für Kollhoff so ein Sündenfall: Lange Korridore, links und rechts kleine Räume. Brauchte man größere, wurden sie irgendwo als Objekt herangekleistert.
Ob Hotel, Büro- oder Wohnhaus: Alles sah irgendwie gleich aus. Der kulturlose Umgang mit der Architektur habe die Städte in ein Dilemma gebracht, sagt Hans Kollhoff. Es war die »Sehnsucht nach Innenräumen«, die ihn gegen den modernen Städtebau und seine moralischen Ansprüche aufbegehren ließ. Wie es Oswald Mathias Ungers und Aldo Rossi vor ihm taten. Allein wie die Türen von Wohnhäusern gestaltet wurden, war Kollhoff ein Greuel. Er entwarf, etwa an der Lindenstraße, erhöhte Erdgeschoßzonen und Eingangsbereiche. Eingänge, so Kollhoff, müßten wieder zu »Adressen« werden, auch wenn sich dies wirtschaftlich nicht rechnete.
In Europa sei, trotz allem, eine herausragende Kultur des Städtebaus entwickelt worden – anders als in den schnell wachsenden Metropolen Asiens. »Stadt ist Ablagerung«, sagt Kollhoff, und er meint damit nicht nur die baulichen Schichten ihrer Geschichte, sondern auch die Gedanken, die sich innerhalb ihrer Mauern sammeln.
In seinen Bauten, auch beim Hochhausprojekt am Potsdamer Platz, erinnert er sich gern eines altgewohnten Baustoffs und verwendet mit Vorliebe Klinker, wie einst Schinkel.
In einem stuckverzierten Gründerzeitbau wurde das Architekturbüro von Hans Kollhoff, das 25 Mitarbeiter zählt, vor 15 Jahren eingerichtet. Es liegt in Charlottenburg, dort, wo die Eingangsbereiche der Fasanenstraße wirkliche Adressen sind.

Christian van Lessen

Das Schloß – frei gewählt

Léon Krier über seine Vision vom Wiederaufbau

Das Problem Museumsinsel sprengt den Rahmen eines Expertenstreits. Es ist eine Sache des Gemeininteresses. Zur Frage, wie die neue Berliner Stadtmitte gestaltet werden soll, gibt es nicht eine, sondern mehrere, grundsätzlich verschiedene Auffassungen. Keine dieser Auffassungen kann sich als einzig machbare, einzig moderne, einzig gültige aufspielen. Der Wiederaufbau des Stadtschlosses ist ohne Zweifel eine wichtige Alternative. Die einzig inakzeptable Haltung in diesem nun fünf Jahre währenden Streit ist jene, welche den Schloßwiederaufbau als technisch unmöglich, künstlerisch absurd, moralisch unverfechtbar, kulturell banausenhaft, politisch gefährlich, ästhetisch überholt und kitschig, das heißt, ihn als unzeitgemäß, unmodern, moralisch korrupt hinstellen will. Es gibt heute keine einheitliche Auffassung von dem, was modern ist. Modernismus ist nicht die einzige Form der Modernität.

Modernität ist heute ein unwiderrufbar plurales Phänomen. Der philosophische Irrtum des modernistischen Opportunismus ist – und dies zeigt sich im Akademie-der-Künste- und im Stadtschloß-Streit –, sich weiterhin als einzig legitime Form der Modernität behaupten zu wollen. Diesem moralischen Imperialismus widerspricht aber die einfache Tatsache, daß in den fortgeschrittenen Ländern der Welt qualitätvolle traditionelle Architekten zu einem substantiellen Teil moderner Baupraxis geworden sind. Es freut mich außerordentlich, daß jemand den Mut hat, die gegensätzlichen Auffassungen im Museumsinsel-Streit zu Wort kommen zu lassen. Es ist tatsächlich an der Zeit, die Unterschiede klar zu artikulieren, um der Demokratie in Sachen Architektur und Städtebau erstmals auf die Füße zu helfen. Frei kann nur gewählt werden, wenn die Wahlmöglichkeiten bekannt sind. Der Entscheid, was auf der Museumsinsel geschieht, wird in Stadt und Land das Baugeschehen beeinflussen. Nur ein Referendum kann aus der Sackgasse führen, in der die Experten heute stecken.

Der Schloßplatz – so wie ihn sich Léon Krier vorstellt – sieht alt aus und ist doch neu. Wiederaufbau – das heißt nicht originalgetreue Wiederherstellung des ursprünglichen Zustandes, sondern Anknüpfen an handwerkliche Qualitäten des Bauens und räumlichen Planens.

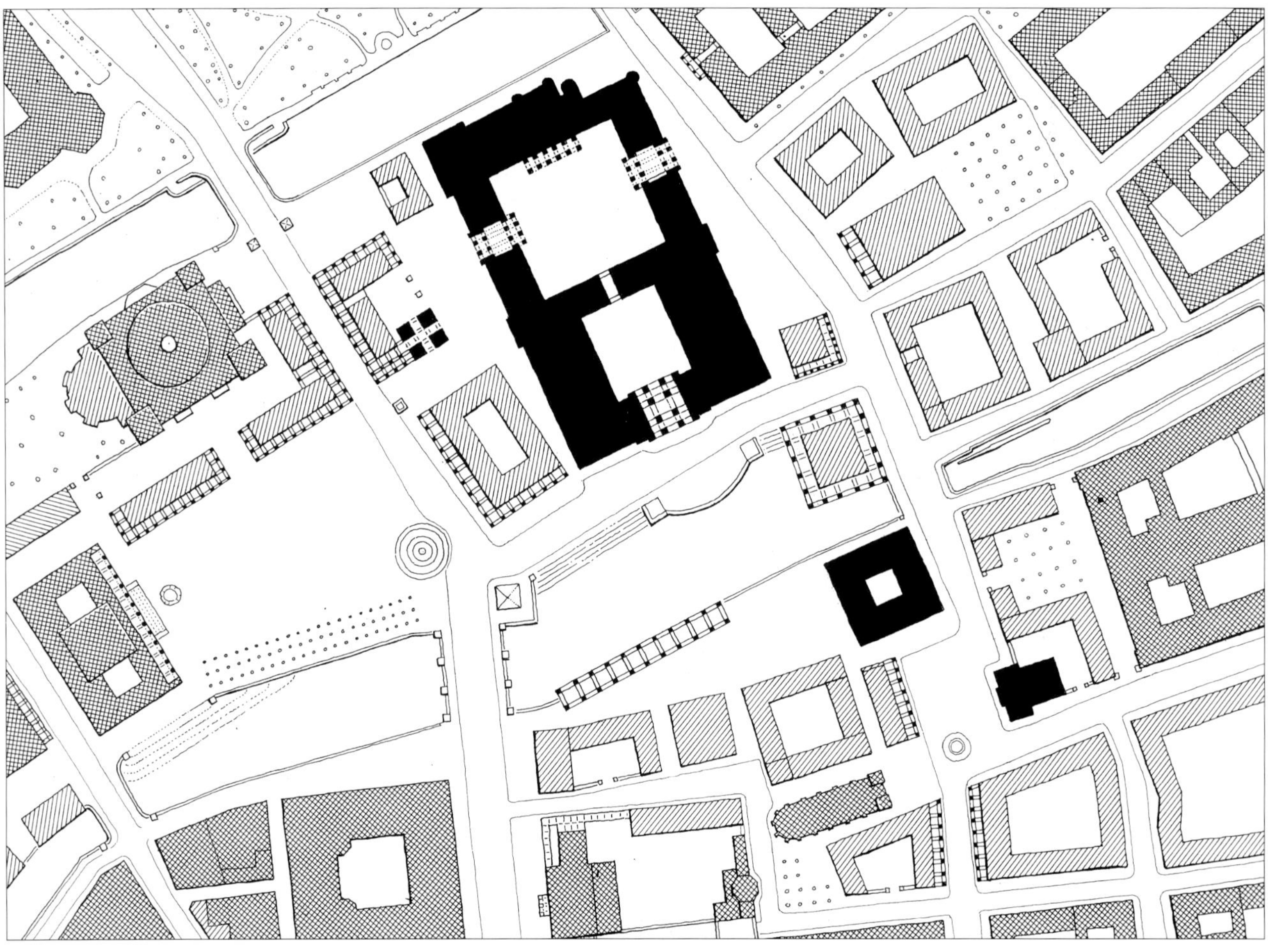

Der Wiederaufbau des Stadtschlosses ist ein intellektuell, praktisch, ökonomisch und künstlerisch integeres und realistisches Vorhaben. Für mich geht es in dieser Frage nicht um das »Ob«, sondern erstens um das »Wie« und zweitens um das »in welchem städtischen Kontext«. Sollte ein Referendum den Schloßwiederaufbau befürworten, wäre es absurd, ja undemokratisch, die Aufträge an Experten zu vergeben oder die Meinungen weiter zu solizitieren, die gegen das Prinzip des traditionellen Wiederaufbaus selbst sind. Demokratie heißt nicht, jeden zufriedenstellen zu wollen, sondern lediglich, mit operativen Majoritäten in Serenität zu regieren. Warum sollte dies nicht auch beim Schloßwiederaufbau und Städtebau gelten. Wiederaufbau heißt nicht sklavische Wiederherstellung. Die famose Frage, welcher Zustand und welches Datum zu reproduzieren wären, ist denn auch ohne Konsequenz. Es geht nicht darum, Vergangenes zu reproduzieren, sondern vielmehr darum, einen wertvollen Ort und Entwurf neu zu realisieren. Die exakte Replik der Fassaden und Architekturteile widerspricht keineswegs einer flexiblen Behandlung der Gebäudetiefen, der Höfe, der inneren Organisation. Es schließt auch nicht die zenitale Verglasung der Höfe aus. Wesentlich ist zudem eine symbolische zentrale Nutzung kultureller Art.

In einem ähnlich freien, klassisch traditionellen Geist, schlage ich den Wiederaufbau der Bauakademie, der Genz-Börse und, in der Achse von Unter den Linden, des Schlüterturmes vor. Etwa 20 neue, große und kleine Baublocks bilden den städtischen Kontext. Diese sollen auf keinen Fall mehr als drei bis vier Geschosse hoch sein, damit die monumentalen Ankergebäude die Perspektiven der neuen Straßen und Plätze dominieren und die Stadtsilhouette sinnvoll bekrönen können. Die Neugestaltung von Lustgarten, Schloßfreiheit, Schloßplatz, Bauakademiequai, Börsenplatz, wäre sinnlos ohne ihre Rahmung durch typisch und traditionell Berliner Baufluchten. Diese kleinmaßstäblichen, städtischen Wohn-, Handels-, Büro-, Markt- und Hotelbauten bilden den notwendigen maßstäblichen und architektonischen Kontrast, ohne den auch die prächtigsten Monumentalbauten nicht voll zur Wirkung kommen können. Die ein- bis zweigeschossigen, mit Kolonnaden flankierten Marktbauten vermitteln das fehlende Glied zwischen den konkurrierenden Baumassen des Alten Museums, des Domes, des Stadt-

Legende zum Plan: Plätze; A Lustgarten, B' Schloß-Freiheit, B" Schloß-Platz, C Börsen Platz, D Bauakademie-Quai Bautypen; 1. Stadtschloß, 2. Bauakademie, 3. Genz-Börse, 4. Schlüter-Turm, 5. Denkmäler, 6. Markt-Hallen (ein- bis zweigeschossig), 7. Geschäfte mit Wohnbauten (drei- bis viergeschossig), 8. Büro- und Wohnbauten (zwei- bis viergeschossig), 9. Bürobauten (drei- bis viergeschossig), 10. Geschäfte und Bürobauten (drei- bis viergeschossig), 11. Hotelbauten (zwei- bis viergeschossig), 12. Brunnen

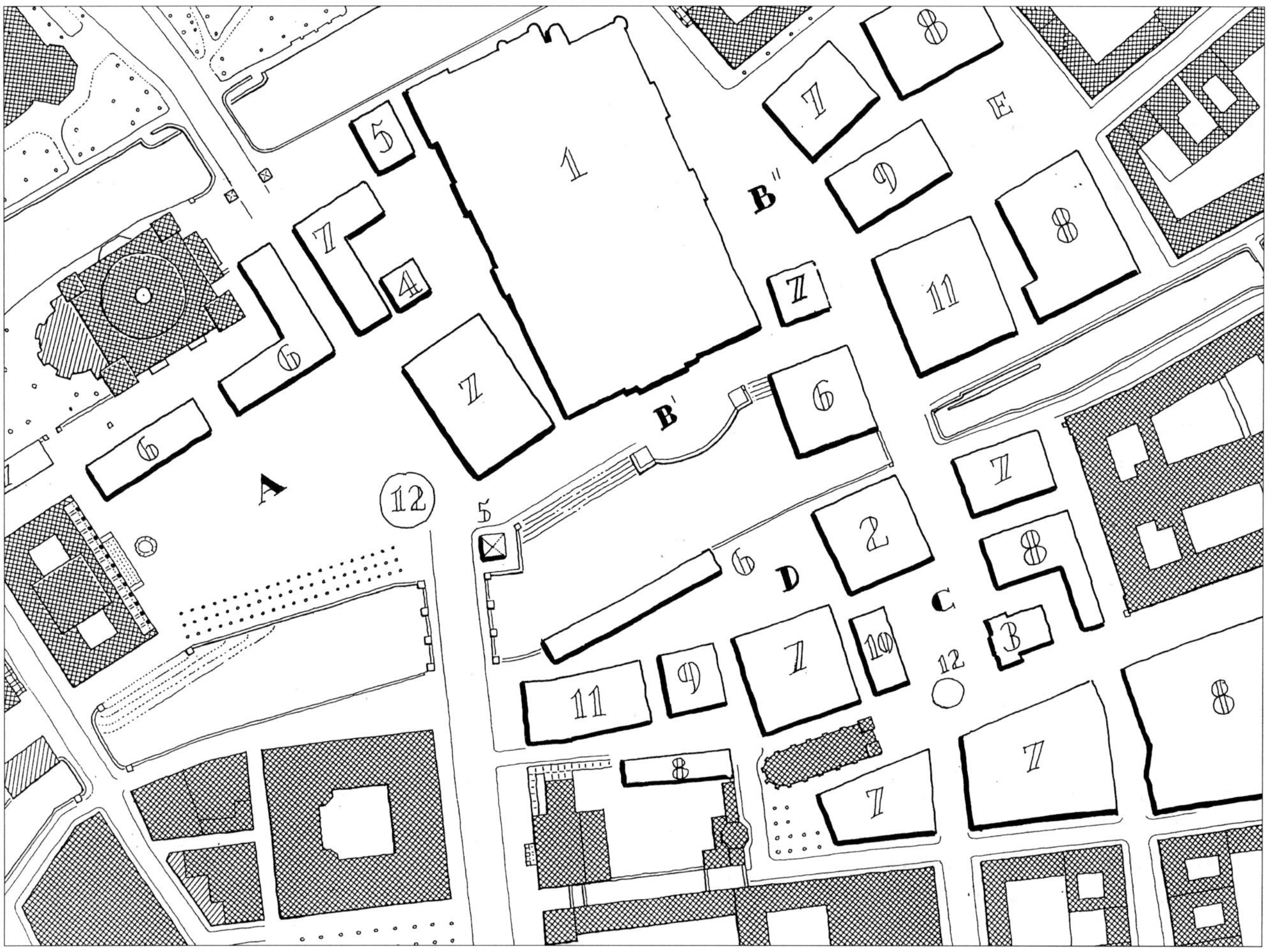

schlosses und des Schlüterturms. Der konische Plan des Lustgartens und die Verschiebung der Platzachse geben Schinkels Kolonnade größere Plastizität und Präsenz.

Ich liefere mit Absicht keine Schaubilder zum Stadtplan. Eine intelligente Diskussion über Architektur und Detail kann erst stattfinden, wenn die Prinzipien von kontrastierenden Stadtvorstellungen zur Wahl gestellt und die einzuschlagende Richtung demokratisch entschieden worden ist. Ein solches Konzept muß erst einen Plan für Plätze, Straßen, Baufronten, Parzellen sowie die Geschoßzahl, Baudichte und Nutzung per Parzelle und Geschoß festlegen. Mein Plan ist eine Illustration dieses stadtgründenden Vorgehens. Unabhängig aller Stildiskussion bleiben Vielfalt von Parzellengrößen und -nutzung die unabdingbare Basis für das Entstehen eines lebendigen und interessanten, sinnvollen und harmonischen Stadtkörpers. Die rezente Bauaktivität in und um Berlin zeigt, daß auch die talentiertesten Weltklasse-Architekten keine in etwa dezente Stadtviertel bauen können, wenn die Planungsprinzipien, Baudichten und Architekturvorschriften verfehlt sind.

Seit dem Kriege kamen in Berlin Ost wie West alle modernistischen und postmodernistischen Architekturmoden voll zum Zuge. Für sehr viele Bürger ist es klar, daß auf der Museumsinsel etwas völlig anderes passieren muß. Alles, aber auch alles, vom Expressionismus zum Brutalismus, vom Plattenstil zum Postmodernismus, vom Dekonstruktivismus zum High-Tech, alles wurde hier ausprobiert, außer die traditionell-klassische Architektur. Fest steht aber, daß gerade diese Architektur, diese Technik, dieses Baugefühl und dieser Stil die bis heute wertvollsten Orte und Gebäude Berlins bestimmt haben. Sie machen die Essenz dieser Stadt schlechthin aus. Wie die Biennale in Bologna im März vorigen Jahres gezeigt hat, gibt es eine weltweite Renaissance von traditioneller Architektur und Städtebau. Diese Prinzipien und Praxis lediglich als historisierende Revivals abzutun, ist intellektuell unhaltbar geworden.

Sollte ein Referendum sich für einen traditionell-klassischen Wiederaufbau von Berlin-Mitte aussprechen, wäre es sinnvoll, nur solche Experten mit den Bauten zu beauftragen, die traditionell bauen aus Überzeugung und nicht aus politischem Opportunismus.

Modernität in Sachen Architektur wird nicht mehr der Ausdruck einer unabwendbaren Fatalität sein, sondern das Resultat von demokratischer Wahl.

Foto: privat

Léon Krier
Claviers

Léon Krier hat sich sein Leben so eingerichtet, wie sich andere dies wünschen würden: Er lebt in Südfrankreich auf einem kleinen Dorf, macht gemeinsam mit der Freundin Hausmusik und verkehrt mit der übrigen Welt per Fax oder Telefon. Manche Baustellen, auf denen seine Ideen Gestalt annehmen, hat er nie betreten. Léon Krier läßt bauen – beispielsweise von ortsansässigen Kollegen. Daß bei dieser Arbeitsweise am Ende längst nicht alles so aussieht, wie er sich das vorgestellt hat, stört ihn nicht: dies sei nicht anders, wenn man immer vor Ort sei. Daß Léon Krier unter diesen Umständen nicht gerade zu den vielbeschäftigten Architekten gehört, liegt auf der Hand. Auch das stört ihn nicht. Er ist ein Außenseiter der Branche, aber einer mit hohem Renommee.

Léon Krier, 1946 in Luxemburg geboren, war immer schon anders als andere. Nach nur einem Jahr Studium (in Stuttgart) verließ er die Universität. Das, was er gelehrt worden sei, sei ihm zu »steril« gewesen. Außerdem habe man seinen Übungsentwurf einer kleinen Siedlung als »faschistisch« bezeichnet, nur weil dieser symmetrisch angelegt gewesen sei. Der Zeitgeist blies Léon Krier also schon damals, Ende der 60er Jahre, ins Gesicht. Beim Gegenwind ist es geblieben, nur ist, so Krier, der Zeitgeist inzwischen toleranter geworden. Den Begriff Toleranz bemüht Krier gern: »Toleranz«, so meint er, sei nichts Gottgegebenes, Toleranz müsse erarbeitet werden, denn Toleranz sei die Grundlage der Demokratie.

Nach abgebrochenem Studium wechselte Léon Krier in das Büro des britischen Architekten James Stirling, schrieb über ihn eine Monografie. 1971 ging er vorübergehend zu Paul Kleihues. Von dort zurück zu Stirling, vom dem sich Léon Krier noch am ehesten verstanden fühlte. Berufungen an das Royal College of Arts in London und später an die Yale Universität brachten denjenigen, der kein Studium absolviert hatte, kurioserweise in die Rolle des Hochschullehrers. In London besonders habe er einen Pluralismus schätzen gelernt, der tolerant war. Dort habe es eine Konzentration höchst gegensätzlicher Kräfte gegeben. Im Vorfeld der IBA baute Léon Krier in Berlin gemeinsam mit seinem älteren Bruder Rob ein Projekt in der Lindenstraße. Dieser Ausflug in die Praxis endete im Streit mit dem Unternehmer. In letzter Zeit hat Léon Krier ein archäologisches Museum in Portugal und ein Haus an der nordamerikanischen Küste gebaut: auch dies weitgehend »per Fax«. Sein Geld verdient er dennoch, beispielsweise mit Möbeln für eine italienische Möbelfirma, die diese hauptsächlich in Deutschland verkauft. »Ausgerechnet in Deutschland, wo ich kaum bauen kann.«

Einen kongenialen Partner im Geiste hat Léon Krier dann in dem britischen Thronfolger Prinz Charles gefunden. »Manche meinen, ich habe Einfluß auf ihn genommen. In Wirklichkeit hat der Prinz ähnliche Ideen wie ich bereits gehabt, bevor ich ihn kennenlernte.« Seit längerem arbeiten beide an einer kleinen Stadt in England: der Prinz als sogenannter Developer und Léon Krier als städtebaulicher Spiritus rector. Sie bauen Pounbury, eine Art moderner Neustadt von Dorchester. Hier kann Krier zeigen, was er zeigen will: daß architektonische Qualität viel mit Handwerk zu tun hat; daß Handwerk eine urmenschliche Ausdrucksform ist; daß handwerkliche Bauweise nicht historisierend ist; daß kleine Handwerksbetriebe billiger bauen als die Großindustrie; daß traditionelle Bauweisen immer lokal sind und sich schon deshalb unterscheiden; daß es darauf ankommt, kleine Grundstücke neben großen zu haben; daß eine moderne Stadt so zu durchmischen ist, wie dies die alte Stadt war: Arbeiten, Wohnen, Vergnügen, dies alles muß sich an einem Ort abspielen und nicht getrennt nach Stadtteilen. In Pounbury steht eine Computerfabrik gleich neben dem Wohnhaus. Und weil dies alles so anders sei, sei die Presse für Pounbury »katastrophal«, klagt Krier und hält an seiner Überzeugung fest, mit seinen Ideen nicht auf der Seite der Vergangenheit, sondern auf der der Zukunft zu stehen. Schließlich setze die Arbeitslosigkeit so viel Intelligenz frei, die unmöglich alle in die Dienstleistung gesteckt werden könne. Diese Intelligenz wird sich beispielsweise handwerklich entfalten. Davon ist Léon Krier überzeugt.

Monika Zimmermann

Der Palast bekommt ein Stückchen Schloß

Christian van Lessen über die Vision von Rob Krier

Das Schloß, doch wiedererweckt? Vom Alten Museum aus ist eine langes, repräsentatives Gebäude mit historischen Zügen zu sehen. Nein, es ist nicht das Schloß, aber es erinnert daran. Dahinter soll sogar der Palast der Republik versteckt sein. Aus der Lustgarten-Perspektive, umrahmt von Dom und Zeughaus, sieht das ungewohnte Bauwerk mit seinem Turm beinahe gewohnt aus, als stünde es hier seit mindestens hundert Jahren und gehöre zum Ensemble der alten Mitte. Es bildet einen großen Vorhof, der den Lustgarten optisch verlängert.

Von den Linden aus gesehen wieder dieser Eindruck: Was sich an Neuem so altwirkend in die Achse zwischen Staatsoper und Kronprinzenpalais, Humboldt-Uni und Zeughaus stellt, sucht die Harmonie. Wenn sich auch wieder der Turm ins Bild drängt, so stört er das Nebeneinander nicht, sondern erinnert daran, daß Bauen eben auch seine Höhen und Tiefen braucht.

Rob Krier, gebürtiger Luxemburger, hat seine Schloßplatz-Vision perfekt inszeniert. Er baute nicht nur ein Modell, das in seine Vorstellung einer (wieder) dichtbebauten Friedrichstadt paßt, sondern brachte es auch, fast verführerisch, mit seiner näheren Umgebung zu Papier. Seine Zeichnungen und Skizzen, auf denen keine Autos, dafür anrührende Spreekähne und ein paar Menschen mit altmodischen Gewändern zu sehen sind, sollen zeigen: So und kaum anders müßte mit dem Gelände umgegangen werden. Es ist ihm ernst mit seiner Vision, denn über das Herz der Stadt, sagt Krier, will und kann er sich nicht lustig machen.

Den Palast der Republik möchte er erhalten, das gigantische Volumen wiederbeleben. Warum ein Bauwerk abreißen, das ihm glaubhaft als beliebtes, offenes Haus fürs Volk geschildert worden ist? Aber die peinliche Goldglasfassade muß bei der Asbestsanierung weg. Glashäuser sind gut für Pflanzen, nicht für Menschen. Krier sagt stolz, er sei als altmodisch verschrien, weil er Fassaden entwirft, die mitunter jahrhundertealt wirken. Und so setzt er vor den Ex-Palast eine historisierende, steinerne Fassade.

Der langen Gebäudefront an der Spree allerdings geht es an die Substanz. Sie wird aufgebrochen, eine Schneise zieht sich durch den großen Baukörper, macht ihn überschaubarer und bildet eine vielleicht auch überdachte Passage und eine Art von öffentlichem Straßenraum. Die zwei Saalkomplexe bekommen neue Foyerzonen.

Die Passage mündet in den rekonstruierten Schlüterhof, dessen Originalreste genau dokumentiert und gelagert sind. Der Hof, eine der hervorragendsten barocken Architekturleistungen, erhält damit freilich einen neuen Standort. Die Bruchstücke der alten Schloßfassade an den drei Hofseiten, die sich dem Palast anschließen, zeigen

Was ist neu, was ist alt? Der Schloßplatz von Rob Krier präsentiert sich in einem architektonischen Kleid, das an alte Zeiten erinnert. Von den »Linden« (links) und vom Kupfergraben aus fällt der Blick auf den Münzturm, der in der Vision von Rob Krier wieder aufgebaut wird.

auch vorhofartig zum Alten Museum, zum ehemaligen Wilhelm-Denkmal im Westen und zum südlich gelegenen Staatsratsgebäude.

Entlang der Spree im Westen entstehen rund um das Denkmal Arkaden. Sie werden auf dem Grundriß der ehemaligen Fischerbastei bis an die Kante der Schloßbrücke geführt. Hier, direkt am Ufer, stellt sich Krier Wohnhäuser in bester Lage vor. Die Bauflucht des Palastes der Republik gegenüber dem Dom wird nach Westen fortgeführt, als klassisches Gegenüber des Lustgartens. Das Gelände, für dessen Gestaltung Krier auch Varianten vorlegt, bietet viel Freiraum, hier und da auch kleine Gassen und Gänge.

Den einstigen Münzturm, der von Schlüter eine neue Gestalt bekam, aber kurz nach seiner Eröffnung einstürzte, rückt Krier knapp an die Schloßbrücke. Der auffällige Turm ist demnach historisch begründet, wenn auch entgegengesetzt plaziert. Jetzt wird er zum Blickfang des Lindenboulevards. Krier erinnert daran, daß an der Südseite des Schlosses einst der erste Dom von Berlin mit einem mächtigen Wehrturm stand. Auch diesen Turm könnte man beinahe originalgetreu aufbauen. Aber das ist zweitrangig.

Die Rekonstruktion des Schlüterhofs ist nun einmal der Kern des Krier-Entwurfs. Der Architekt schlägt vor, die wichtigsten Säle mit Treppenhäusern wiederherzustellen. Und bei der Gestaltung der äußeren Fassaden des Gesamtkomplexes sieht er die Chance für neue Kompositionen. Die peinliche Collage eines Schlüterportals am Staatsratsgebäude sollte allerdings nicht noch einmal wiederholt werden, sagt er. In seinen Zeichnungen zeigt er absichtlich eine Fassadensignatur, die sich nicht genau interpretrieren läßt. Das moderne Gestaltungsrepertoire könne kaum die Qualität der alten Barockfassade erreichen. Es sei denn, man verwendet außerordentlich hochwertige Materialien. Er stellt sich auch vor, daß der gigantische Komplex in viele Einzelteile eigener Architektur zerlegt wird, wie das auch beim alten Schloß der Fall war.

Er bietet eine städtebauliche Lösung an, die ein einzelner Architekt gar nicht bewältigen kann. Dutzende müßten es sein, um das Konzept vielleicht innerhalb der nächsten zweihundert Jahre in die Tat umzusetzen.

Historische Signaturen aber dürften an den Gebäuden nicht fehlen. Die Architektur im einzelnen sollte natürlich von der jeweiligen Funktion auf diesem großen Areal abhängen. Auf Funktionen will Krier sich in seiner visionären Studie aber nicht festlegen, höchstens auf den Wohnungsbau am westlichen Spreeufer. Er schreibt Gebäudekanten fest, komponiert den städtebaulichen Raum. Und andere Planer sollten dann versuchen, aus dieser Komposition etwas zu machen, sie phasenweise aufzuführen.

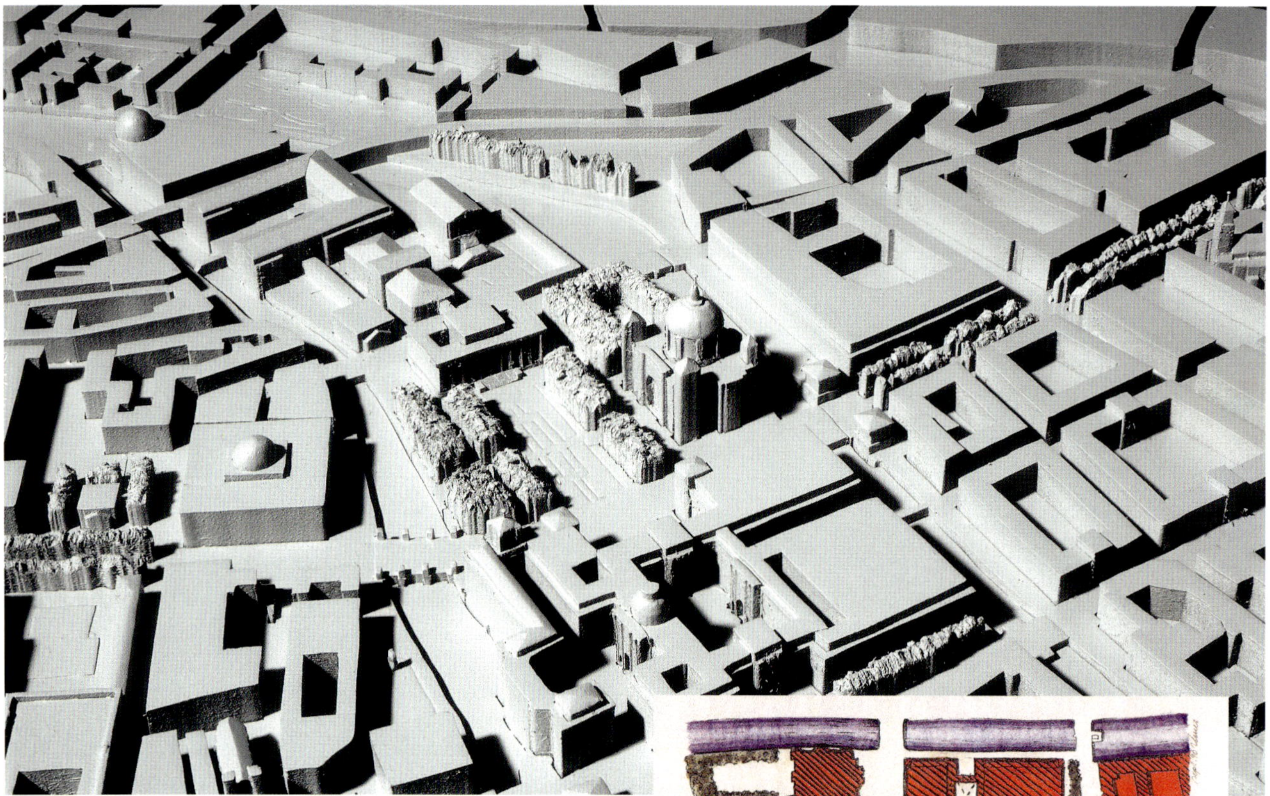

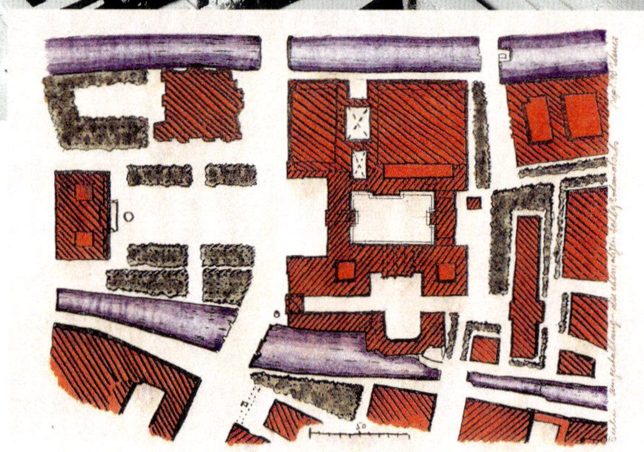

Schloßplatz im alten Stadtgefüge. Im Modell sind, unterhalb des Doms und des Lustgartens, der zweigeteilte Palast der Republik, der nachgebaute Schlüterhof und die Wohnbebauung direkt an der Spree zu sehen. Krier hat seine Stadt weitgehend nach altem Muster gebaut. Der nebenstehende Grundriß zeigt den Schloßplatz zwischen dem Lustgarten (oben) und Marstall und Staatratsgebäude (unten). Fotos: Hermann E. Kiessling

Als erster wichtiger Bauabschnitt sollte die Fassade zum Lustgarten hin vervollständigt werden. Dann entlang der Spree, wobei auch das Eosanderportal rekonstruiert werden könnte, bis sich der Komplex am Südrand wieder schließt.

Damit aber will Krier die Schloßplatz-Akte nicht schließen. Die Gestaltung des großen Areals ist für ihn nur Teil einer städebaulichen Konzeption an der Spreeinsel. Der Architekt schlägt die Wiederherstellung des Baublocks rund um Schinkelplatz und Friedrichwerdersche Kirche vor, ebenso den Wiederaufbau des Viertels zwischen Palast der Republik, Rotem Rathaus und Marienkirche, jener weiteren großen Freifläche.

Der Luxemburger Rob Krier kennt die alten Stadtpläne genau, ob sie nun von 1652 oder 1856 sind. Er hat nicht nur das Schloß, sondern auch seine dicht bebaute Umgebung auf alten Karten studiert. Er erfuhr mit großem Interesse, daß ein Landsmann, der Herzog von Luxemburg, im 14. Jahrhundert die Städte Berlin und Cölln erwarb, sie dann nach 40 Jahren aber wieder verkaufte, weil sie nichts einbrachten.

Berlin, meint Krier, könnte die Erinnerung an die alte Stadtstruktur an diesem Ort viel Lebensqualität einbringen: Das Stadtmodell des Architekten, in seinem Büro aufgestellt, zeigt die neue Berliner Mitte, nach altem Muster aufgebaut, mit Wegen, die zur Spree führen, mit wohnlichen Ufern. Das Nikolaiviertel ist nicht mehr eine wieder aufgebaute Insel, die an Disneyland erinnert, wie der Architekt sagt. Die alte Marienkirche, die bisher einsam und verloren dasteht, ist von Häusern umgeben, ebenso die Friedrichwerdersche Kirche, der Spittelmarkt und der große Block am Rathaus, bis zur Spree.

Und dort, wo das Schloß stand, hat Krier aus der vorhandenen Substanz Neues komponiert, in Modellform gebracht, Grundrisse gezeichnet und eine Vision geliefert, die an ein historisch gewachsenes Stadtbild erinnert.

Foto: Mike Wolff

Rob Krier
Berlin

Erst wollte er Schneider werden, wie sein Vater. Als Junge lernte er nähen. Schneidern und Entwerfen, Liebe an der Bildhauerei: Mit den Jahren wuchs das Interesse an Architektur. Rob Krier, 1938 in Luxemburg geboren, zählt längst zu den großen Architekten mit internationalem Ruf. Bauten von ihm stehen überall in Europa, er plant Justizpaläste, Einkaufszentren und Reihenhäuser, er entwickelte und »heilte« ganze Stadtviertel, von Schweden bis nach Spanien. Er ist Professor an der TU Wien, lehrte an der Yale University, ist Ehrendoktor der Technischen Hochschule Stockholm und Ehrenmitglied des American Institut of Architects. 1975 erhielt er, zusammen mit seinem Bruder Léon, den Berliner Architekturpreis.

Vor drei Jahren zog Rob Krier, der zwei Tage pro Woche in Wien lehrt, mit seinem Büro aus der österreichischen Hauptstadt nach Berlin, richtete sich mit seinem Partner und Schwiegersohn Christoph Kohl an der Giesebrechtstraße in Charlottenburg ein.

Für Berlin hatte er bereits ein halbes Dutzend großer Wohnanlagen entworfen: Die Internationale Bauaustellung (IBA) verdankt ihm beispielsweise Mietshäuser an der Ritterstraße in Kreuzberg. Für die Wohnanlage Rauch- und Stülerstraße in Tiergarten errichtete er den roten, prägenden Kopfbau. Krier ist gegen die heute oft verwendeten »Steintapeten«, er liebt kompakte, feste, massiv gemauerte Fassaden, frei von Kitsch, nicht postmodern.

Daß er in den letzten Jahren zu vielen städtebaulichen Wettbewerben Berlins nicht eingeladen worden ist, hat ihn überrascht. Dafür macht er den früheren Senatsbaudirektor Hans Stimmann verantwortlich, der Kriers Architektur offenbar als mittelalterlich eingestuft habe. So ist er andernorts aktiver: Etwa beim großen Potsdamer Wohnungsbauprojekt Kirchsteigfeld, oder »Brandevoort«, einem dreimal so großen Siedlungsprojekt in Eindhoven. In Amsterdam sind rund 200 Reihenhäuser geplant.

Nahezu 20 große städtebauliche Entwürfe hat der Luxemburger europaweit in den vergangenen zehn Jahren entwickelt. Krier, der in München studierte, freier Mitarbeiter von Oswald Mathias Ungers in Köln und Berlin, dann von Frei Otto in Berlin und Stuttgart war, ist fast immer dabei, wenn irgendwo Stadt wiederhergestellt oder repariert werden soll. Sein Charlottenburger Büro ist mit Entwürfen und in bildhauerischer Akribie hergestellten Modellen gespickt, die beispielsweise in Montpellier, San Sebastian, Salzburg, Göteborg, Den Haag, Paris, Potsdam oder Pforzheim in die Tat umgesetzt werden.

Blickt Krier aus dem Fenster, sieht er auf den Meyerinckplatz an der Giesebrechtstraße. Ein Platz, der für den Architekten beispielhaft für eine funktionierende, menschengerechte Stadt ist. Er findet die Anlage so gelungen, daß er sie für einen städtebaulichen Entwurf verwendet hat. Der Platz wird in ähnlicher Form in Amsterdam nachgebaut.

Es sind die zerfaserten Städte, die Krier schmerzen, die ihn nach alten Strukturen suchen lassen, die nicht nur im Krieg verlorengingen. Als er kürzlich einen Film aus dem Berlin der fünfziger Jahres sah, wurde ihm fast schlecht. Da wurden reihenweise selbst vom Krieg verschonte Häuser gesprengt, um Platz für große Freiflächen zu schaffen. Die Stadt zersplitterte endgültig, hinterließ freistehende, aus dem Zusammenhang gerissene Häuser, um die herum neue Straßen entstehen sollten.

Für jemanden, der den Wunsch hat, verletzte Städte zu heilen, beschädigte Strukturen zu flicken, Häusern ein Visavis zu geben, wohnliche, dichte Städte zu bauen, war dieses ständige Donnern der Sprengungen wie ein Alptraum.

Christian van Lessen

Totes in Berlins Mitte zum Leben erwecken

Christian van Lessen über die Vision von Krüger/Schuberth/Vandreike

Das alte Schloß wieder aufbauen? Nein, das können sich Torsten Krüger, Christiane Schuberth und Bertram Vandreike nun wirklich nicht vorstellen. Das geht nicht, ist unwiderruflich vorbei, sagen sie. Kein Architekt der Welt könne heute ein so ästhetisches, historisch geadeltes Bauwerk errichten. Es sei eben unerreichbar, unfaßbar.

Die drei, die das entschieden verkünden, sind nicht etwa verbitterte, mit heutigen Bauformen hadernde Nostalgiker, sondern ein junges, optimistisches Architektenteam mit vollen Auftragsbüchern. Die jungen Planer aus Berlin haben soviel Ehrfurcht vor dem alten, »tollen« Schloß, daß sie selbst einen modernen Neubau hinter historischer Fassade für undenkbar halten. Das wäre halbherzig.

Nein, was vorbei ist, ist vorbei. Die Chance für einen Wiederaufbau des kriegszerstörten Bauwerks 1952 endgültig vertan. Aber die Erinnerung an das Schloß, sagen sie, muß bewahrt werden, ebenso unerreichbar und unfaßbar, aber doch, irgendwie, präsent. Krüger, Schuberth und Vandreike schufen in ihrem Hinterhofbüro am Rosenthaler Platz in Mitte ein kleines Schloß: Gegossen und eingeschlossen in einen quadratischen Block aus Acryl, auch als Quarz tituliert, auf den ersten Blick kaum erkennbar, beim genauen Hinsehen, rot durchscheinend in seinen Konturen. Die drei Architekten deuten ihr Werk so:

Das versunkene Schloß
Abdruck der verlorenen Mitte
Gespiegelt in Raum und Zeit
Feuersbrunst und Untergang
Gegossen das Bild in Quarz
Sichtbar die Struktur
Doch unerreichbar jeder Stein
Bewahren und Formen wir das
Haus unserer Gegenwart
Das Schloß ist tot
Es lebe das Schloß

So also soll es wiedererstehen, nunmehr unverwundbar, als philosophisches Konzept, als Vision und Botschaft unvergänglicher Ästhetik. Zur ewigen Erinnerung bewahrt, ein für allemal abgeschlossene Vergangenheit, im künstlichen Licht der Feuersbrunst, mit einer gewollt narbenreichen malträtierten Oberfläche, die sich wegen der Hitze des gebrannten Kunststoffes wellte. Ein geschundenes, leuchtendes Stück Stadt, dessen Strukturen mahnen sollen, es sich mit einem Neubau an diesem bedeutenden Ort nicht allzu leicht zu machen.

Ein Neubau, von allen Berlinern als Gemeinschaftsleistung empfunden, muß es sein, weil sich das Schloß nach Ansicht der Architekten ja sowieso nicht wieder aufbauen läßt. Und selbst wenn es technisch irgendwie doch ginge, fehle mit Sicherheit der geistige Wille zu seiner Rekonstruktion. Für Berlin ist das Schloß kein Symbol, stellen Krüger, Schuberth und Vandreike traurig fest: Ein kollektives Gedächtnis für das Bauwerk gibt es nicht; auch die gute Idee mit der Schloßfassade aus Stoff hat es vor drei Jahren nicht wiedererwecken können.

Glückliches Dresden, dessen alte Architektur sich auch in den Köpfen seiner jungen Einwohner so festgesetzt habe, daß der Wiederaufbau der Frauenkirche geradezu zwingend sei, weil die Dresdener ihn wirklich wollten. Aber wer wolle im vergleichsweise internationalen Berlin wirklich den Aufbau des Stadtschlosses? Dabei wecke das entschwundene Bauwerk Emotionen, weil die Stadt irgendwie spüre, daß der weite, tote Platz, auf dem es gestanden habe, für ihr Ansehen entscheidend sei. Weil die wiedergewonnene Mitte zwischen den beiden Spree-Armen in ihrer gähnenden Leere schmerze.

Aber einfach, dazu noch ohne jegliches Nutzungskonzept, einen Neubau zu planen, ein neues Einzelstück wie den Palast der Republik, der nur nach Osten hin eine räumliche Beziehung zur übrigen Stadt pflegt, in dem er die freie Sicht zum Fernsehturm zwischen den Hochhauspassagen freigibt? Der, wie die Architekten sagen, ohne baulichen Gegenpart so einseitig auf dem »Boot« der Schloßinsel steht, daß sie eigentlich kentern müßte. Der auch als Beispiel dafür dient, wie DDR-Planer im Zentrum Ost-Berlins versuchten, mit möglichst wenig Gebäuden viel Stadt zu reparieren. Nein, von einem neuen Solitär wie dem ungeliebten Palast der Republik halten die Architekten nichts.

Schon im millionenteuren, wirkungslos verpufften städtebaulichen Spreeinsel-Wettbewerb, an dem sich vor zwei Jahren über 1100 Architektenteams beteiligten, hatten Krüger, Schuberth und Vandreike als zweite Preisträger (hinter Bernd Niebuhr) den Palast im Geiste abgerissen und durch ein schloßähnliches Gebäude ersetzt. Der Palast habe sich einfach in nichts integrieren lassen, sagen sie. Dafür konzipierten sie einen modernen Schloßkörper, mit einer Kuppel, die für die Architekten hier zur Stadtsilhouette gehört. Das Bauwerk öffnete sich mit großem Hof zum östlichen Spreearm und bildete das Gegenüber zu einem neuen Stadtteil, mit mehreren, zum Fluß orientierten Plätzen und Wohnhäusern, die sich bis

Das eingeschlossene, versunkene Schloß: Die Architekten haben die Form des alten Bauwerks in Kunststoff als »Quarz« nachgegossen, es oben seitenverkehrt in einen 30 mal 30 Zentimeter großen Acrylblock eingesetzt. Das Werk steht auf einem Sockel, wird von dort aus beleuchtet: Das Licht fällt zunächst auf eine Milchglasscheibe mit roter Folie, streut sich dann im gläsernen Block, und in der polierten Acryloberfläche seiner Unterseite erscheint das Schloß wie in einem Spiegelbild. Es wirkt, als wäre es in einer Feuersbrunst untergegangen, liege ein wenig schleierhaft auf dem Grund der Geschichte, nun aber nicht mehr verwundbar und auf Ewigkeit in einer sicheren Umgebung konserviert. Mit dem Modell wollen die Architekten das Schloß zum letztenmal zum Leben erwecken, aber auch zeigen, wie unerreichbar es ist: Sein Wiederaufbau, so ihr Fazit, ist nicht mehr möglich.

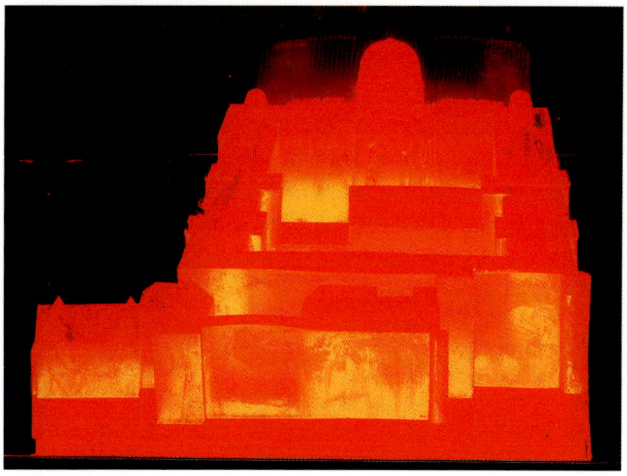

Verlorene Mitte, verpackt im Acrylblock: Das wiederbelebte Schloß mit seinen Strukturen soll mahnen, es sich mit einem Neubau nicht allzu leicht zu machen.

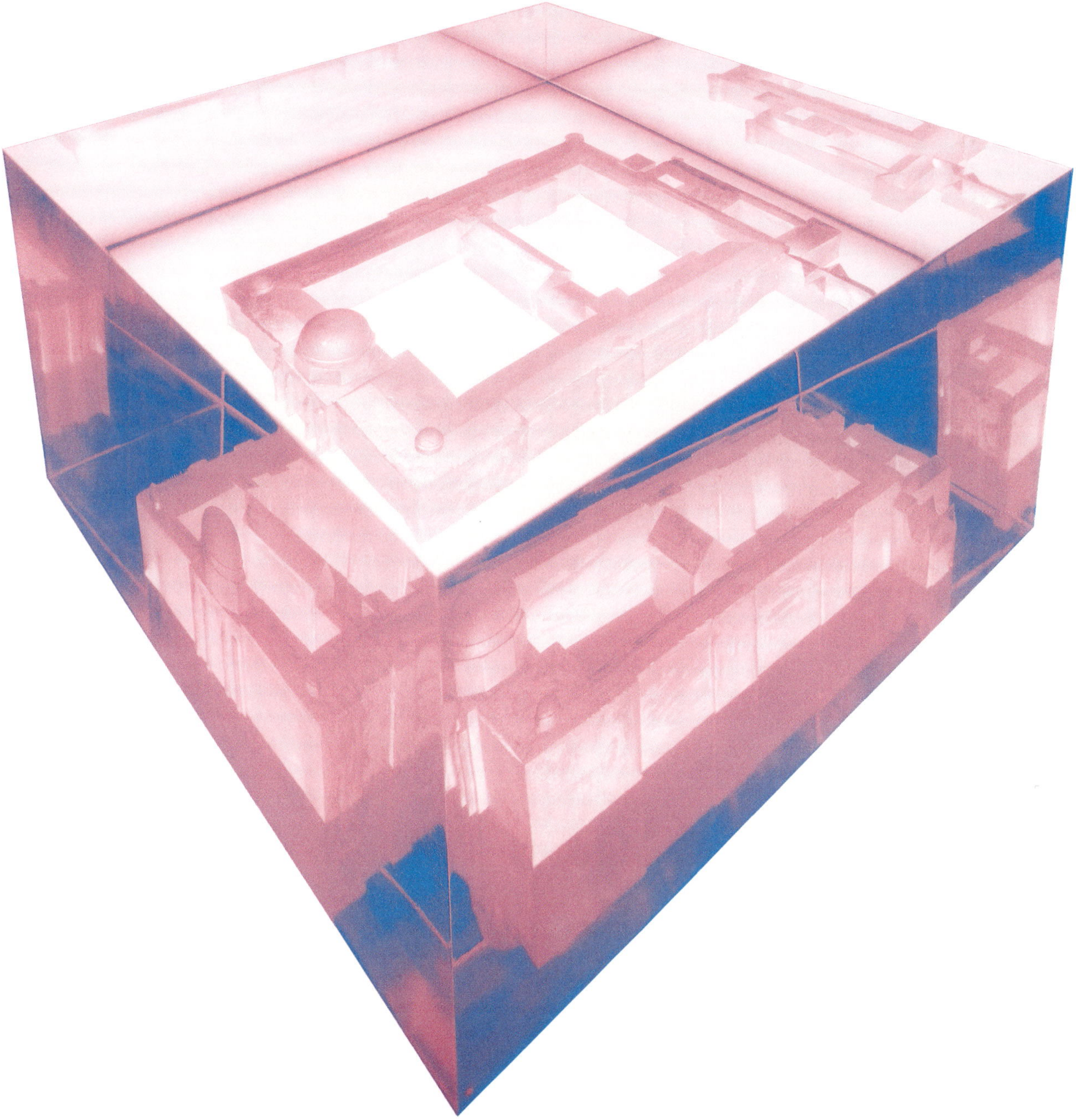

zum Alex erstreckten. Die Architekten schufen Plätze, weil sie in Berlin die unerfüllte Sehnsucht nach dem richtigen Platz verspüren.

Südlich, wo das einstige Staatsratsgebäude und das künftige Außenministerium stehen, siedelten die drei jungen Planer weitere Ministerien an, unter anderem in einem höheren Haus, dessen Form sich im Wettbewerb für das Bundeskanzleramt im Spreebogen wiederfand und einen der ersten Preise bekam.

Es war ein »Umfeld«, das die Architekten entwickelt hatten, ein städtebaulicher Ansatz, ohne den ihrer Ansicht nach der Entwurf eines Einzelbauwerks nicht gelingen kann. Und hier liegt für sie auch das Problem: Die Umgebung des Schloßplatzes ist tot, ein städtebauliches Konzept fehlt, und auch eine Nutzungsvorstellung für den oder die Neubauten auf dem Schloßplatz. Die Diskussion, was denn dort geschehen solle, müsse dringend geführt, ein gesellschaftlicher Konsens so weit wie möglich erreicht werden. Nur von Allgemeinem wie »Multikulti« zu reden, zeuge von Ratlosigkeit und sei zu wenig, um sich ans Entwerfen zu machen. Wer ohne Idee für die spätere Funktion des Bauwerks plant, arbeitet für den Papierkorb, sagen die Architekten. Die normale Stadt müsse jedenfalls, vom Osten her, mit normalen Wohnhäusern an die Spree heranrücken, den Fluß entdecken, architektonisch spannende Stellen schaffen. Und das sei das Umfeld, in dem sich, als Endstück, der Schloßplatz bilden könnte, der früher ja auch von Wohnhäusern eingerahmt gewesen sei. Jetzt wirke Berlin zwischen Alex und Pariser Platz so lebendig wie ein Wachsfigurenkabinett.

Und symbolisch ein Stück Wachsfigurenkabinett ist auch das kleine Schloß, das sich Torsten Krüger, Christiane Schuberth und Bertram Vandreike geschaffen haben. Geformte Erinnerung, zum Leben erweckt, aber nicht mehr zum Anfassen. Eher zum Abschiednehmen. Distanz verbreitend, unberührbar, ein Spiegel der Vergangenheit, vorbei.

Foto: KSV/Rother

Torsten Krüger
Christiane Schuberth
Bertram Vandreike
Berlin

Der Weg zu ihnen führt durch zwei dunkle Hinterhöfe in Mitte, wie sie düsterer, bröckliger und enger kaum vorstellbar sind. Im dritten, etwas lichteren Hof, haben sie in einer früheren Fabriketage ihr Büro eingerichtet; fast versteckt und unscheinbar, aber sehr effektiv. Denn von dieser bescheidenen Umgebung aus sind Torsten Krüger (Jahrgang 1963, im Foto links), Christiane Schuberth (1962) und Bertram Vandreike (1961) auf einen Erfolgskurs gegangen, der für junge Architekten, zumal mit DDR-Biographie, derzeit fast einzigartig in Deutschland sein dürfte.
Sie sind als Gewinner bedeutender Wettbewerbe bundesweit, auch international bekannt geworden, und ihr Planungsbüro zählt inzwischen 20 Mitarbeiter. Krüger, Schuberth und Vandreike sind Nachwuchs-Stars geworden, dabei unbekümmert und natürlich geblieben und mit großer Freude bei der Arbeit. Sie heimsen, Wettbewerb für Wettbewerb, Preise ein, von denen die meisten alten Architektenhasen nur träumen können: Im internationalen Spreeinsel-Wettbewerb belegten sie vor zwei Jahren den zweiten Platz, landeten wenig später ihren zweiten Coup, als sie sich mit Axel Schultes den ersten Preis für den Neubau des Kanzleramtes an der Spree teilten.
Im vergangenen Jahr waren sie Erste im Wettbewerb für den Landtagsneubau am Havelufer in Potsdam, sie reichten den Siegerentwurf für das thüringische Innenministerium in Erfurt ein, bauten Wohnungen am Kirchsteigfeld in Potsdam und in Karow; nach ihren Plänen wird auch das 120-Millionen-Projekt »Wilhelmgalerie« in Potsdams Innenstadt errichtet. »Drei junge Berliner Architekten auf dem Weg nach oben«, schrieben die Zeitungen, immer wieder. Oben sind sie, aber geborener Berliner ist nur Torsten Krüger. Christiane Schuberth stammt aus Thale am Harzrand, Bertram Vandreike aus Eisenach. Kennengelernt haben sich die drei auf der Hochschule für Architektur in Weimar. Während Christiane Schuberth nach dem Studium in der Quedlinburger Denkmalpflege arbeitete, gingen die Männer zur Bauakademie nach Ost-Berlin, wo sie unter anderem den ersten Preis im Wettbewerb für den DDR-Pavillon zur Expo in Sevilla gewannen. 1988 erhielt Krüger während des Ideenwettbewerbs Innenstadt Leipzig das »Beste Architekturdiplom der DDR«. Die Planer hatten auch Schulen, Kindergärten und Einfamilienhäuser entwerfen können. Der Wunsch, ihre Kräfte zu bündeln, erfüllte sich erst nach der Wende.
Da war es vorbei, das Mißverhältnis zwischen Lernen und Bauen, zwischen Theorie und der vorherrschenden Praxis des Plattenbaus. Da gründeten die drei Endzwanziger 1990 ohne ein Auftragspolster und ohne Geld ihr Büro. Wie viele andere junge Architekten aus dem Osten warteten sie auf die große Chance zu beweisen, was sie konnten. Aber anfangs stieß niemand aus dem Westen auf das damals winzige Büro. Erst als sich Krüger, Schuberth und Vandreike in die Wettbewerbe einklinkten und erste Erfolge, etwa 1990 bei einem (noch nicht gebauten) Wohnungsbauprojekt in Köpenick erzielten, war der Weg nach oben absehbar.
Bauen und Entwerfen ohne Zwänge, das erfuhren die Architekten, gibt es auch im Westen nicht. Das Geld reicht nie, das Budget der Bauherren setzt der Entwurfsfreude immer wieder Grenzen. Sie erkannten aber auch, daß sie aufgrund ihrer jungen Jahre keine Zeit hatten, in der DDR wirklich Wurzeln zu fassen, auch wenn sie sich dort schon einen Namen machten. »Wir sind eine Zwischengeneration«, sagen sie und erinnern daran, daß sie fast ein Fünftel ihres Lebens im vereinigten Deutschland verbracht haben.
Als modern und klar wollen sie ihren architektonischen Ausdruck verstanden wissen. Und ihre Einstellung zum Leben und zur Arbeit ist »positiv, undogmatisch«. Um sich die Offenheit nicht zu versperren.

Christian van Lessen

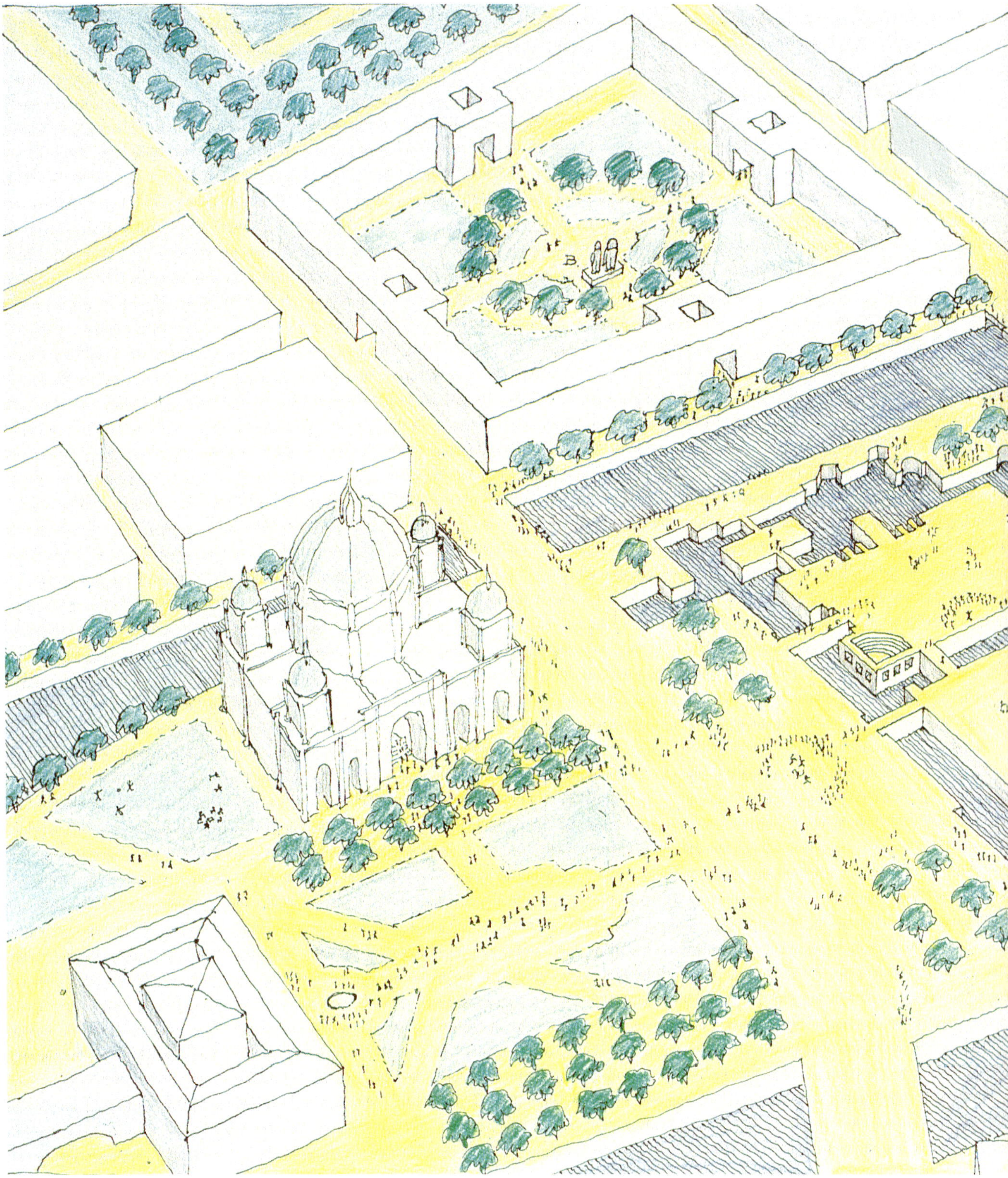

Die Vision fällt ins Wasser – oder?

CHRISTIAN VAN LESSEN ÜBER DIE VISION VON BERND KÜHN

Neue Wasser zwischen den Spree-Armen, zwischen Dom und Marstall: So stellt sich Bernd Kühn den Schloßplatz vor. Das Wasser zeichnet die Konturen des alten Bauwerks nach, die bis auf Straßenniveau rund drei Meter herausragenden Freiflächen markieren die früheren Höfe, sind zugänglich, bieten eine Freilichtbühne, in ihrem Inneren auch Platz für Ausstellungen. Gleich vorn steht der Heilige Georg; Marx und Engels (im Bild oben) sind von einem Wohnblock umbaut. Auf den Freiflächen des Schloßplatzes könnte es viele Aktivitäten geben.

Es macht ihm Spaß, einmal richtig spinnen zu können, der Phantasie freien, ungezügelten Lauf zu lassen und nicht an materielle Zwänge denken zu müssen.

Und spontan fällt dem Berliner Architekten Bernd Kühn zum künftigen Schloßplatz eine Lösung ein, die er im Nu aufzeichnet und ihr einen Titel gibt, der symbolisch zum weiten und öden Areal im Herzen der Stadt paßt: Berlins Mitte fällt ins Wasser.

Er meint es aber wörtlich. Denn es ist vor allem das Wasser, mit dem Kühn in seiner Schloßplatz-Phantasie arbeitet, mit dem er die alten Konturen sichtbar macht. Indem er die Keller des verflossenen Bauwerks ausgräbt, mit Grundwasser auf Spree-Niveau vollaufen, die einstigen Höfe und Freiflächen dagegen als bauliche Hohlkörper aus dem Wasser ragen läßt.

Das alte Schloß wirkt so wie im Negativ, wie gespiegelt, hineingefallen in die Erde, oder auch: Ins Wasser gefallen.

Und sichtbar wird ein Spielraum für Spiel-Räume, ein großer freier, von Bäumen umstandener Platz im Herzen der Stadt, begrenzt vom Marstall, dem ehemaligen Staatsratsgebäude, westlich wiederherzustellenden Baublöcken (einschließlich Bauakademie) zwischen Werderstraße und den »Linden«, dem Zeughaus, dem Alten Museum und dem Dom.

Östlich der Spree, auf der heutigen Freifläche mit dem Marx-Engels-Denkmal, läßt der Architekt bis zur Spandauer Straße ein Gebäudekarree mit Wohnungen und Läden entstehen. Er verbannt, sagt Kühn, die schwerfälligen Heiligen des Sozialismus in die Abgeschiedenheit eines Klosterhofes. Dort könnten sie ruhig die weitere Geschichte abwarten.

Sie sind in ihrem neuen Hof außer Sichtweite des Schloßplatzes, dem sie samt seiner historischen Umgebung ohnehin bereits seit Jahrzehnten den Rücken zukehren, damit auch dem Palast der Republik die Kehrseite zeigen.

Das einstige Schloß, erinnert Kühn, sei gegründet und gebaut worden gegen den Willen, weil zu Lasten der Bürger. Zerbombt und zerschossen im Kampf gegen die Diktatur, geschleift und vergraben im Rausch des vermeintlichen Sieges des Sozialismus.

Und nun werde das Schloß betrauert und schmerzlich vermißt vom demokratisch vereinten Volk. Aber ein Wiederaufbau des Schlosses sei absurd, nur vollständig denkbar, also nicht nur als Fassade, sondern auch in seinem Inneren wiederhergestellt.

Wenn denn gebaut werden müßte, käme nur ein wirklicher Neubau in Frage, sagt Kühn. So, wie er und seine Partner Ulrich Bergander und Jochen Bley ihn zum Spreeinsel-Wettbewerb präsentierten, als auch das gesamte Umfeld mit den DDR-Staats- und Ministerratsgebäuden zur Disposition stand.

Den Palast der Republik hatten die Planer bei ihrem Wettbewerbsentwurf ohnehin nicht mehr beachtet. Kühn versteht bis heute nicht, wieso die DDR-Regierung ein Schloß abreißen ließ, um es, wie er sagt, durch einen vergoldeten Palast zu ersetzen. So hat auch in seiner aktuellen Vision der unverstandene Palast keine Chance mehr.

Aber auch vom Neubau, den Kühn mit zwei großen Höfen an ein Schloß erinnern ließ, will er im Phantasiewettbewerb nichts mehr wissen. Weniger ist mehr, dachte der Architekt und entschied sich für die Freifläche. Sie ist es nur auf den ersten Blick. Was vom Schloß unter dem Pflaster übriggeblieben ist, Kellerwände, Fundamente, bis zu 450 Jahre alte Holzpfähle, soll, wie es schon geschieht, ausgegraben und befestigt werden.

Aber neu wäre, daß sich die entstandenen Räume mit Wasser füllen, in denen sich der Himmel spiegelt über dem versunkenen Schloß-Schatz, dessen Grundriß sich darstellt: Zu sehen sind Gebäuderiegel und die Höfe, die Dicke der Wände und die Sockel der Säulen. Die Durchgänge zu den Höfen sind zu Brücken geworden. Und der Heilige Georg, der jetzt im Nikolaiviertel steht, ist zurückgekehrt auf seinen Platz im äußeren Schloßhof, der zur Insel wurde.

Kühn stellt sich vor, wie von der Kuppel des Doms der Umriß des Schlosses sichtbar wird und ahnen läßt, was unwiederbringlich verloren. Erlebbar macht, was gewonnen wurde: Spielraum, Spiel-Raum.

Die Baukörper zwischen den Gräben werden ausgehöhlt und zugänglich gemacht. Wie das im einzelnen passieren soll, ist ungeklärt. Spielraum hat auch die Phantasie. In den Flachbauten auf Straßenniveau soll die Geschichte der Stadt und des Schlosses gezeigt werden, mit Zeichungen, Bildern, Bauteilen und Einrichtungen.

Die Wände zum Wasser hin können verglast gar bis unter den Pegel reichen, so daß man von innen das Gefühl bekommt, auf einem Schiff zu sein, dessen Deck allerdings aus Straßenpflaster besteht. Auch eine kleine Freilichtbühne gehört dazu, mit Kneipe, Café und Restaurant, in denen für die Besucher das Alte Berlin wieder lebendig werden soll.

Aus dem Licht der Gegenwart werden die Menschen in die Geschichte hinabsteigen, aus ihr wieder auftauchen, sich neu orientieren. Kühn stellt sich vor, daß es vor Menschen wimmelt, die einzeln oder in Gruppen den Spielraum nutzen, Anregungen und Aktivitäten überall erkennen. Beispielsweise Speakers Corner in Berlin, Straßentheater, Gaukler, Spieler, Straßenschach, Skattische, gar Strandvolleyball, Boccia, Kinderlärm, Radler, Rollschuhläufer, Jogger, Freiluftkonzerte, Ausstellungen, fliegende Werkstätten, Bildhauersymposien: Platz für Dichte und Weite, Ruhe und Lärm.

Und die Straße zwischen Schloßplatz und Lustgarten, der für Kühn so bleiben soll, wie er ist, müßte wenigstens am Wochenende für den Verkehr gesperrt sein, damit sich die Bürger und Besucher einer vielleicht mal Sechs-Millionen-Metropole freizügig und lustvoll tummeln könnten.

Eine Vision, reine Phantasie und unverbindlich. Mit leichter Feder in die Diskussion geworfen. Gesponnen, nicht ohne Realitätssinn, ein Mosaikstein im Ideenkatalog für den Schloßplatz. Für Kühn zeigt sich Demokratie auch daran, daß sie sich schwertut mit Entscheidungen zu komplexen Problemen. Sie trage nun einmal nicht das Schwert Alexanders des Großen, mit dem er den Gordischen Knoten durchschlug.

Das sei eine Schwäche, wie sie sich auch in der Diskussion um die Gestaltung des Schloßplatzes zeige. Zu viele Ratschläge erzeugten Ratlosigkeit.

Andererseits sei es die Stärke der Demokratie, daß sie die Gefahr übereilter, unausgewogener Entscheidungen vermindere und Spielräume öffne und bewahre. Brutale Entscheidungen, wie sie die Geschichte des Schlosses bei der Errichtung, Zerstörung und dem Abriß kennzeichneten, seien kaum wahrscheinlich, sagt Kühn.

Zum Abriß des Palastes der Republik müßte ein Konsens gefunden werden. Die demokratische Gesellschaft sollte sich schweren Herzens durchringen, mit dem Palast einer Republik fehlgeleiteter Ideologen so umzugehen, wie diese einst leichten Herzens mit dem Weltkunstwerk Schloß verfuhren. So hätte man konkret Spielraum geschaffen.

Berlins Mitte fällt ins Wasser – hat Bernd Kühn als Überschrift auf seine Zeichnung zum Phantasiewettbewerb geschrieben. Er meint es zum Glück wörtlich. Seine weiteren Wünsche sind kleiner darunter vermerkt: Nie mehr Monarchie, nie mehr Diktatur, nie mehr Sozialismus. Dafür: Mehr Demokratie, mehr Ratlosigkeit.

Und er schließt mit drei Worten, die er bei der Umgestaltung des Schloßplatzes beachtet sehen will: Weniger ist mehr!

Foto: Markus Wächter

Bernd Kühn
Ulrich Bergander
Jochen Bley
Berlin

Das Stadtschloß kennt er noch von früher, vom Krieg gezeichnet, dann Anfang der fünfziger Jahre gesprengt. Bernd Kühn, 1936 in Berlin geboren, war aufmerksamer Augenzeuge eines Verfalls, der ihn schmerzte. Denn bewahren, aufbauen wollte er von Jugend an.

Nach dem Abitur studierte er folgerichtig Architektur (Diplom bei Oswald Mathias Ungers) an der Technischen Universität Berlin, absolvierte dabei auch ein Praktikum bei Walter Förderer in Basel, arbeitete anschließend in einem Berliner Architektenbüro, entwarf Fabrikationsgebäude, Wohnhäuser, Schulen, sogar in Saudi Arabien.

Nach dem Wettbewerbsgewinn zur Erweiterung des Berliner Messegeländes gründete Kühn (im Foto in der Mitte) mit Ulrich Bergander (rechts) und Jochen Bley 1980 das gemeinsame Büro Kühn, Bergander, Bley (KBB). Nach ihren Plänen entstanden in den folgenden sechs Jahren für den Senat und die damalige AMK drei Hallen am sogenannten Großen und Kleinen Stern. Bis 1990 wurden weitere Hallen an- und umgebaut und das damals asbestbelastete Palais am Funkturm saniert und restauriert.

Anfang der neunziger Jahre gelang dem Architektenbüro mit der Umgestaltung des ehemaligen Meierei-Bolle-Geländes an der Kirchstraße in Alt-Moabit ein besonders großer Wurf. Der für den Bauherrn und Pizzafabrikanten Ernst Freiberger entworfene Büro- und Wohnkomplex Spree-Bogen prägt seitdem mit seinen gerundeten Baukörpern und verglasten Türmen das Stadtbild und bedeutet für die Stadt auch ein Umdenken im Umgang mit der Spree.

Der Fluß und seine Ufer wurden als attraktive Büro- und Wohnlage entdeckt, nicht mehr hinter Schrottplätzen und Fabrikhallen versteckt. Die Spree war nicht mehr in den Hinterhof verbannt, und wie attraktiv die Lage gerade hier geworden ist, zeigt der Einzug der Verwaltungsgerichte und das Interesse des Bundesinnenministeriums an dem Gebäudekomplex.

Daß sich Kühn, Bergander und Bley nicht nur im Umgang mit Stein, Stahl und Glas auskennen, bewies der erste Preis im Wettbewerb für das Schorfheide-Informationszentrum des Naturschutzbundes Deutschland bei Angermünde. Der Entwurf orientiert sich an der Idee eines hohlen Baumstumpfes, das Material ist demnach in erster Linie Holz. Im April nächsten Jahres soll das Informationszentrum eröffnet werden.

Ob Baumstumpf oder Glaspalast, ob Wohnhäuser oder Institutsgebäude: Zu Entwürfen werden die Ideen erst in einer umgebauten Wilhelminischen Kaserne am Werner-Voß-Damm in Tempelhof. Eigentlich ist es ein altes Offiziershaus mit Gewölben, das sich die Architekten in dieser verlassen wirkenden Gegend unweit der General-Pape-Straße als Büro eingerichtet haben.

Und hier, auf einem Stück Stadtrand inmitten der Stadt, das mit dem künftigen »Südbahnhof« zu einem kleinen, neuen Zentrum werden könnte, brachte Bernd Kühn auch seine Schloßplatz-Vision zu Papier. Seine Vorstellung von einem wirklichen Zentrum, das von der Stadt Phantasie verlangt und ihr dafür Spielraum bietet.

Christian van Lessen

Das Grand-Hotel als Bühne des Lebens

CHRISTOPH LANGHOF ÜBER SEINE VISION EINES SCHLOSSHOTELS

Um dem innerstädtischen Raum wieder eine bauliche Mitte zu geben und seine urbane Struktur zu stärken, schlagen wir vor, ein Schloßhotel – ein Grand Hotel – zu errichten, das in Volumen und Kontur genau dem ehemaligen Stadtschloß entspricht. Die Gestaltung soll einer zeitgemäßen architektonischen Formensprache verpflichtet sein, den historischen Bestand aber in einen kreativen Dialog einbeziehen. So kann im Zusammenspiel von historischer Stadtfigur und moderner Architektur, von traditioneller Bedeutung und zeitgemäßer Nutzung in der Stadtmitte das starke Zentrum einer neuen urbanen Dimension erwachsen.

Grand Hotels sind die zentralen und charakteristischen Orte der Großstädte. Hotels wie das Ritz in Paris, das Oriental in Bangkok oder das Danieli in Venedig stehen mit ihrer Aura gleichsam als Synonyme für die Städte, in denen sie sich befinden. Diese »ersten Häuser« beherbergen die prominentesten Gäste, bieten in Salons und Sälen den bevorzugten Rahmen für das gesellschaftliche Leben und sorgen in unterschiedlichen Restaurants und Bars, Gärten und Dachterrassen für vielfältige Ambiente-Varianten unter einem Dach. Von der Fassade über die Lobby bis in die Suiten entwickeln sie in der Folge repräsentativer öffentlicher, halböffentlicher und privater Räume eine sorgfältige Inszenierung mit zahlreichen Angeboten zur Selbstdarstellung – ein hohes Maß an individueller Erlebnisqualität, eine grandiose Bühne des städtischen Lebens.

Die ikonographischen Mittel dieser Inszenierung liegen in der Demonstration von Grandezza. Ohne die großzügige Dimensionierung der Räume, ihre Vielfalt und ihre technische Ausstattung kann der Ort seine Aura nicht als durchgängige Darstellung von Souveränität, Gelassenheit und Würde entfalten. Grand Hotels sind Orte der Repräsentation. Sie fassen in einem Gebäudekomplex zusammen, was ansonsten nur über die ganze Stadt verteilt zu finden ist. Während sich ähnlich dichte Plätze wie Einkaufszentren und Shopping Malls vorrangig über das Einkaufen definieren, ist das Grand Hotel ein Zentrum der Lebenskultur, in dem sich traditionelle Eleganz und technische Perfektion verbinden.

Für Hotelbauten trifft im besonderen Maße zu, was im Grunde für jede Architektur gilt: sie funktioniert nur, wenn sie sich nicht von ihrer Lage »tragen« läßt, sondern der Umgebung eine wesentliche zusätzliche Qualität verleiht, das heißt sie verbessert. Es kann nicht genügen, im Vertrauen auf die »gute Adresse« Architekturen zu errichten, die ebenso an einem anderen Ort stehen könnten. Um aber eine solch magnetische Wirkung ausüben zu können, muß das Gebäude mit einer

Grandezza soll das Schloßhotel ausstrahlen, das Christoph Langhof für den Schloßplatz entworfen hat – wobei dieser Entwurf noch nicht die endgültige Architektur zeigt. Christoph Langhof geht es in seiner Zeichnung eher um die Idee der Atmosphäre, die dieser Platz im Zentrum Berlins braucht.

Aura der Einzigartigkeit ausgestattet sein, die es unverkennbar macht. Dieses Kunststück wollen alle beherrschen, ganz gleich, ob es sich um Versicherungsbauten, Einkaufszentren oder Bürogebäude handelt. Wirklich gelingen kann die Übung aber nur in jenem Genre, in dem sie entwickelt wurde; dem städtischen Grand Hotel. Nur hier existiert eine Atmosphäre, ein Fluidum, das aus einem Aufenthalt eine Erinnerung macht. Wie stark eine solche Erinnerung sein und wie gut sie die Zeiten überdauern kann, läßt sich an den legendären Grand Hotels nachvollziehen.

Eine wichtige Rolle für die Positionierung spielt heute wie damals der Standort der Grand Hotels. Ihrem Anspruch auf Einzigartigkeit entsprechend standen die Grand Hotels auf einem Platz in der »ersten Reihe«, sei es hoch auf den Bergen mit freiem Ausblick auf das Panorama oder in bester Lage an See oder Meer. In den Metropolen siedelten sich die Grand Hotels naturgemäß in der Umgebung der elegantesten Geschäftsstraßen an. Immer spürten die Grand Hotels die Zentren des städtischen Lebens auf und prägten sie entscheidend.

Die architektonische Geschichte des Grand Hotels setzte in der zweiten Hälfte des 18. Jahrhunderts ein. Hier, in den zeremoniellen Abläufen des absolutistischen Hofes, haben die Grundrißlösungen ihre unmittelbaren Vorbilder. Das Vestibül diente dem Empfang, die Stiege für das Geleit hinauf zu den Repräsentationsräumen im ersten Geschoß, die Halle zum Warten, die Antichambre ursprünglich zum Entwaffnen, später für verschiedene Funktionen wie Essen oder Theaterspielen, der Audienzsaal für den zweiten Empfang, die Retirade für das Wohnen und die geheime Audienz. Ein König, ein Fürst bewohnte sein Schloß nicht im gemütlichen bürgerlichen Sinne, sondern er »residierte« hier, und dazu gehörte das Repräsentieren genauso wie das Abhalten von Zeremonien und Festen. Wichtig war dabei stets der Hinweis auf den besonderen Status des Hausherrn und die zeremonielle Ordnung.

In der Umwandlung vom Schloß als Symbol der Macht zum touristischen Betrieb fanden wichtige Modifikationen statt: denn dem Hotel fehlt der patriarchalische Hausherr, auf dessen Auftritte die Architektur zugeschnitten war. Zwar sollte sich der einzelne Gast als König fühlen, doch war er nicht der »Herr« des Hotels und bildete nur als Teil aller Gäste das Zentrum.

Die repräsentative Zone wurde aus dem Kern des Hauses, der Belle Etage im ersten Stock, herausisoliert und unmittelbar dem Empfangsbereich angeschlossen. Eine hierarchische Steigerung der Räume war nicht mehr angestrebt, denn den Gipfel der Ereignisse erlebte man schon beim Betreten des Hotels, wenn man in die Lobby kam oder den Speisesaal betrat. Da »oben« nichts mehr stattfand, verlor die zentrale Treppenanlage, die für das erwartungsvolle Hinaufschreiten konzipiert war, ihre Funktion und erhielt eine neue inszenatorische Aufgabe. Ganz im Stil der späteren Revuetreppen bot sie die Möglichkeit, effektvoll in die Hotelhalle hinabzuschreiten. Mittelpunkt des Interesses konnte so jeder werden, der einen guten Auftritt bot.

Die Folgen eines immer anstrengender werdenden Alltags dürfen daher nicht zu einem »Leben auf Sparflamme« verleiten, in dem man bar jeder Lebensfreude gelähmt in die Zukunft starrt, wie das Kaninchen auf die Schlange. Gerade umgekehrt, weil die Menschen an allen Fronten mehr gefordert werden, müssen verstärkt all jene Mittel eingesetzt werden, die das Leben angenehmer und schöner machen. Denn erst mit Vitalität und einer positiven Einstellung werden aus Krisen Chancen und Perspektiven. So wie Elemente der Natur – Sonnenlicht, bewegtes Wasser und Vegetation – positiv auf die Psyche wirken, muß auch die Architektur stimulierend eingesetzt sein.

Die Architektur hat sich jetzt, nach einer langen Phase ideologischer Vorherrschaft, wieder auf ihre ureigenste Aufgabe zu besinnen, nämlich die Menschen nicht zu belehren und zu erziehen, sondern zum Wohlfühlen zu verführen. Zumal im Zeitalter der allgegenwärtigen Simulation die quasimoralische Forderung nach einer ungeschminkten Realität überholt ist. Für diesen Mut, ein Gebäude durch ausdrucksstarke Formen zum »Sprechen« zu bringen und Emotionen, Träume und Phantasien auszulösen, ist das Grand Hotel die paradigmatische Aufgabe. Es ist das perfekte Beispiel für eine reale Inszenierung, die dem Wunschtraum ebensoviel verdankt wie der nüchternen Realität, die ihn ermöglicht. Das »Prinzip Grand Hotel« deklariert sich sehr eindeutig und dokumentiert bereits an seiner Außenhaut was es will, wofür es steht und welcher Ästhetik es sich verpflichtet fühlt.

Das Grand Hotel ist die Bühne, auf der sich eine utopienhafte Vision entfaltet, derzufolge es künstliche Paradiese geben kann, in denen ein unerschöpflicher Überfluß herrscht: ein Überfluß an Aufmerksamkeit, so daß der Gast das Gefühl behalten kann, daß nur sein Wohlbefinden und nicht die Rendite des Unternehmens von Belang sei. Dieser Luxus ist durch eine adäquate achitektonische Formensprache charakterisiert, die auf Schönheit, auf Vielfalt und dem Genuß der Inszenierung basiert. Es geht darum, die Sehnsucht nach dieser zeitgemäßen Form des Luxus und der »authentischen Inszenierung« zu befriedigen. Es geht daher um eine Architektur als die perfekte Abstimmung auf die innersten Bedürfnisse des Menschen, die Räume schafft, in denen man sich nicht nur gut aufgehoben fühlt, sondern die absolute Gewißheit hat, sich an der einzig richtigen Stelle der Stadt, wenn nicht der Welt zu befinden. Am besonderen Ort.

Foto: Thilo Rückeis

Christoph Langhof
Berlin

»Damit unterscheide ich mich von allen.« Der Satz verrät: Christoph Langhof mangelt es nicht an Selbstbewußtsein. In der Tat unterscheidet er sich dadurch von vielen seiner Berufskollegen, daß er nicht Häuser bauen, sondern Atmosphäre schaffen will. Wenn man an Städte wie Paris denke, erinnere man sich auch nicht in erster Linie an konkrete Gebäude, sondern an die Atmosphäre der Stadt, an ein bestimmtes Fluidum. Obwohl Langhof in seinem Büro direkt gegenüber der Gedächtniskirche wunderbar sitzt, möchte er das Haus, in dem sein Büro ist, am liebsten abreißen und das Karree neu gestalten. Wie? Vor ihm steht eine Art Baukasten, aus dem er unterschiedliche Klötzchen nimmt und sie in das Holzmodell einsetzt, das er von der Gegend rund um die Gedächtniskirche machen ließ. Diese Gegend werde, da ist sich Langhof sicher, trotz Wiedervereinigung für das Geschäftsleben der Stadt die wichtigste bleiben.

Gute Gebäude hätten immer auch mit Kommerz zu tun. Dies ist der Grund, warum er beim Schloßplatz auf die Idee eines Schloßhotels verfallen ist. Langhof denkt immer zunächst über Funktionen nach, bevor die Form in seinem Kopf Gestalt gewinnt. Er sei schließlich »kein Kulissenbauer«. Überhaupt kommt Christoph Langhof leicht ins Grübeln: nicht nur über das Bauen, sondern über das Leben an sich. Schon wenn man sein Büro betritt, fällt der Blick auf Batterien von Büchern, die Teil einer kulturellen Atmosphäre sind, die Langhof zum Arbeiten braucht. Dazu gehört auch das große Bild des kanadischen Malers Peter Doig, das Hochhäuser zeigt, aus denen Menschen schreiend entfliehen. Wenn er davon spricht, daß eine Stadt so etwas ist wie ein Korallenriff, dann hat er damit eine fast philosophische Umschreibung des Lebens gefunden: Ein Korallenriff wächst langsam und aus sich heraus, vor allem aber besteht es aus einer Symbiose verschiedenster Lebewesen. In seiner Analyse ist Langhof auch auf das Win-win-Prinzip verfallen. Dieses Prinzip besagt, daß ein Architekt dann am besten fährt, wenn alle von seinem Bauwerk Gewinn davontragen: die Investoren ebenso wie die Bewohner und die Stadt selbst. Von diesem Win-win-Prinzip läßt Langhof sich bei seinen Entwürfen leiten. Vom Schloßhotel auf dem Schloßplatz würden alle etwas haben: die Berliner, die in der Hotellobby eine Tasse Tee trinken können, die Gäste, die darin wohnen und nicht zuletzt die Bundesrepublik Deutschland, die dieses Hotel als Gästehaus nutzen könnte, ähnlich wie jetzt das Hotel auf dem Petersberg.

Es verwundert nicht, daß Christoph Langhof bei den Ansprüchen, die er ans Bauen stellt, relativ wenige seiner schönen Ideen in Berlin verwirklichen konnte. Dabei ist der 1948 in Linz geborene Österreicher schon über zwanzig Jahre in der Stadt und hat hier seit 1978 ein eigenes Architekturbüro mit acht Mitarbeitern. Zu besichtigen sind in Berlin bislang nur ein Hallenschwimmbad in Kreuzberg und das Hans-Korber-Sportzentrum. Außerdem hat Langhof mit zwei weiteren Architekturbüros die Wasserstadt Oberhavel entwickelt. Professuren in London, in Frankfurt am Main und jetzt in Innsbruck nutzt er gern, die theoretische Seite des Bauens zu pflegen. Nach Vorbildern seines Tuns befragt, zögert Langhof die Antwort hinaus. Gewiß, er habe bei Hans Hollein in Wien und bei Ludwig Leo in Berlin studiert, aber Vorbilder? Eher würde er ein Vorbild in Caesar Ritz sehen, dem Hotelmagnaten oder in Frank Stella, dem bildenden Künstler, die beide ein »Kultur-Crossing« betrieben hätten, wie es ihm vorschwebe, beispielsweise mit dem Opern-Forum, das er für den Investor Walter Eder in Berlin geplant habe. Ein weiteres Projekt in Planung ist das Internationale Handelszentrum an der Friedrichstraße, direkt neben dem Bahnhof. Der Name Friedrichstraße wäre besser in dem Gespräch mit Langhof nicht gefallen. Langhof empört sich über das, was mit dieser Straße passiert ist. Hier sei nun wirklich eine Kulissenarchitektur entstanden, die nichts von dem transportiere, was Bauten transportieren müßten: Emotionen nämlich.

Monika Zimmermann

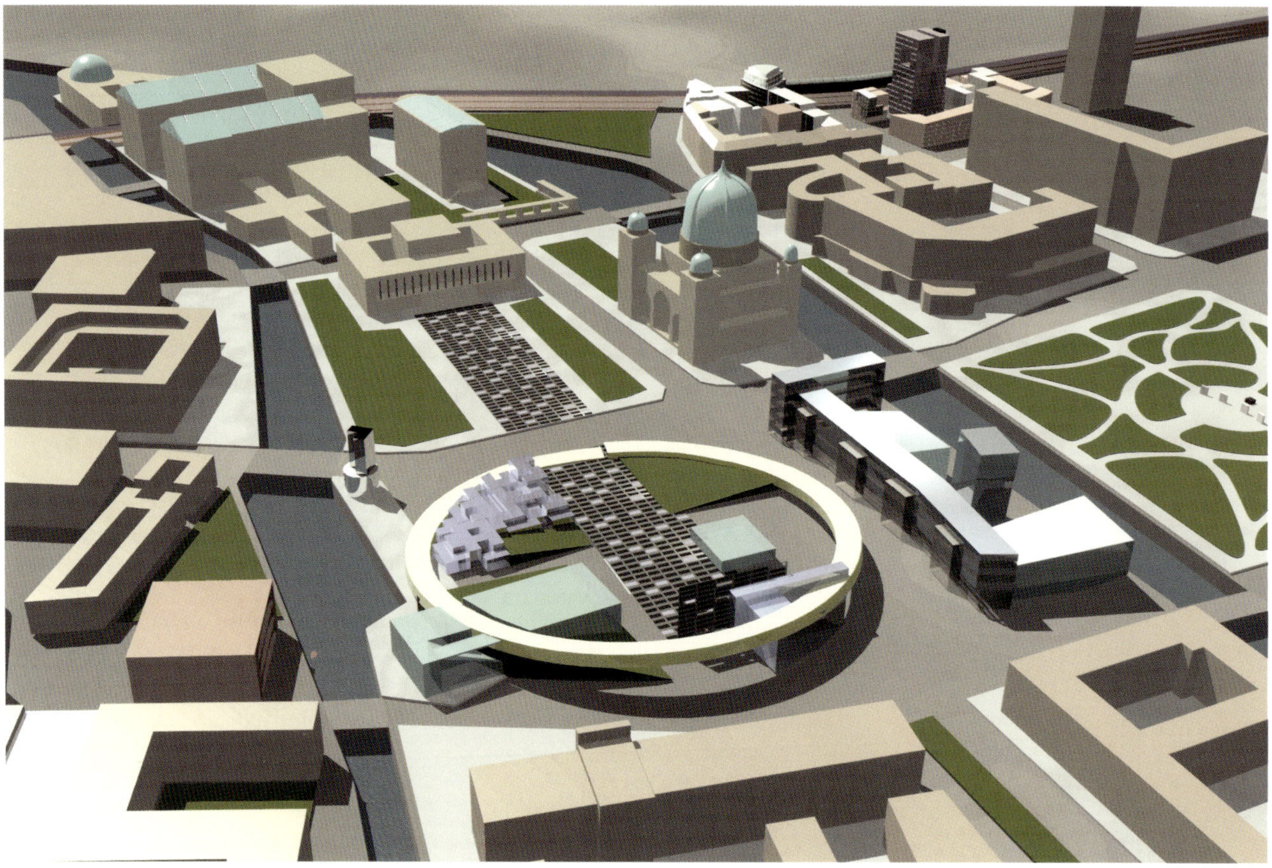

Ein Museum für 365 Tage

Claus Käpplinger über die Vision von Steffen Lehmann

Berlin reizte Steffen Lehmann, weil ihm hier deutsche Geschichte erfahrbar erschien. Doch die Berliner Debatte um die kritische Rekonstruktion oder die Berliner Trauer um das verlorene Schloß mußten dem fremd bleiben, der 1993 von Tokio kam und in seinem Reisegepäck das Projekt seines früheren Chefs Arata Isozaki für den Potsdamer Platz mitbrachte. Steffen Lehmann, der junge, ehrgeizige Architekt denkt anders als andere und arbeitet auch anders. Grenzen will er überschreiten und nicht Kompromisse eingehen.

Wenn Lehmann über Berlin spricht, dann über die Stadt, die sich heute dem Architekten darbietet. »Eine Stadt permanenter Unvollkommenheit, der offenen Brandwände, der rasanten und rücksichtslosen Einverleibung des Ostens.« Das Schloß taucht in diesem Szenario nicht auf. Weder als Rekonstruktion, noch etwa als Neubau, der sich an dem Umriß des Stadtschlosses orientiert, erscheint es ihm noch wünschenswert. Seine gewaltige Größe paßt einfach nicht mehr in das Stadtbild. Und Nostalgie ist fehl an einem Platze, dessen städtebauliches und gesellschaftliches Umfeld sich vollkommen veränderte.

Kreis und Rechteck – das sind die Grundfiguren des Entwurfs von Steffen Lehmann. Im Kreis soll ein Museum für 365 Tage untergebracht sein. In den rechteckigen Bauten, die sich an der Spree entlangziehen, könnte der Bundesrat beheimatet werden. Außerdem soll dort die Innenarchitektur der DDR-Volkskammer, die aus dem abgerissenen Palast der Republik geborgen wurde, eingebaut werden.

Der Blick zurück kann keine Orientierung für eine Metropole sein, die kurz vor der Jahrtausendwende steht, so Lehmann. Deshalb versuchte der Architekt sich mit der Gegenwart des Schloßplatzes auseinanderzusetzen. Wo sich eine urbane Mitte befinden sollte, entdeckte er nur die »gegenwärtige Bedeutungslosigkeit des Ortes und einen Mangel an städtischer Dichte drumherum«. Eine Situation, die jeden unbefriedigt läßt, doch keinesfalls dazu verführen sollte, nun den Schloßplatz vollständig zu verplanen. Nicht, daß es ihm an Selbstbewußtsein fehlen würde, doch wie falsch die Absicht wäre, schon heute eine dauerhafte Lösung für diesen wichtigen Ort anzustreben, hätte der sinnlose städtebauliche Spreeinsel-Wettbewerb gezeigt, an dem sich vor zwei Jahren mehr als 1100 Architekten beteiligten. Der siegreiche Entwurf des Architekten Bernd Niebuhr sei heute vergessen. Wie fast alle nachplazierten Beiträge sei er ein kurzlebiges, allzu starres Produkt seiner Zeit gewesen, das von der Dynamik der Großstadt Berlin überrollt wurde.

Nein, diesen Fehler wird Lehmann nicht wiederholen. In Sachen Schloßplatz bestehe zweifellos Handlungsbedarf, nicht jedoch für eine ultimative Lösung. Den Blick auf die ihm magisch erscheinende Jahrtausendwende gerichtet, schlägt er vielmehr eine Strategie stufenweiser Schritte vor, eine Mischung von zeitlich begrenzten Ausfüllungen des Raumes und einer dauerhaften Platzkante im Osten. Eine heute unbefriedigende Situation würde beseitigt und der Mitte dennoch viel Zeit »zugunsten einer wachsenden Vielfalt der späteren Platzbebauung« gelassen. Nach dem 31. Dezember des Jahres 2000 ständen auf diese Weise über 70 Prozent der Fläche wieder der Stadt zur Verfügung, um eine endgültige Entscheidung über Form und Inhalt ihrer urbanen Mitte treffen zu können.

Als »slow down« will der Architekt sein Projekt verstanden wissen, das den »Sprung vom Städtebau zur Architektur wieder greifbar macht«, die dynamische Entwicklung Berlins mit all ihren Unbekannten in die Planung einbezieht. Schließlich wisse heute keiner so recht, wie das große Areal sinnvoll zu nutzen sei. Das Verständnis für den Ort müsse allmählich wachsen, die Entwicklung der Umgebung abgewartet werden. Wie wichtig ihm das Offenlassen des Platzes ist, läßt sich aus dem eigens zu diesem Zwecke gebauten großen Modell der Stadtmitte ersehen, in das sich auch problemlos andere Lösungen einfügen lassen. Allein, die erste Stufe muß mit dem unausweichlichen Abriß des Palastes der Republik beginnen, der weder architektonisch, noch stadträumlich zu überzeugen vermag. Die Innenarchitektur des Saales der Volkskammer als einem Zeugnis der ostdeutschen Demokratie würde in dieser Stufe geborgen und eingelagert werden.

An die Stelle des Palastes, aber nur auf etwa einem Drittel seiner Fläche, soll in der zweiten Stufe ab 1998 ein neues, dauerhaftes Ensemble entstehen. Ein kammartiger Komplex, der dem Schloßplatz eine neue Kante gibt und sich mit seltsam geformten monolithischen Kuben zur großen Grünfläche des Marx-Engels-Platzes öffnet. Keine monumentale Architektur, mehr eine Ansammlung von verschiedenen Körpern, die sehr unterschiedliche Funktionen visualisieren können. Monolithe, die zum Teil in einem Wasserbecken stehen, um so ihre visuelle Wirkung zu steigern. Auf stadträumliche Bezüge beruft sich Steffen Lehmann nicht ganz überzeugend, wenn seine neue Platzkante unvermittelt abknickt oder zum Berliner Dom hin ansteigt.

So unterschiedliche Nutzungen wie ein Gästehaus für Staatsgäste und Diplomaten, ein allen Besuchern offenstehender Saal der Volkskammer, ein Konferenzzentrum und eventuell auch den Bundesrat schlägt Steffen Lehmann für sein Ensemble vor. Der Staat müsse hier einfach präsent sein. Wenn der Bundestag in den alten Reichstag ginge, wäre der Bundesrat gut beraten, seinen neuen Sitz im Herzen Ost-Berlins zu beziehen. Die kürzliche Entscheidung des Bundesrats, in das alte Preußische Herrenhaus an der Leipziger Straße zu ziehen, hält Lehmann für falsch. Die anvisierten 200 Millionen für dessen Wiederherstellung seien eine Verschwendung. Für die Hälfte der Summe ließe sich ohne Weiteres ein prägnanter Neubau an der Spree erstellen. Als ein Haus der Republik könnte dann der Platz wieder die lange vermisste Fassung und Bedeutung zurückerhalten. Eine Antwort, wie jedoch Öffentlichkeit und das Sicherheitsbedürfnis des Staates hier zusammenfinden sollen, bleibt der Architekt schuldig, wenn zum Beispiel bei ihm Passanten entlang der Spree und unmittelbar an den neuen Staatsgebäuden vor-

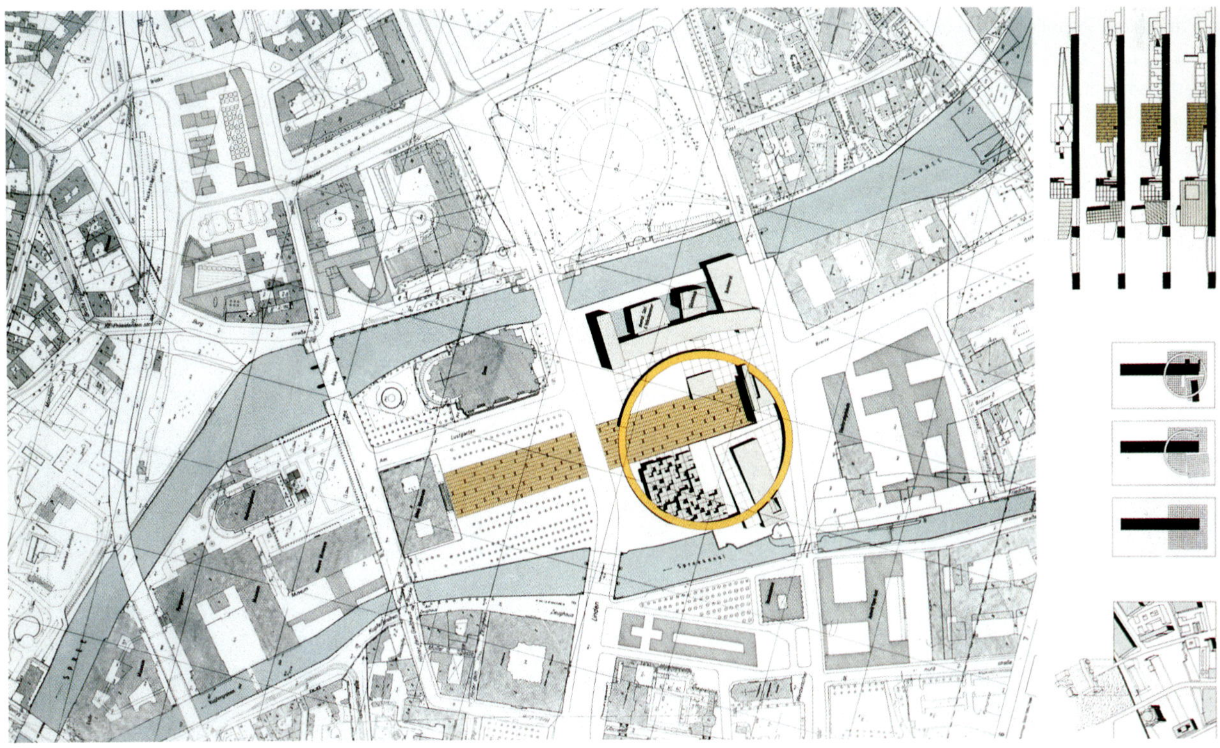

beipromenieren sollen. Der Großteil des Schloßplatzes würde erst zum Jahr 2000 gefüllt werden. Mit einem vielgestaltigen Ausstellungsgebäude, das die Veranstaltungen eines Milleniums-Festivals aufnehmen könnte. Eine Nutzung, für die Bedarf besteht, viele suchten schon heute verzweifelt nach Räumen und Plätzen für die Feier, so Lehmann. Begrenzt auf das Jahr 2000 planten viele Institutionen an Ausstellungen und Veranstaltungen, die in einem Milleniums-Festivalsbau auch ein internationales Publikum nach Berlin ziehen könnten. Ihnen den nötigen, nur temporär genutzten Raum in einem »Museum für 365 Tage« zu geben, ist deshalb Lehmanns Vorschlag für den Schloßplatz. Ein großer Ring als Symbol des Zentrums mit vielen angelagerten Bereichen, die den Menschen wieder Treffpunkte sein können.

Mit 180 Metern Durchmesser und einem Querschnitt von 10 Metern biete der Ring die Möglichkeiten, die neuen Orte sinnfällig miteinander zu verbinden und verschiedene Ausstellungen entlang eines rampenartigen Weges zusammenzufassen. Selbstbewußt sucht dazu Lehmann die Gegenüberstellung zu Schinkels Altem Museum. Ein »Platzteppich« aus Bodenplatten und begrünten Aussparungen spannt sich zwischen der Treppenanlage des Alten Museums und dem hinter einer Kulissenwand befindlichen Eingang des Rings. Der Blick aus dem Alten Museum würde an dieser Wand und ihren Fenstern zum dahinter liegenden gläsernen Treppenbau enden, der Ring als zeitgenössisches Pendant zu Schinkels Wirken verstanden werden.

Zeitgenössisch auch in der Art, daß die neue große Achse durch begrünte Rampen, unterschiedliche Gebäude und Plateaus wohl inszenierte Störungen erfahren würde. Hier ein langgestreckter Kubus, dort ein Stufenturm, eine Vielfalt von Raumsituationen soll daraus hervorgehen, damit die Mitte wieder zu einer anregenden Bühne wird. Asymmetrien und Raumkollisionen, die für eine neue Qualität des Ortes stehen und dem Stadtbewohner Räume zur Interaktion anbieten. Gebäude, die unterschiedliche Besucher ansprechen und vielleicht auch zusammenbringen können. In dem Café inmitten des Rings könnten sie sich treffen und dann einen Platz beleben, der heute nur das unangenehme Gefühl der Leere ausstrahlt. Als »in-between-space«, als Zwischenraum, beschreibt Steffen Lehmann das Erlebnis seiner neuen urbanen Mitte. Und wie wohl jeder Architekt eines Provisoriums deutet er am Ende des Gesprächs an, daß aus der temporären Installation des Rings vielleicht eine dauerhafte werden könnte. Schließlich könnte sich heute keiner den Abbau der Infobox am Potsdamer Platz vorstellen, die ja auch nur als Provisorium gebaut worden sei.

Steffen Lehmann: Wir schlagen weder eine nostalgische Rekonstruktion noch einen Neubau in der ursprünglichen Schloßgröße vor, da der Umriß des gewaltigen Stadtschlosses in beiden Versionen heute stadträumlich nicht wünschenswert ist. Die Fragestellung ist zunächst keine ästhetische, sondern die nach der gegenwärtigen Bedeutungslosigkeit des Ortes und dem Mangel an Dichte drumherum. Um dem Schloßplatz ohne Eile schrittweise die Rolle der urbanen Mitte zurückzugeben, besteht bedachter Handlungsbedarf. Deshalb schlagen wir folgende Strategie in drei Stufen vor:

1. Stufe 1997: Abriß des Palastes der Republik mit Asbestbeseitigung; die Innenarchitektur des Saales der Volkskammer soll in ein neues Gebäude integriert werden.

2. Stufe ab 1998: Nur auf etwa 30 Prozent des Areals, auf dem sich der Palast der Republik erhebt, entsteht ein kammartiges Gebäudeensemble, das zum Platz hin eine Kante formuliert und sich zur großen Grünfläche am Alexanderplatz öffnet. Das Restareal wird begrünt und einer temporären Nutzung zur Verfügung gestellt. Der Neubau könnte Raum für den nach Berlin umziehenden Bundesrat mit einem modernen Konferenzzentrum bieten, das entlang der Spree in einem Wasserbecken steht. Hier befindet sich auch der reintegrierte Saal der Volkskammer, der das Erbe der DDR repräsentiert. Ergänzt wird das Ensemble durch ein Gästehaus für internationalen Staatsbesuch und Diplomaten.

3. Stufe im Jahr 2000: Auf der Restfläche gruppieren sich verschieden große Ausstellungsgebäude in einem Ring für eine temporäre Nutzung vom 1. Januar bis 31. Dezember 2000. Anläßlich der Jahrtausendfeier (Millennium-Festival) werden sie zu einem »Museum für 365 Tage«. Einer Vielzahl von international bedeutenden Ausstellungen und den vielen Institutionen und Organisationen, die sich im Jahr 2000 mit Sonderausstellungen in Berlin präsentieren möchten, soll hier eine Plattform zur Verfügung gestellt werden.

Der großartigen Treppenanlage des Alten Museums steht am anderen Ende eines »Platzteppichs« ein gläserner Treppenbau als Pendant gegenüber. Gefaßt wird die Anlage durch einen Ring mit etwa 180 Metern Durchmesser, der als rampenartiger Weg entlag und durch die Ausstellungsgebäude führt. Das eigentliche Zentrum im Ring ist ein abgesenkter Platz mit Café.

Vorteil: Nach dem 31. Dezember 2000 kann erneut über 70 Prozent der Fläche des Schloßplatzes nachgedacht werden. Es wird nicht sofort eine städtebauliche Gesamtfigur festgeschrieben, die ultimativ ihre Umsetzung einfordert. Eine Zwischennutzung und schrittweise Beplanung des Schloßplatzes bietet die Möglichkeit, die dynamische Entwicklung Berlins zu beobachten. Es kommt zu einem Slow down zugunsten einer wachsenden Vielfalt der späteren Platzbebauung, durch die der Sprung vom Städtebau zur Architektur wieder greifbar wird.

Foto: Florian Bolk

Steffen Lehmann
Berlin

Über die Wilmersdorfer Straße, zwei dunkle Hinterhöfe und enge Treppenhäuser führt der Weg in das Büro von Steffen Lehmann. Dies ist kaum die Umgebung, in der man ein Architekturbüro vermuten würde. Allein ein kleines Metallschild, »Arata Isozaki & Associates, Steffen Lehmann & Partner«, weist daraufhin, daß dies dennoch der Ort ist, wo die Planungen für die beiden, fast fertiggestellten debis-Riegel am Landwehrkanal entstanden.
Die ersten Pläne für die, ob ihrer abstrakten Trapezmuster häufig gescholtenen Bauten, brachte der 1963 in Stuttgart geborene Architekt noch aus Tokio nach Berlin. Der japanische Stararchitekt Arata Isozaki überließ sie seinem früheren Mitarbeiter, denn er sollte vor Ort aus ersten Zeichnungen ein Gebäude formen. Für Steffen Lehmann waren diese Pläne eine Rückversicherung für das Wagnis, in der von Architekten überlaufenen Stadt an der Spree ein eigenes Büro zu gründen. Kaum drei Jahre danach steht der Name Isozakis noch an den Eingängen, doch das junge Büro hat sich längst einen eigenen Namen gemacht und scheint dabei aus allen Nähten zu platzen.
Ob nun Wohnhäuser in der Rummelsburger Bucht, eine Recycling-Anlage im Süden Berlins oder mehrere Bürokomplexe, hier werden auf engstem Raum sehr unterschiedliche Projekte von einem international durchmischten Team bearbeitet. Am Hackeschen Markt hat gerade der Bau eines Bürozentrums begonnen, in das u. a. der Bundesverband deutscher Banken einziehen wird. Und in Dresden baut Lehmann am renommierten Albertplatz den Sitz der Volksbank. Gebäude, die sich wohltuend von der üblichen Konfektionsware unterscheiden. Selbstbewußte Solitäre zumeist, die komplexe Geometrien miteinander verbinden, über Brücken Verbindungen stiften, Höfe und Durchwegungen anbieten und der Wahrnehmung wieder sehr sinnliche Objekte der Anschauung geben. Dem Credo Lehmanns folgend, daß Gebäude sich den Menschen öffnen und auch Spaß machen müssen.
Daß der junge Architekt schon auf eine reiche Studien- und Berufserfahrung zurückgreifen kann, ist seine Stärke und das Fundament seines Selbstbewußtseins. Gleich drei, sehr verschiedenen Kulturkreisen fühlt er sich dabei aufs engste verbunden. In Trier und Mainz studierte er an den Fachhochschulen, bevor sein Wechsel zur umtriebigsten Lehrstätte der achtziger Jahre folgte. An der Architectural Association School in London lernte der junge Student die führenden Querdenker in der Welt der Architektur kennen. Jahre, die ihn prägen sollten, die 1990 mit dem Diplom endeten und zu James Stirling führten.
Wie Großprojekte mit einer sehr körperhaften, sinnlichen Architektursprache und hohem professionellen Niveau zu bewältigen sind, erfuhr er durch den unkonventionellen Stirling, dem Stuttgart seine Staatsgalerie und Berlin sein Wissenschaftskolleg verdankt. Danach war es nur zum Teil zufällig, daß Lehmann zu Japans Architekturstar Arata Isozaki wechselte. Dort konnte er die Vorzüge einer hohen urbanen Dichte und einer auf Beton, Stahl und Glas reduzierten Materialpalette kennenlernen, aber auch die Schattenseiten der von grellen Leuchtreklamen dominierten Mega-Städte. Ein Gefühl der Fremdheit blieb dennoch, weshalb er 1993 den Sprung an die Spree wagte. Seitdem bemüht sich Steffen Lehmann mit viel Verve um ein Aufbrechen der Berliner Architekturdebatte, die ihm allzu eng erscheint. Ganz der Gegenwart zugewandt, ist ihm Berlins Nostalgie höchst suspekt. Als ein leidenschaftliches Bekenntnis gegen die historisierende Anpassung soll seine Architektur beweisen, daß sehr unterschiedliche Gebäude nebeneinander existieren können und eine Stadt formen.

Claus Käpplinger

Die Kirmes als Sinnbild für die Lehre

Claus Käpplinger über die Vision von Hilde Léon und Konrad Wohlhage

Nicht die Architekten, sondern die Berliner seien in der Frage des Schloßplatzes gefordert, so Hilde Léon und Konrad Wohlhage. Unüberhörbar schwingt dabei Kritik an der Diskussion mit, die bislang in Sachen Schloßplatz mehr um Bilder als um Inhalte kreiste. Ein Grund, daß die beiden Berliner Architekten von einer architektonischen Vision Abstand nahmen, dem aktuellen Notstand mit Rummelplatz und Schloßattrappe eine eigene Bildlichkeit gaben. Hinter der verspielt anmutenden Unschuldigkeit ihres Bildes versteckt sich die Provokation gegen die derzeitige Auseinandersetzung mit der Stadt und ihrer Mitte.

Hilde Léon und Konrad Wohlhage wollen zum Nachdenken über Verantwortung und Wünsche anregen, dem jedoch das schmerzhafte Eingeständnis vorangehen muß, daß eine Verständigung der Öffentlichkeit über die Ausgestaltung der Mitte noch in weiter Ferne liegt. Obwohl vor wenigen Jahren die Schloßattrappe den Stadtraum wieder erfahrbar machte, stehen viele einem Wiederaufbau des Schlosses skeptisch gegenüber. Seine Zerstörung sei ein beispielloser Akt des Vandalismus gewesen, doch als Ausdruck der unumschränkten Autorität der Monarchie in der Bürgerstadt Berlin ist das Bauwerk nicht mehr wiederholbar. Sein ungeheures Volumen mit einer Mischung aus Regierungs- und Konferenzfunktionen zu füllen, würde heute das Schloß zu einer unbefriedigenden Kulisse degradieren und widerspräche nicht zuletzt auch dem Ort. Die Mitte als Zentrum der städtischen Gesellschaft verstanden, erfordere eine vielfältige wie anregende Öffentlichkeit, so die Architekten.

Den Wiederaufbau des Pariser Platzes und vieler anderer Orte der Stadt habe man in den letzten Jahren allein privaten oder kommerziellen Nutzungen überantwortet. Öffentlicher Raum sei zu einem fast unerschwinglichen Luxus geworden. Unbefriedigt blieb die Sehnsucht der Stadtbewohner nach Identität und öf-

Eine Bildmontage präsentieren Hilde Léon und Konrad Wohlhage. In ein Luftbild des heutigen Berlins kopierten sie respektlos einen Rummelplatz mit Loopings, Riesenrad und Karussell, der von der Kulisse des Berliner Stadtschlosses umschlossen wird. Als ein Sinnbild für die Berliner Widersprüche und Versäumnisse wollen die Architekten ihren Entwurf verstanden wissen. Bevor über die Architektur der Stadtmitte gesprochen werden könne, müsse sich die Öffentlichkeit in einer breiten Diskussion ihrer Verantwortung und Wünsche gegenüber dem städtischen Raum bewußt werden.

fentlichen Räumen, die sich daraufhin allein in die verklärten Bilder der Vergangenheit flüchten konnte. Doch ob nun die Rekonstruktion des Hohenzollernschlosses, die Sanierung des Palastes der Republik oder etwa ein Neubau mit selbstbewußtem Anspruch die adäquate Form für die Mitte darstellen könne, kann nur eine nachrangige Frage sein, die sich erst nach der Bestimmung eines angemessenen Zweckes für den Ort stellen dürfte. Vielmehr muß der Diskussion über Architektur ein von allen Schichten getragener Prozeß der Auseinandersetzung und ein Konsens über den Ort vorausgehen. Eine Diskussion, die zwangsläufig über die Spreeinsel hinaus auf die ganze Stadt ausgreifen wird.

Den Zweck des Ortes jedoch zu bestimmen, fällt heute schwer. Bei der ungleich kleineren Bauakademie habe man schon viele Schwierigkeiten, ihre zukünftige Funktion zu klären, um wieviel schwerer müsse da die Aufgabe sein, den Inhalt des Schloßplatzes zu bestimmen. Theater, Opern, Museen seien schon in ausreichender Zahl in Berlin vorhanden, aber eine andere Nutzung angesichts der Bedeutung und Würde des Ortes nur schwer vorstellbar. Öffentlichkeit auch als ein kultureller Mittelpunkt verstanden, stößt so an ihre Grenzen. Und auch der öffentliche Bauherr tritt immer mehr zurück. Geplagt von finanziellen Nöten und über seine Rolle verunsichert, erschöpft er sich heute in populistischem Aktionismus. Doch die schmerzhafte Leere des Schloßplatzes und die Angst vor dem Ungeordneten darf nicht dazu verführen, die Mitte ohne eine inhaltliche Substanz zu füllen, wo möglich gar diese Aufgabe einem privaten Investor zu übergeben.

Das Dilemma des Schloßplatzes ist so auch ein Ausdruck für die Verfassung unserer Gesellschaft, die sich ihrer widerstrebenden Ansprüche immer seltener zu stellen vermag, die ihre Wunschbilder und die zur Verfügung stehende Mittel nicht in Einklang bringen kann. Der Schloßplatz ein Bild für das Fehlen einer gesellschaftlichen Mitte, weshalb letztlich sein derzeitiger Zustand für das Eindringen der Peripherie und partikularer Interessen in das Zentrum der Stadt steht. Eine Antwort darauf bleiben Hilde Léon und Konrad Wohlhage bewußt schuldig. Ihr Entwurf ist ein selbstkritisches Eingeständnis, daß allzuoft Architekten schon mit Bildern und Räumen agieren, bevor Bauherr und Öffentlichkeit ihre eigene Verantwortung angenommen haben. An den missionarischen, seherischen Impetus vergangener Avantgarde vermögen sie nicht mehr zu glauben. Die Epoche großer Utopien ist vorbei. Der Architekt als Teil der Gesellschaft muß sich deren Gegenwart heute mehr denn je stellen. Ihr Entwurf ist ein Appell, der Mitte Berlins mehr Zeit und Raum zu lassen.

Deshalb enthielten sich diese beiden Architekten eines konkreten Projektes für den Schloßplatz. Ihre ironische, dennoch seriös vorgetragene Kombination von Rummelplatz mit einer Schloßkulisse drückt die Besinnung auf schlichte Notwendigkeiten aus. Verzweifelt suchen heute die Schausteller nach einem neuen Festplatz. Der Kirmes, die seit Jahrzehnten im Westen auf dem Klingelhöfer Dreieck und im Osten auf dem Schloßplatz beheimatet war, droht die Verdrängung an den Rand der Stadt, obwohl sie wie wenige andere Ereignisse alle Schichten der Gesellschaft miteinander verbindet. Die Kirmes ist ein Sinnbild für die einzige öffentliche Bestimmung des Ortes, die momentan für den Schloßplatz möglich ist, und zugleich ein sehr pragmatisches Angebot, sich auf die Nöte und Möglichkeiten der Gegenwart einzulassen, selbst wenn das Wünschenswerte dafür vorläufig zurücktreten muß.

Die Schloßkulisse ermöglicht die notwendige Fassung des Raums, provisorisch und jederzeit revidierbar. Wenn später einmal über den Inhalt des neuen öffentlichen Gebäudes eine Einigung erzielt werden konnte, kann die Kulisse wieder fallen. Bis dahin mag sie für das Versprechen und den Anspruch stehen, daß diesem Ort mehr Würde und Bedeutung gebührt als einer Kirmes zu dienen. Als »Spur der Erinnerung« macht die Präsenz der Kulisse wieder den Stadtraum erfahrbar und zwingt die Stadtbewohner zu einer beständigen Auseinandersetzung mit den städtebaulichen Qualitäten des verlorenen Schlosses. Ob der Kulisse nun eine Rekonstruktion oder ein modernes Gebäude folgen wird, muß offen bleiben. Allein, jedwede zukünftige Lösung wird sich an dem Vorgänger messen lassen müssen, und dies nicht nur von wenigen berufenen Spezialisten, sondern von der ganzen städtischen Gesellschaft.

Daß der Palast der Republik weichen muß, ist für Hilde Léon und Konrad Wohlhage eine Zwangsläufigkeit. Seine falsche Situierung, die hier zur Auflösung des städtischen Gefüges führte, macht seinen Abriß unumgänglich. Eine Entscheidung, die weder eine Kritik seiner Architektur bedeutet, noch seine Funktionen betrifft. In seiner architektonischen Qualität kann er sich mit seinen westlichen Pendants messen. Seine frühere Nutzung kann sogar eine vage Orientierung geben, was zukünftig hier seinen Platz finden könnte.

Wenn über die Inhalte des Ortes Klarheit geschaffen wurde, der Wille der Öffentlichkeit sich zur Rolle eines selbstbewußten Bauherren verdichtet hat, wird man über die Architektur des Schloßplatzes sprechen können. Und da trauen sich die Architekten durchaus eine moderne Lösung zu, die selbstbewußt und sensibel Bedürfnisse in lebendige Räume verwandeln kann, ohne darüber die Vergangenheit zu vergessen. Eine zeitgenössische Architektur, die dann auch eine Herausforderung für die Stadt sein könnte und das Berlin des 21. Jahrhunderts repräsentiert, mit seiner Fähigkeit, sich den Problemen zu stellen und diese als Chance zu begreifen für eine unverkennbare, mit dem Ort verbundene Identität.

Foto: L + W

Hilde Léon
Konrad Wohlhage
Berlin

Nicht von der Form, sondern von der Funktion und Bedeutung der Räume entwickelt sich die Architektur von Hilde Léon und Konrad Wohlhage. Urbane Inseln uneingeschränkt zeitgenössischen Lebensgefühls sind das Ziel der beiden, 1953 in Düsseldorf und Münster geborenen Architekten. Ihre Bauten lassen sich kaum auf dem ersten Blick miteinander in Einklang bringen.
Dennoch teilen sie ein Bewußtsein für die Singularität der Stadt, die ihren Bewohnern auf sehr vielfältige Weise Identifikation erlauben soll. Jene Qualitäten waren es auch, die zu Beginn der Achtziger Jahre den nüchternen, jedoch von Schwärmerei nicht freien Westfalen und die lebensfrohe wie distinguierte Rheinländerin auf sehr unterschiedlichen Wegen nach Berlin führten.
Hilde Léon kehrte aus Venedig in die Stadt zurück, in der sie an der Technischen Universität studiert hatte. Konrad Wohlhage hingegen zog es über München und Delft nach Berlin, wo sich beide kennenlernten und bald Arbeit wie Privatleben miteinander teilten. Ohne enge Bindung an eine architektonische Genealogie dominanter Lehrer wandten sie sich zuerst der Lehre und Forschung zu. Das Bauen folgte viele Jahre später, dann jedoch mit einer raschen Folge von Wettbewerbserfolgen. Jeder ihrer Entwürfe ist ein Experiment, eine individuelle Suche nach Form und Inhalt des Raums sowie der Ausdruck konfliktreicher Temperamente und Interessen, die es miteinander zu vermitteln gilt. Immer überraschende Projekte, die zur Entdeckung des konkreten Ortes auffordern und für die Suche nach eigenen Lebenswelten stehen.

Bei der René-Sintenis Grundschule in Reinickendorf, der 1994 der Berliner Architekturpreis zuerkannt wurde, bewahrten sie die Altbauten vor dem Abriß und fügten sensibel das Neue, einen Schultrakt und eine Halle, in das Vorgefundene ein. Das Neue nimmt dazu vielfach Maß am Alten, doch in Farben, Material und der sich freischwingenden Welle ihres Turnhallendachs löst sich ihre Architektur von einer allzu engen Bindung an die alte Grundschule. In einer sehr zerrissenen Umgebung von Mietshäusern der Gründerzeit und Sozialbauten der Siebziger Jahre schloß ihr Wohn- und Bürohaus an der Ecke Tabor- und Schlesische Straße nicht einfach eine Baulücke, sondern nahm den Bruch zum Anlaß für eine sehr eigensinnige Formulierung des städtischen und privaten Lebenraumes. Stets ist die Erinnerung an den früheren Gebrauch des Raumes und dessen neue Bedeutung in ihren, zwischen rationaler und skulpturaler Gestaltung changierenden Körpern präsent.
Ihr bislang größter Wettbewerbserfolg, das World Trade Center auf dem Klingelhöfer Dreieck, für das Léon und Wohlhage eine enge Verbindung von Wohn- und Arbeitswelt angestrebt hatten, scheiterte an den unterschiedlichen finanziellen Vorstellungen der Investoren und des Senats. Sowohl am Entree Hamburgs als auch Berlins gehen hingegen neue Bürogebäude der Architekten ihrer Fertigstellung entgegen. Ihre gläserne Zitrone an der Stadtautobahn in Halensee steht für die Selbstbehauptung von Lebensraum in unwirtlicher Umgebung und bietet der Stadt einen neuen, attraktiven Fokus. Ein Einkaufszentrum für Hohenschönhausen, ein Obdachlosen-Wohnheim in Spandau, eine Schulerweiterung in Köpenick, die Bremische Landesvertretung im Tiergarten oder ein Hotel im Technologiepark Adlershof, lang ist die Liste ihrer Projekte, die in den nächsten Jahren in Berlin entstehen werden. Ihre situationistische Architektur ist eine beständige Herausforderung, über vermeintliche Traditionen und abstrakte Regularien hinweg das Vorhandene neu zu hinterfragen und für einen selbstbewußten, zeitgenössischen Lebensraum zu nutzen.

Claus Käpplinger

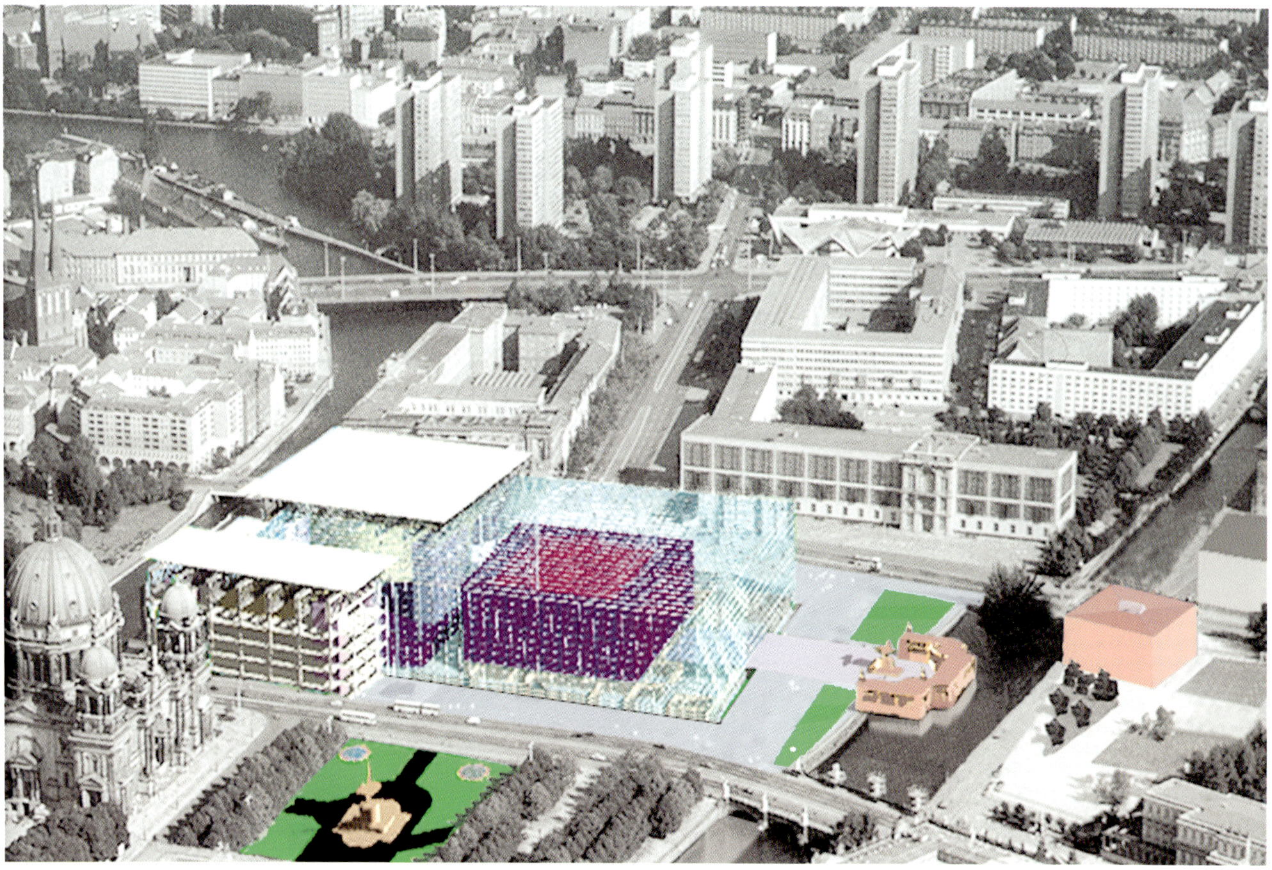

Funkelndes Glashaus für Schloß und Palast

Christian van Lessen über die Vision von Johanne und Gernot Nalbach

»Mir kommen die Tränen, wenn ich daran denke.« Er sieht den Platz, einst von der Regierung in Ost-Berlin zum Aufmarschgelände degradiert, längst zum Ort billigster Ereignisse verkommen, beispielsweise Rummel oder gar Beach-Volleyball, je nach Jahreszeit, und das bereits seit sechs Jahren. »Das hat Berlin nicht verdient, dafür ist mir die Stadt zu schade«, sagt Gernot Nalbach.

Und weil der Architekt an dem Vakuum leidet, weil er spürt, daß es viel Unfug anziehen kann und sich die Politiker vor einer Entscheidung drücken, sich nichts trauen, hat er für den Schloßplatz eine Vision entwickelt, die ein deutliches, architektonisches Zeichen setzt: Nalbach entwirft einen »Kristall«, ein stahl-gläsernes Gebäude in den Abmessungen des Schlosses, das sich dem asbestbefreiten, weitgehend entkernten und mit neuer Hülle versehenen Palast der Republik anfügt. Im großen Glashaus, im Kristall selbst, ist ein weiteres Haus verborgen, eine blaue Box, das gesamte Ensemble funkelt und glänzt wie ein Stern und soll Platz für Multikulturelles bieten.

Ein Provisorium, bei Tageslicht und am Abend: So präsentieren sich Palast und die Glashäuser zwischen Lustgarten und Staatsratsgebäude aus der Vogelperspektive.

Seine Vision wirkt technisch aufwendig, filigran und dauerhaft zugleich, von zeitloser Schönheit: Aber Gernot Nalbach spricht nur bescheiden von einem Provisorium, das ihm für Berlins Mitte vorschwebt.

»Stadthaus oder Provisorium, ein Plädoyer für die Glaubwürdigkeit künftiger Stadtpolitik« ist das Projekt überschrieben, was zunächst ein wenig rätselhaft klingt. Aber die Formulierung des Architekten nimmt Rücksicht auf seine Frau und Kollegin Johanne Nalbach. Sie hat sich mit dem Entwurf ihres Mannes nicht recht anfreunden können. Und wäre sie nicht gerade, als er daheim in Berlin die Schloßplatz-Vision entwickelte, auf Vorlesungstour in den Vereinigten Staaten gewesen, hätten beide sicher ein anderes, gemeinsames Werk vorgelegt, das vermutlich an einen Dritten erinnerte: an Bernd Niebuhrs Stadthaus-Siegerentwurf aus dem Spreeinsel-Wettbewerb vor zwei Jahren. »Ich kam zu spät«, sagt Johanne Nalbach, aber so richtig böse ist sie ihrem Mann nicht, denn beide haben ja einen Kompromiß gefunden.

Die Architektin saß 1994 in der Jury des Wettbewerbs. Sie ist enttäuscht, daß der preisgekrönte Entwurf eines Stadthauses mit ovalem Stadthof nicht verwirklicht wird. Eine gemeinsame, zu Papier gebrachte Vision des Ehe-

Die Flachbauten direkt an der Spree sollen an die alte Schloßfreiheit erinnern.

paars Nalbach hätte wohl auch nicht die Reste des Palastes der Republik enthalten, den sie für scheußlich und abrißreif, er für scheußlich und erhaltenswert hält – als Beispiel des Bruchs in der Geschichte. Das Asbest, sagt Gernot Nalbach fast nebenbei, ließe sich so leicht entfernen wie einst aus dem ICC, »aber es ist eben viel Taktik dabei«. Das ist ein anderes Thema.

Beiden Architekten ist der jetzige Zustand des Areals jedenfalls ein Greuel; Zeichen des Zustands der Gesellschaft, die mit einem Lebensraum nichts anzufangen weiß. Populistisch nennen sie Forderungen, die schlicht die Erhaltung des Palastes oder den Wiederaufbau des Schlosses verlangen. Nalbachs erinnern an nicht herbeizuwünschende gesellschaftliche Bedingungen, die zum Bau dieser beiden offenkundigen Machtsymbole in Berlins Mitte führten: Monarchie und Diktatur.

Heute aber, sagen sie, versagt der demokratische Staat als auf Zeit gewählter Vertreter der Gesellschaft, versagt die Demokratie als Bauherr; sie führt das Begonnene, die Entscheidung des Spreeinselwettbewerbs, nicht fort. Das ist gerade für Johanne Nalbach fast schlimmer als der Verlust der formalen Mitte der Stadt. Der weltoffene, anonyme Wettbewerb, an dem sich mehr als 2000 Architekten beteiligten, habe immerhin das demokratische Regelwerk für das »Spiel« in der Mitte Berlins geschaffen: »Mit dem Erfolg, daß sich keiner mehr daran hält«, heißt es bitter. Das sei auch peinlich für Berlin. Und jetzt führe die Polarisierung der Schloß-Wiederaufbauer und Palast-Erhalter ins Leere einer Gesellschaft, die sich zunehmend weniger politisch repräsentiert fühlt. »Die Stadt aber ist zu schade für posthöfische Quotenpolitik oder marxistischen Devotionalienhandel«, stellen beide fest.

Die Glaubwürdigkeit der Politik, Grundlage demokratischen Handelns, sollte zurückgewonnen werden. Hatten nicht die damalige Bundesbauministerin und der frühere Senator für Stadtentwicklung den Entwurf als genial gewürdigt, als Grundlage für die weitere Entwicklung dieses bedeutenden Stadtquartiers? Johanne Nalbach will, daß dieses Stadthaus mit seinem ovalen Hof auf dem Platz des früheren Schlosses gebaut wird, auch aus Respekt vor getroffenen Wettbewerbsentscheidungen. Ein wunderschöner, städtebaulicher Entwurf sollte seine Chance erhalten. Voher müßte freilich die künftige Nutzung geklärt werden. Beide Nalbachs wollen, daß hier ein Gebäude für die Bevölkerung, ein Haus für den Bürger entsteht.

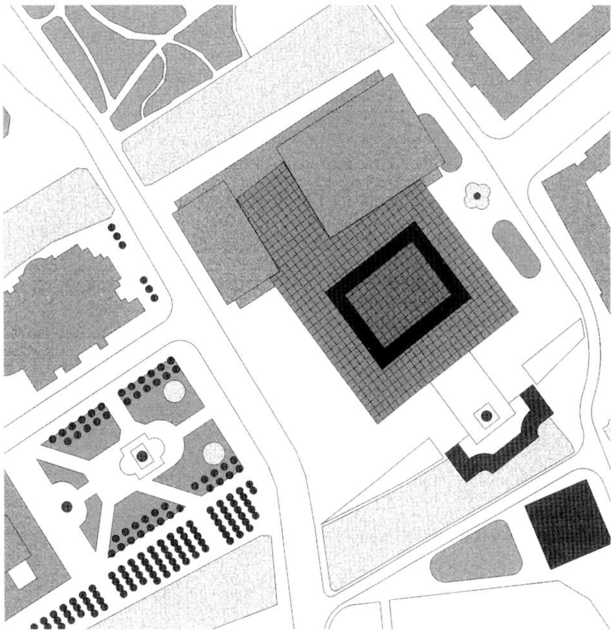

Die Vision im Grundriß. An den umgebauten Palast der Republik fügt sich der Baukörper der Glashäuser an. Links unten ist der Lustgarten zu sehen.

Aber solange das Niebuhrsche Stadthaus nicht steht, schlägt Gernot Nalbach nun sein provisorisches, gläsernes Gebäude in den Abmessungen des alten Schlosses als Alternative vor. Es soll die bereits begonnenen Ausgrabungen der Schloßfundamente schützen, andererseits den entkernten Palast der Republik mit seinen erhaltenswerten Konferenzsälen samt der ehemaligen Volkskammer funktional einbeziehen. Der Palast bleibt ein verglaster Torso, der ehemalige Eosanderhof des Schlosses ist von einer Freifläche zum Bau im Kristallkörper gewandelt, zum Glashaus im Glashaus, bestimmt für Veranstaltungen aller Art, vor und hinter Glas: Ein Podium fürs Volk, Tag und Nacht.

An das alte Schloß werden rekonstruierte Kellergewölbe und freigelegte Fundamente erinnern, die der kristallin wirkende Glaskubus schützt. Auf den alten Mauern läßt sich nicht bauen, »die alten Fundamente und die Kaiserzeit tragen eben nicht mehr«.

Das neue Gebäude zeigt die historischen Schichten, also auch die Überlagerung der Schloßrudimente durch das Gerüst des asbestbefreiten Palastes der Republik mit seinen Erschließungskernen und Veranstaltungsräumen. Nalbach arbeitet mit Wasser, das er stellenweise ins Untergeschoß des Palastes fluten läßt und mit dem er Gräben füllt, die den Glaskubus umgeben, um Distanz zum eigentlichen Platz zu bewahren.

Das Bauwerk wird nur über einen zentralen Eingang gegenüber der wiederherzurichtenden Schloßfreiheit, einem flachen Bau direkt an der Spree, erreichbar sein. Im unterirdischen Saum des Gebäudes befinden sich auf der Platzseite und auf Distanz zum Glaskörper Sanitärräume, Kioske, Cafés und Ausstellungsflächen, eine touristische Infrastruktur.

Um das städtebauliche Ensemble zu vervollständigen, könnte man an der Schloßfreiheit wieder das Kaiser-Wilhelm-Denkmal aufstellen. Und der Wiederaufbau der Schinkelschen Bauakademie wird auch bei Nalbach vorausgesetzt. Der Neptunbrunnen, der jetzt auf dem namenlosen Platz vor dem Roten Rathaus steht, könnte wieder auf dem eigentlichen Schloßplatz gegenüber Marstall und Staatsratsgebäudes stehen. Auch die Wiederherstellung des Lustgartens mit dem Denkmal Kaiser Wilhelms III. sei überlegenswert, sagt der Architekt.

Gernot Nalbach hat seine Vision in ein realistisches Luftbild gesetzt. Es zeigt den Entwurf des Bauwerks bei Tag und Nacht, das Spiel seiner Farben, läßt das Funkeln des Glaswürfels und der blauen Box ahnen. Alles aber ist nur als Provisorium gedacht, aber »Provisorien halten oft am längsten«.

Wettbewerbssieger: So soll der Niebuhrsche Stadthaus-Komplex aussehen, für den sich die Nalbachs im Endeffekt einsetzen. (Links hinten der Berliner Dom, davor Altes Museum und Zeughaus).

Foto: Thilo Rückeis

Johanne und Gernot Nalbach
Berlin

Es ist spannend, mit Johanne und Gernot Nalbach über Bauen und Architektur zu sprechen. Oft schon nach zwei, drei Sätzen haben sich zwischen beiden Eheleuten zwei Meinungen herausgeschält, die so gar nicht zueinander passen wollen. »Es ist erfrischend«, sagt sie, »wir streiten uns seit dem ersten Semester.« Und beide lächeln, weil sie wissen, daß ihre Arbeit davon profitiert.

In Österreich, woher sie stammen, sind Architekten-Ehepaare selten, da entwerfen fast nur Männer. Er wurde 1942 in Wien, sie 1943 in Linz geboren. Beide lernten sich beim Studium an der Technischen Hochschule Wien kennen. Nach einem Streit mit Johanne wollte Gernot Nalbach weg aus Wien, bewarb sich Anfang der siebziger Jahre in Berlin an der Hochschule der Künste als Assistent, wurde als Professor eingestellt.

Hier gründete das wiedervereinte Paar 1975 sein gemeinsames Büro, das heute an der Rheinstraße in Friedenau 25 Mitarbeiter beschäftigt. Öffentlich bekannt wurden die Architekten, als sie in den achtziger Jahren die »Nalbach-Leuchten« für die Straße des 17. Juni entwarfen, eine Straßenleuchte, die in mehreren Varianten bis heute ein lukrativer Exportartikel ist. Nalbachs bauten zahlreiche Häuser im Sozialen Wohnungsbau, unter anderem für die IBA, planten das Gewerbezentrum Ullstein, richteten das Grand Hotel Esplanade am Lützowufer oder das Art'otel an der Joachimstaler Straße ein.

Sie entwarfen die Grundkreditbankfiliale am Roseneck, Wohnhäuser am Potsdamer Kirchsteigfeld, sie planten für die Spandauer Wasserstadt, für das Oskar-Helene-Heim. Ihre Projekte stehen in Salzburg, Münster oder Leipzig, sie entwickeln sogar Hochhausmodelle für Kuala Lumpur in Malaysia.

Bei nationalen und internationalen Wettbewerben erhielten sie fast 70 Preise; Nalbachs beteiligen sich an allen bekannten Architekturausstellungen. Er ist Gastprofessor in Brasilia, Moskau, Amsterdam und Utrecht, lehrt als ordentlicher Professor für Entwerfen an der Universität Dortmund. Johanne Nalbach gehört zum Gestaltungsbeirat in Linz und ist Gastprofessorin an der State University of Kansas in Lawrence, USA. Beiden Nalbachs, Eltern von zwei Töchtern und einem Sohn im Alter von 23, 20 und 16 Jahren, wurde 1992 das österreichische Ehrenkreuz für Wissenschaft und Kunst verliehen.

In ihrer Architektur und beim Gestalten von Innenräumen lassen sie sich vom Ort inspirieren, stellen sich stets die Frage, »was für den Bürger übrigbleibt«. So entstehen einfühlsame Bauten. Die Entwürfe geben »sinnliche Sachlichkeit« wieder, sagt sie, während er mehr »sachliche Sinnlichkeit« gelten läßt. So sind sie eben.

Christian van Lessen

Das pulsierende Herz von Berlin!

Frei Otto über seine Vision des Schlossplatzes

Meine Meinung zum Thema Schloßplatz in Berlin ist eindeutig: Zeit gewinnen zum Nachdenken. Dies muß die Devise sein. Wer jetzt den Platz definitiv verplant, verbaut die Zukunft. Der Platz muß zuerst zum Leben gebracht werden!

Dieser große Platz ist das Herz von Berlin, doch ihm fehlt das pulsierende Leben. Gemeint ist der große freie Raum am Ostende der Straße Unter den Linden, an dem einst das Schloß der Preußenkönige stand und auf dem der »Palast der Republik« noch steht.

Ob das Schloß zur Zeit der Könige und Kaiser je vom Volk geliebt wurde, weiß ich nicht. Aber ich erinnere mich, denn ich habe das Schloß selbst noch gekannt, als ich in Berlin lebte. Ich fand es wunderschön, doch auch ein bißchen gruselig. Mit dem Palast war das anders: der wurde geliebt. Nun ist das Volk ausgesperrt. Er soll abgerissen werden, wohl aus dem gleichen Grunde, aus dem auch das Schloß abgerissen wurde. Einen politischen Asbest kann man ersetzen.

Für mich ist dieser Platz kein politisches Trümmergrundstück, das möglichst schnell mit markigen Bauten einen neuen Rahmen bekommen soll, um der Welt Deutschlands Hauptstadt mit geschöntem Gesicht zu zeigen. Für mich ist dieser Platz, so wie er ist, die große Chance für jene demokratische Baukunst des neuen Europa, die wir brauchen. Aus der Sicht der langen Geschichte Berlins ist es durchaus zu ertragen, wenn dieser Platz erst nach einer Zeit der Besinnung seinen Rahmen erhält.

Ich habe mich mit dem Platz und seinen Bauten intensiv auseinandergesetzt, nach Kriegsende, während der Bauepochen der DDR und direkt vor und nach der »Wende«. Unzählige verlockende Versionen städtebaulicher Lösungen tauchten vor mir auf, doch auch die Frage: Kann man überhaupt sinnvolle Häuser für einen Platz erdenken, dessen weiteres Schicksal man bisher nur erahnt?

Plätze gehören zu den Wegesystemen menschlicher Siedlungen. Sie sind deren Zentren und werden mit ihnen uralt, im Gegensatz zu den Häusern, die schnell veralten. Schon immer wollen die jeweils Mächtigen die besten Orte besetzen und sich mit Häusern Denkmäler schaffen. Dieser Platz aber gehört keinem Kanzler, Minister, Dom- oder Museumsherrn, er gehört den Bürgern!

Das pulsierende Herz einer Stadt ist der offene Platz, der Markt, ist der Ort, an dem man sich trifft, redet und handelt, an dem sich das Schicksal des Gemeinwesens entscheidet und an dem gefeiert wird. Das wirkliche Lebendigsein eines Platzes ist zwar auch abhängig von der funktionellen Qualität der Gebäude, die ihn begrenzen, vor allem aber abhängig von der Gestaltung des Platzes selbst. Selbstverständlich ist es wünschenswert, daß Platz und Umbauung sich ergänzen und ein hochwertiges städtebauliches Ensemble bilden.

Als Treffpunkt des Schloßplatzes sieht Frei Otto – jedenfalls für die nächsten dreißig Jahre – einen Zeltpavillon vor. Er ist genau an der Stelle plaziert, wo der Straßenzug Unter den Linden abknickt, damit der Anblick des Zeltes der golden spiegelnden Glasfassade des Palastes ein wenig die Härte nimmt. In dem Zelt ist dann vielerei Betriebsamkeit möglich, die dem verödeten Platz wieder zu dem dringend notwendigen Leben verhelfen soll.

Das schönste Gebäude im Rahmen des großen Platzraumes ist Schinkels Altes Museum, das massigste ist der Dom, das langweiligste das ehemalige Staatsratsgebäude. Das umstrittenste ist der »Palast«, der in der letzten Bauepoche der DDR, der Vorwendezeit, als Parlament und zugleich als Volkshaus konzipiert wurde. Es ist eines der bemerkenswertesten Gebäude, die im ganzen sozialistischen Machtbereich entstanden sind, ein Bau, der ein sich änderndes Verständnis von Demokratie signalisierte. Dieser Bau ist in der Wende zu einem historischen Denkmal geworden und soll nun dennoch das gleiche Schicksal erleiden wie das Schloß der Könige zuvor, das manche wieder aufbauen wollen, anscheinend ohne daran zu denken, daß eine imitierte Hülle nie wie ein Original wirken kann und nur eine die Platzfläche verbrauchende Kulisse wäre. Das einzige »offizielle« Gebäude, das man sich an diesem Standort der ehemaligen Volkskammer überhaupt denken könnte, wäre das Haus des Bundestages. Doch würde dies zu viele Büros für zu viele Parlamentarier benötigen und den Platz zur »Verbotszone« machen, ihn also entvölkern und entfremden.

Jedes Nachdenken darüber, wie dieser Platz wirklich zum lebhaft schlagenden Herzen der zusammenwachsenden Stadt werden könnte, führt zur Erkenntnis, daß jene Aufgaben erfüllt werden müssen, die den Platz festlich, betriebsam und vielseitig verwendbar machen. Es sind dies Gaststätten, Cafés, Hotels, kleine Theater mit

all den Funktionen, die letztlich bereits der Palast erfüllte. Ich meine deshalb, für die nächsten fünfzehn bis dreißig Jahre gilt: Finger weg vom Abriß des Palastes und vom Errichten immobiler Neubauten für den Platzrahmen. Es gilt jetzt vor allem, den Platz selbst funktionstüchtig und zugleich liebenswert zu machen, festliche Veranstaltungen auf dem Platz zu planen und zu fördern, denn auf einem lebendigen Platz einer Weltstadt ist bei Tag und bei Nacht etwas los.

Dieser Platz muß in seine Bestimmung noch hineinwachsen. Er braucht zunächst eine grüne Komponente, eine gute Pflasterung und eine einladende Beleuchtung. Er braucht die unfixierte »Möblierung«, selbstverständlich in höchster technischer und künstlerischer Qualität, wie etwa flächenbildende Sonnen- und Regendächer oder Schirme, Pflanzkübel mit Büschen, Bäumen und Blumen, Podeste, Bühnen, Brunnen. Ein ungepflasterter Bereich könnte besondere Ereignisse ermöglichen, wie zum Beispiel Zirkus, Artistik und ähnliches. Der Platz braucht auch eine leicht auffindbare Mitte. An der Stelle der ehemaligen Nordwestecke des alten Schlosses könnte zum Beispiel ein mobiler Pavillon den Platz eine Zeitlang besetzen, zumindest bis zur Wiedereröffnung des Palastes. Er könnte als Kern der Neugestaltung in besonderem Maße mithelfen, Menschen anzuziehen. Er soll für vielfältige Aufgaben nutzbar sein, wie Markt-, Straßen- und Musiktheater, Kabarett, Diskussionen, Dichterlesungen, Ausstellungen, Informationsdienst und vieles mehr. Er soll Treffpunkt und Ziel vieler Besucher sein.

Zur Zeit führt die West-Ost-Magistrale mit ihrem Ende der »Linden« genau auf die spiegelnde Glasfront des Palastes zu, der damit eine starke Prominenz erhält. Ein Pavillon an dieser Stelle mindert diese Aufdringlichkeit und markiert als leichte Skulptur die abknickende Magistrale an diesem Ort des Platzes.

Erst dann, wenn dieser Platz beginnt, das Herz des neuen Berlins zu werden, ist die Zeit reif für die Fassung einer neuen Gestalt, die längere Zeit gültig sein kann und der Baukultur dieser Stadt eine neue Dimension eröffnet.

Foto: Ingrid Otto

Frei Otto
Leonberg

Frei Otto ist, wie sich dies für einen anständigen Berliner gehört, gebürtiger Sachse und gewordener Schwabe. 1925 wurde er im sächsischen Siegmar geboren. Die Schulzeit verbrachte er dann in Berlin und machte hier 1943 sein Abitur am Schadowgymnasium. Eigentlich wollte Frei Otto, der wirklich Frei Otto und nicht etwa Otto Frei heißt, wie sein Großvater Bildhauer werden, doch die Zeitläufte brachten es mit sich, daß er zunächst Flugzeugmodelle konstruierte und dann Jagdflieger wurde. Während der dreijährigen Kriegsgefangenschaft im französischen Chartres betätigte er sich als Lagerarchitekt und übte sich notgedrungen darin, mit knappem Material größtmögliche Effekte zu erzielen. Von der Idee, das Bauen nicht traditionell zu betreiben und Stein auf Stein zu setzen, sondern physikalisch vorzugehen und sozusagen natürliche Konstruktionen zu optimieren, ist er nicht wieder abgerückt.
Diese Idee hat sein gesamtes Lebenswerk geprägt. Schon das Ingenieurstudium an der Technischen Universität Berlin schloß er mit einer Promotion zum Thema »Das hängende Dach« ab. 1957 gründete Frei Otto, ebenfalls in Berlin, eine »Entwicklungsstätte für Leichtbau«, die in einem kubischen Stahl-Glas-Bau untergebracht war, der sich hinter viel Zehlendorfer Grün versteckte. Seine Reißbretter waren damals schon mit Hunderten von Nägeln gespickt, an denen Netze hingen, die unbedarften Beobachtern wie Fischernetze vorkommen mußten. Doch hier wurden keine Fische gefangen, sondern Naturgesetze bewiesen, Wölbungen untersucht und Belastbarkeiten geprüft.
Die organische Form, die zeltartige Konstruktion ist zum Markenzeichen von Frei Otto geworden, dessen bekanntestes Bauwerk gewiß das Dach des Münchener Olympiastadions ist. Die Lieblingsarbeiten desjenigen, der in aller Welt, in Mekka, in Riad, in Colorado, in Kuweit, auf den Shetlandinseln gebaut hat, sind allerdings zwei kleinere Projekte: die Vogelvoliere im Tierpark Hellabrunn oder auch der Weltausstellungspavillon in Montreal. Doch schon der Begriff Bauen paßt eigentlich nicht zu dem, was Frei Otto tut und selbst nie so nennt. Im Gegenteil. Er hasse Bauten, sagt er selbst.
Otto ist der Minimalist unter den deutschen Baukünstlern und Architekten, einer, der immer zuerst nach einer Form sucht und diese mit dem geringsten Aufwand an Material findet. Pech für Berlin, daß Frei Otto bereits 1964 samt Institut nach Stuttgart gerufen wurde und dort das bis heute an der dortigen Universität existierende »Institut für leichte Flächentragwerke«, aber auch einen Sonderforschungsbereich »Natürliche Konstruktionen« ins Leben rief. Denn jene Formen, die seine Architektursprache bestimmen, hat er sich immer in der Natur abgeschaut, die sozusagen ein natürliches Bedürfnis hat, den Materialaufwand klein zu halten. So kann es nicht überraschen, daß Frei Otto auch für den Berliner Schloßplatz – zunächst – eine Minimallösung anbietet und davon spricht, daß dieser Platz in seine Bestimmung erst noch »hineinwachsen« müsse. So etwas meint Frei Otto durchaus wörtlich und setzt auf die Gestaltungskraft von Bäumen und Blumen und eben jener Zeltarchitektur, die für Frei Otto so typisch geworden ist. Insofern ist Frei Otto vielleicht der einzige unter den bedeutenden zeitgenössischen Baumeistern, der sich mit seinen Werken kein Denkmal für die Ewigkeit setzen will, sondern die Vergänglichkeit geradezu in seinem Schaffen anlegt. Für viele, so hat Frei Otto einmal gesagt, sei Architektur »ganz schlicht identisch mit Haltbarkeit«, aber Haltbarkeit entscheide nicht darüber, ob etwas Architektur sei. Kein Wunder, daß Frei Ottos Werk sich bei den Monumentalisten unter den Architekten das Etikett »Para-Architektur« (Philip Johnson) eingehandelt hat. Frei Otto ist eher, aber auch gern ein Einzelgänger geblieben – was nicht ausschließt, daß er viele Schüler hat.

Monika Zimmermann

Ein Ort zum (Schau-)Spielen

CLAUS KÄPPLINGER ÜBER DIE VISION VON WERNER RUHNAU

»Wir haben keine Monarchie. Wir brauchen keine neuen Hoftheater. Wir wollen keine formierte Gesellschaft. Wir wollen keine bedingungslose Parteidisziplin. Wir wollen keine Hofschranzen. Wir wollen keine Gesundbeter, Medizinmänner, Heilsverkünder, Levitenleser. Wir wollen selbstbewußte und verantwortungsbewußte Mitbürger und Mitspieler. Wir wollen eine offene Gesellschaft.«

Es sind Sätze, die einem Manifest des Architekten aus dem Jahre 1968 entnommen wurden, doch auch 28 Jahre danach für Werner Ruhnau nichts an ihrer Gültigkeit verloren haben. Wenn er heute über den Berliner Schloßplatz spricht, über die ungeheuren Möglichkeiten, die dieser Ort in seinen Augen besitzt, kehrt er ungebrochen von den Zeitläuften zu seinen damaligen Forderungen zurück. Auch in seinem fünfundsiebzigsten Lebensjahr steht Werner Ruhnau für eine radikale Öffentlichkeit, die spielerisch Kunst und Gesellschaft zu einer neuen Einheit zusammenführen soll.

Seinen Entwurf für den Schloßplatz will der Essener Architekt weniger als konkretes Bauprojekt verstanden wissen, denn als eine Ideenskizze für das, was hier entstehen könnte. Mehr als einer unter Gleichen, denn als einer der »hohen Priester« der architektonischen Form will er seinen Vorschlag allen Bürgern unterbreiten. Weg von den überkommenen Hierarchien möchte er ihnen neue, sich verändernde Räume in der alten Mitte Berlins eröffnen, die sie mit ihren Wünschen und Träumen füllen können. Darin sieht er sich Joseph Beuys verwandt, der

Ein Ort, an dem sich der Homo ludens austoben kann – das soll der Schloßplatz in der Vision von Werner Ruhnau werden. Damit greift er Ideen einer barocken Festarchitektur auf, die alle Künste zusammenführte. Ähnlich den vier Elementen Erde, Feuer, Wasser, Luft umstellen die verschiedenen Künste den zentralen Tempel.

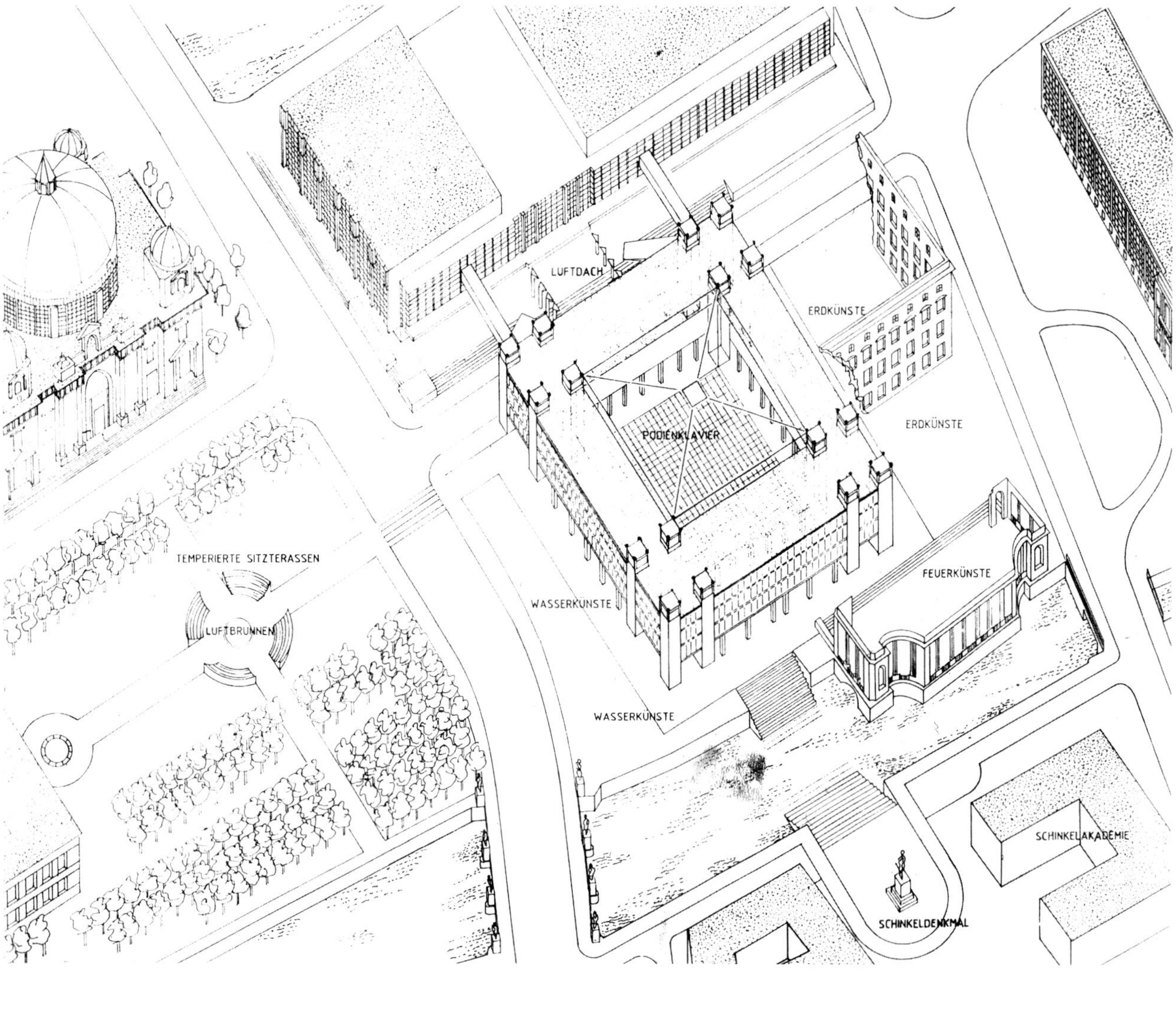

den Anspruch erhob, daß jeder ein Künstler sein könne und sich die Mysterien von heute nicht in den überkommenen Tempeln der Künste, sondern in den Bahnhofshallen ereignen.

»Die Geschichte ist sehr wichtig, aber sie ist dennoch vorbei.« Mit dieser Feststellung befreit sich Werner Ruhnau von der Last der Historie des Ortes. Sein Blick ist über die Gegenwart hinaus auf die Zukunft gerichtet. Eine Rückkehr zur alten Stadt, zum alten Schloß oder gar zur alten Gesellschaft kann es nicht mehr geben. Sie sind zerstört und damit vorbei. Sie sind Geschichte geworden, die zum Nutzen oder Fluche der Berliner nicht mehr wiederholbar sein wird. Der Palast der Republik hingegen steht noch auf seinem Platze. Ihn nun für einen Neubau abzureißen, erscheint Ruhnau als unakzeptable Verschwendung und unangemessene Beseitigung von Geschichte.

Im Gegensatz zum Schloß sei der Palast ein lebendiger Treffpunkt der Bürger gewesen. Unschwer ließen sich in ihm nach einem Umbau genügend Räumlichkeiten finden, die Bürgervereinen, politischen und wirtschaftlichen Clubs, der Wissenschaft wie Kunst und eventuell sogar einem Hotel nutzen könnten. Während das Schloß nur als eine funktionsleere Kulisse wiederentstehen könnte, die dann allein der Erinnerung an seine frühere Bedeutung dienen würde, ist der Palast als ein multifunktionales Gebäude noch im Stadtbild präsent. Unbeantwortet läßt es jedoch Ruhnau, wer denn hier einziehen wollte oder wie etwa der Umbau aussehen könnte.

Mehr als der Palast der Republik ist es der Raum um das Gebäude herum, auf den sich das Interesse des Architekten richtet. Einen »Tempel der Elemente« will er dort entstehen sehen. Der fortschreitenden Entfremdung der Stadtbewohner, sowohl der Individuen untereinander, als auch zur Natur könnte damit spielerisch entgegengewirkt werden. Gemeinsam mit international renommierten Künstlern möchte Ruhnau allen Menschen frei zugängliche Räume und Ereignisse anbieten, die sie zur Interaktion auffordern. Vielfältig sind die Anregungen, auf die sich der Architekt beruft. Von einer Renaissance der barocken Festkultur, die gleichrangig alle Künste zur Zelebrierung eines Ereignisses zusammenführte, bis zur spannungsreichen Gegenüberstellung von temporärer Performance und dauerhaften Installationen reichen seine Vorstellungen.

Im Mittelpunkt steht der »Homo ludens«, der ganzheitliche Mensch, der sich im Spiel als körperliches wie kreatives Wesen erfährt. Gerade in einer Zeit, in der sich die taktilen, haptischen wie kreativen Möglichkeiten des Menschen erweitert hätten, aber zugleich auch bedroht seien, käme es auf deren aktive Förderung an. Deshalb stellt Werner Ruhnau seine fast lebenslang verfochtene Idee des Podienklaviers auch in das Zentrum seines Entwurfes. Dabei handelt es sich um eine Spielebene, die sich durch mechanische Hebe- und Senkeinrichtungen in einen vielgestaltigen Raum verwandeln kann, der seinen Akteuren die Wahlfreiheit der Nutzung beläßt. In wechselnden Topographien könnten sie darüber frei entschei-

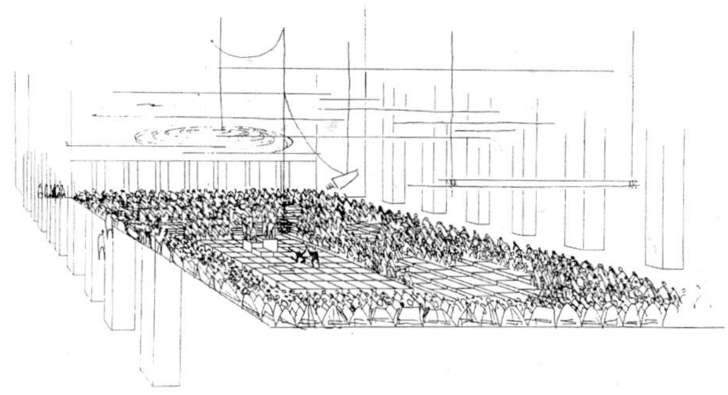

Arena-Spiel

Freier Festraum

Raumtheater

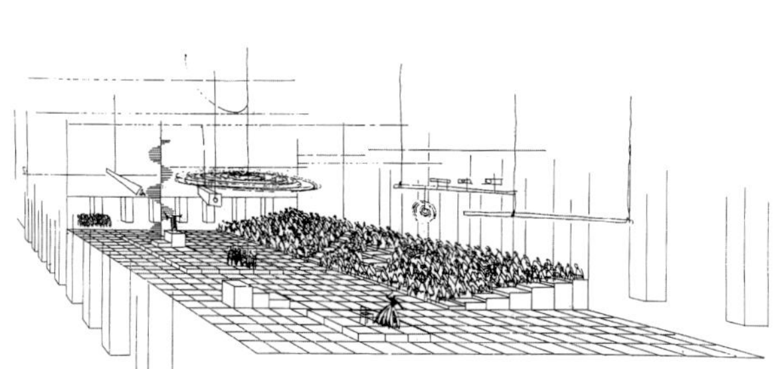

Tribüne für Performance

den, in welchem Maße sie interagieren möchten. Angeleitet von Könnern der verschiedensten Künste, von Köchen, Kostümschneidern, Musikern, Schauspielern oder Malern, könnten sie jenen Raum mieten, um ihn in Anwesenheit der Öffentlichkeit mit wechselndem Inhalt zu füllen. Ob als ebener Festsaal, ansteigende Arena, dynamische Performance-Tribüne oder in der klassischen Teilung von Zuschauer- und Schauspielerraum, der Form des Raumes sind dabei kaum Grenzen gesetzt. Jeder könnte zu einem Regisseur oder Schauspieler werden.

Das Podienklavier, das Werner Ruhnau in den Fünfzigern für das Gelsenkirchner Theater entwickelte, findet sich befreit von der Bindung an eine Institution zu einem Raum der ganzen Stadtgemeinde erweitert. Allen Zweifeln an der Praktikabiltät oder dem aktiven Interesse der Öffentlichkeit an einem solchen Raum tritt er vehement entgegen, kann er sich doch auf eigene Erfahrungen berufen. Zahlreiche Feste, auf denen er mit Künstlern und mehreren Hunderten von Teilnehmern zusammenwirkte, waren in Essen, Salzburg oder München überaus erfolgreich.

So konkret seine Konzeption des Podienklaviers und möglicher Festprogramme ist, bleibt dessen bauliche Hülle sehr abstrakt. Ein Atriumhof, der über Arkaden allen zugänglich und dennoch vor allen Wetterunbilden geschützt sein soll, wird von einem undefinierten Kubus umschlossen. Seine Gestalt wie auch die der angrenzenden Räume wird sich erst nach einem intensiven Austausch aller Beteiligten klären lassen, insbesondere des Architekten mit den verschiedenen Künstlern. Kunst einmal nicht als die einem Bauwerk nachträglich angefügte Applikation, sondern als wechselseitige Durchdringung von Architektur mit allen Künsten ist sein Ziel.

Die vier Elemente Erde-Feuer-Wasser-Luft sollen an den Seiten des zentralen Festgebäudes ihre künstlerische Darstellung finden. Schwankende, klingende, knirschende Böden, je nach Tageszeit erwärmte oder gekühlte Steinplatten versuchen den Menschen wieder das Erlebnis der Erde nahezubringen. Ruhnau weiß dazu eine lange Reihe von Künstlern für seine irdene Achse Altes Museum, Lustgarten, Festgebäude und Schloßkulisse zu nennen: Walter de Maria, Michael Heizer, Mary Fisch, Richard Long, Nikolaus Lang, Günter Weseler und Alfons Kleine Möllhoff. Auf der wieder aufgebauten alten Schloßfreiheit hingegen kann er sich Feuer vorstellen. Einzelne Feuersäulen im Wechsel mit Feuerbündeln und -wänden, die von Lichtkünstlern wie z. B. Otto Piene, Kain Karawahn oder Jannis Kounellis gestaltet würden.

Der Spreekanal wiederum bietet sich als Ort der Wasserkünste an. Treppen, die vom Festgebäude zum Wasser hinunterführen und zum Schinkel-Denkmal wieder aufsteigen, schaffen neue Plätze, die Klaus Rinke oder Fabrizio Plessi mit Wasserwänden, -treppen oder -läufen säumen. Beim letzten, dem ätherischsten Element läßt es sich Ruhnau nicht nehmen, auch selbst Hand anzulegen. Das »Luftdach« zwischen den gegenüberliegenden Haupteingängen des Palastes der Republik und des »Tempels der Künste« ist eine alte Leidenschaft des Architekten. Über Dutzende von Hochdruckdüsen könnte dort Luft derart ausströmen, daß bei Regen kein Tropfen die Passanten erreichen würde. Ein Dach aus Luft, völlig immateriell, dem ebenso wie dem »Luftbrunnen« inmitten des Lustgartens eine gesteigerte Aufmerksamkeit sicher sein dürfte. Umringt von temperierten Terrassen könnten dort Hans Haacke oder Otto Piene warme und kalte, farbige und farblose Lüfte aufsteigen lassen.

Werner Ruhnaus Schloßplatz ist eine Vision, ein Angebot zur Interaktion. In einer Zeit, die Kunst und Kultur an den Rand drängt oder auf medial wirkende Großereignisse beschränkt, versucht Ruhnau den Menschen wieder in den Mittelpunkt zu stellen. Die fast zu unbeschwerte Leichtigkeit seiner Ideen macht sich deshalb mehr an menschlichen Bedürfnissen als an der Auseinandersetzung mit der städtebaulichen Fassung von Berlins Mitte fest. Seine Vision ist ein mutiges Bekenntnis zu einem erweiterten Kulturbegriff, zu Luxus und Notwendigkeit in einer demokratischen Gesellschaft jenseits aller institutionellen Grenzen.

Werner Ruhnau
Schloßplatz der Republik – Tempel der Elemente

Um für die Nachwelt einen Eindruck des zerstörten Schlosses zu erhalten, schlage ich vor, die Außenwände der Schloßfreiheit wie auch die der Süd/Ost-Ecke des Schlosses als Ruinen wieder zu errichten. Der Palast der Republik wird als Repräsentanz für Bürgervereine, Clubs der Parteien, Spitzenverbände von Wirtschaft, Wissenschaft und Kunst umgebaut. Inmitten des Platzes entsteht ein Tempel der Elemente. Die Haupteingänge des Palastes und des Tempels liegen sich gegenüber und werden durch ein Luftdach bei Regen geschützt und miteinander verbunden, wie auch durch zwei Brücken in den jeweiligen Obergeschossen. Im Zentrum des Tempels befindet sich das Podienklavier: Hubpodien dienen zur Herstellung der verschiedensten Topografien.
Im Innen- sowie im Außenbereich sollen die Elemente Feuer, Wasser, Erde und Luft von Künstlerinnen und Künstlern gestaltet werden.

Die Erde
In der Achse Museum – Lustgarten – Tempel der Elemente – Schloßruine gibt es schwankende, klingende, knirschende Böden: je nach Tageszeit erwärmte oder gekühlte Steinplatten.

Das Feuer
Inmitten der aufgebauten Wände der Schloßfreiheit brennen Tag und Nacht einzelne Feuer im Wechsel von Feuerbündeln.

Das Wasser
Eine Treppe führt vom »Tempel« in den Spreekanal und steigt auf der anderen Seite vor dem Schinkel-Denkmal wieder aus dem Wasser.

Die Luft
Ein Luftdach verbindet die gegenüberliegenden Haupteingänge des Palastes der Republik und des Tempels der Elemente und schützt vor Regen. Ein Luftbrunnen wird umringt von temperierten Terrassen.

Foto: privat

Werner Ruhnau
Essen

Der 1922 in Königsberg geborene Werner Ruhnau ist einer der außergewöhnlichsten Architekten Deutschlands. Als Wanderer zwischen den Welten der freien Künste und Architektur beschränkte er sich nie auf die klassische Aufgabenteilung. Eine Neigung, die sich schon früh im Elternhaus andeutete, war doch die Mutter Malerin. Begegnungen mit Künstlern wie Willi Baumeister regten ihn an, die Ideen des Bauhauses, dessen Verbindung von Kunst, Technik und Gesellschaft, im eigenen Werk weiterzuführen.
1954 gelang ihm dies erstmals beim Theaterbau in Münster. Die Raumschleife des Bildhauers Norbert Kricke wurde kurzerhand von den überraschten Theaterbesuchern als »Picassoblitz« verspottet. Doch sein größter wie umstrittenster Erfolg sollte drei Jahre später das »Musiktheater im Revier« in Gelsenkirchen sein. Um dem konservativen Guckkastentheater der Wiederaufbaujahre ein modernes Paroli zu bieten, entwirft Ruhnau ein provozierend transparentes Theater. Zur Auflösung der starren Trennung in Zuschauer- und Schauspielerraum entwickelt er Heinrich Tessenows und Adolphe Appias Konzeptionen für das Hellerauer Festspielhaus, als auch Walter Gropius und Max Reinhardts Projekt eines Totaltheaters fort, die in die Konstruktion des Podienklaviers münden. Über Hubelemente wird von nun an der Raum in flexible, wechselnde Topographien gegliedert, die klassische wie moderne Inszenierungen inmitten der Zuschauer erlauben.
Die widerstrebenden Stadtherren führt er nach Paris, um ihnen die damals nahezu unbekannten Künstler Yves Klein, Jean Tinguely und Robert Adams näherzubringen. Arbeit und Leben miteinander teilend, erarbeiten sie daraufhin in einer alten Feuerwache die Durchdringung von Architektur durch Kunst. Großformatige blaue Schwammreliefs Kleins füllen das Foyer. Paul Dierkes gestaltet die Außenwand des Auditoriums zu einem skulpturalen Körper. Und Tinguely kann im Foyer des Kleinen Hauses die ersten mobilen Reliefs realisieren. Doch die Reaktion vieler Besucher über die ungewohnte Modernität ist verheerend.
Bei den folgenden Theaterwettbewerben für Bonn und Düsseldorf werden Ruhnaus Entwürfe wegen ihrer Podienklaviere abgewiesen. Erst Jahrzehnte später werden sie, u. a. bei der Berliner Schaubühne, wieder Anwendung finden.
Werner Ruhnau weicht nach Paris und Montreal aus. In Paris schließt er sich mit Frei Otto der von der Amerikanerin Yona Friedmann gegründeten Studiengruppe für eine mobile Architektur an.
Die Olympischen Spiele von München geben ihm 1972 die Möglichkeit, die berühmt gewordene Spielstraße zu verwirklichen. Inmitten der Stadien finden dort interaktive Darbietungen von Schauspielern, Pantomimen, Musikern, Kochkünstlern statt. So erfolgreich, daß er über die folgenden Jahrzehnte an wechselnden Orten Spielfeste für mehrere Hunderte von Akteuren mitgestaltet.
Doch ebenso der Architekt Ruhnau ist erfolgreich, wenngleich wiederkehrend von heftigen Reaktionen begleitet. Vostells »Metzgerlimousine« im neuen Bürotrakt der Fleischwarenfabrik Herta KG oder Adolph Luthers Paravents aus zerbrochenen Glasscheiben in der Zentralverwaltung der Flachglas AG lösten erregte Diskussionen unter den Belegschaften aus.
Sein jüngstes Werk ist der Umbau des Theaters in Stendal. Über das »Mediengrab«, einem gläsern gedeckten Graben mit Dutzenden alter Fernseher, treten dort die Besucher in die Welt des Theaters ein. Die finanzielle Not in eine Tugend verwandelnd, schmücken nun unterschiedliche Balkongitter eines Baumarktsortiments die Galerien des großen Hauses. Und Ruhnau wäre nicht Ruhnau, wenn ihm heute nicht die Wiederherstellung des Hellerauer Festspielhauses bei Dresden eine Herzensangelegenheit wäre, und dies nicht nur architektonisch, sondern auch als eine Spielstätte für ein erneuertes zeitgenössisches Raumtheater.

Claus Käpplinger

Ruhe in der Schale

Christian van Lessen über die Vision von Jan Störmer

Berlin entdeckt die Chancen seines Wassers und erinnert sich, daß die Stadt am Fluß gewachsen ist. Berlin spürt, welche Qualitäten seine Ufer bieten. Die Stadt drängt zu neuen Ufern, baut an ihnen einen neuen Platz der Republik, der wie eine Schale gebildet ist. Er scheint zwischen den Spreearmen und zwei zusätzlichen kleinen Kanälen zu schwimmen, ist aber fest verankert. Kleine Brücken, nicht für Autos bestimmt, führen zum Platz, der trotz der Stadtmitte eine unglaubliche Ruhe und Geborgenheit ausstrahlt. Hier hält man sich gern auf.

Eine Vision. »In unseren Büros in Hamburg und London haben wir viel über Politik, Stadtplanung, Gesellschaft, Vergangenheit und Zukunft diskutiert«, erinnert sich Jan Störmer. An der Elbe und an der Themse ging es um eine Zukunft für das öde, vom Palast der Republik besetzte Areal zwischen den Armen der Spree für den Schloßplatz.

Jan Störmer und sein britischer Freund und Kollege William Alsop überlegten hin und her, entwarfen und verwarfen, bis Störmer eine Vision entwickelte, die auf Anhieb auch seinem Partner in London gefiel; sie bietet keinen Vergnügungspark an, der auch an beliebigen anderen Orten Platz und Publikum findet, keine nostalgische Architektur, keinen High-Tech-Palast, sondern ein Bekenntnis zum Freiraum, der zu einem »Platz der Republik« werden soll.

Ein Platz, der von oben betrachtet zunächst wie ein fehlfarbenes Fußballfeld wirkt und die Orientierung erschwert. In der Fotomontage sind die Spreearme beiderseits der Museumsinsel, des Berliner Doms und des Alten Museums deutlich zu erkennen, bieten ein vertrautes Bild. Aber was sich zwischen Dom, Marstall und Staatsratsgebäude offenbart, ist kein Platz, sondern eine rechteckige Insel, die aus der Vogelperspektive wie ein Tuch an Wäscheklammern hängt.

Die Karl-Liebknecht- und die gegenüberliegende Werderstraße sind zu Uferstraßen geworden. Der Platz ist mit dünnen Brücken dem Festland verbunden. Auf der gelb leuchtenden Insel tummeln sich Menschen. Das östliche Spreeufer ist wie früher dicht bebaut, auf dem westlichen steht die Bauakademie wieder auf ihrem alten Platz. Die Stadt ist um den Freiraum gewachsen, hält respektvoll Abstand, läßt die Insel in Ruhe. Der große, vom Wasser der Spree und ihrer neuen Kanäle umflossene Platz soll vor allem ein Ort der ungestörten Ruhe sein.

Störmer und sein Partner wünschen Berlin einen Raum, der für alle gleichermaßen ein Platz der Republik sein kann, der die Ruhe eines Waldes hat und doch ohne

Höhen und Tiefen zwischen Fernsehturm, Dom, Marstall und »Schale«: Bis höchstens fünf Meter soll sich der neue Schloßplatz neigen.

Spree-Erweiterung: Zwischen den Armen des Flusses sind Kanäle gezogen. Die große, gelb gezeichnete Freifläche dazwischen, auf Brücken zu erreichen, neigt sich wie eine Schale. Die östliche Spreeseite, im Bild schräg oberhalb des Berliner Doms, ist wie früher bebaut. Auch die Bauakademie von Schinkel am gegenüberliegenden Ufer ist wiedererstanden. Störmer will mit seinem Entwurf zeigen, daß die Stadt derzeit keinen Baukörper im Ausmaß des alten Schlosses braucht, sondern mit einer großen Freifläche mehr anfangen kann. Sie kann als Provisorium genutzt werden, bis eine vermutlich dauerhafte Lösung für den Schloßplatz gefunden ist.

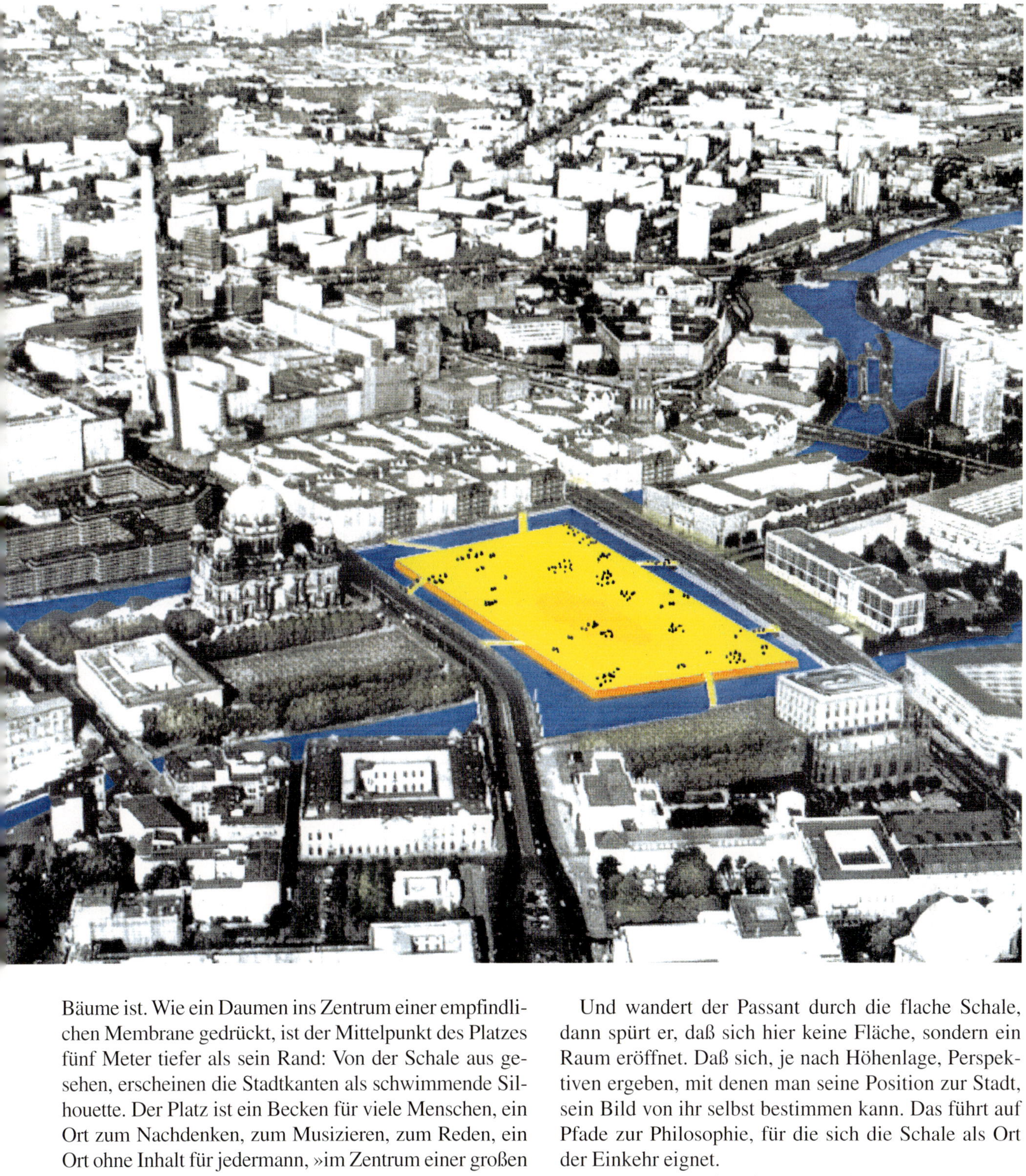

Bäume ist. Wie ein Daumen ins Zentrum einer empfindlichen Membrane gedrückt, ist der Mittelpunkt des Platzes fünf Meter tiefer als sein Rand: Von der Schale aus gesehen, erscheinen die Stadtkanten als schwimmende Silhouette. Der Platz ist ein Becken für viele Menschen, ein Ort zum Nachdenken, zum Musizieren, zum Reden, ein Ort ohne Inhalt für jedermann, »im Zentrum einer großen geschichtsträchtigen Stadt, die es nicht immer gut hatte«.

Fühlt man sich in die Schale hinein, ist von einer der filigranen Fußgängerbrücken in die leichte Neigung von maximal sieben Prozent hineingeschlendert, dann wird schon die Ruhe wirken. Treppen gibt es hier nicht, Treppen bedeuten Hierarchie. Auch Bänke oder Sitzmöbel anderer Art sind nicht vorgesehen. Will es der Besucher bequem, muß er sich schon auf den Boden setzen, dessen Material hart und weniger hart, hier aus Stein, dort vielleicht aus Holz sein kann. Aufgeführt wird ein Spiel mit Oberflächen.

Und wandert der Passant durch die flache Schale, dann spürt er, daß sich hier keine Fläche, sondern ein Raum eröffnet. Daß sich, je nach Höhenlage, Perspektiven ergeben, mit denen man seine Position zur Stadt, sein Bild von ihr selbst bestimmen kann. Das führt auf Pfade zur Philosophie, für die sich die Schale als Ort der Einkehr eignet.

Auch die Akustik wird vermutlich überraschen und den Ort für Literaturlesungen attraktiv machen. Die Idee der Schale ist für die Architekten kein bauliches Neuland, Störmer und Alsop probierten sie bereits bei einem kleinen Projekt in einem Park in Australien aus: die Schale als Ort der Besinnung, des Philosophierens oder auch des Schimpfens über den Frust des Lebens.

Und in den sanften Niederungen dieser neuen Ebene an der Spree ließe sich vielleicht auch in Ruhe ungestört darüber nachdenken, wie die Zukunft des Schloßplatzes »endgültig« aussehen soll. Denn die Architekten wollen ausdrücklich ein Provisorium schaffen, einen Ort, der 50 bis 100 Jahre frei sein soll, damit zwei, drei Generationen später auch den Raum haben, endgültige, vielleicht wirklich auch zwingende Entscheidungen zu treffen. »Der Platz soll nicht als Mahnstätte verstanden werden, vielmehr als Haltung in einer Zeit, in der sich durch übereilte Entscheidungen die Fehler häufen und so zukünftigen Entwicklungen keinen Freiraum mehr geben«, sagt Störmer. Heute jedenfalls sei die Frage einer großen Schloßplatz-Lösung nicht zu beantworten. Ein großes Gebäude auf dem Grundriß des alten Schlosses erscheint abwegig. Mit dem Gedanken eines Wiederaufbaus des Schlosses können sich die Architekten auch nicht anfreunden. Welchen Inhalt hätte denn dieser Bau? Es gibt keinen König, keine Monarchie, und so gibt es auch keinen Anlaß, einen Prunkpalast aufzubauen. Das Potemkinsche Dorf der Schloßfassade sei genial für Berlin gewesen, wie Christos Reichstagsverpackung, aber eben nur als Hülle. Man braucht Inhalte, eine Nutzung, einen Sinn.

Und auch für die Erhaltung des Palastes der Republik kann man die Architekten nicht gewinnen. »Sicher nicht, weil wir die Zeit der DDR-Existenz nicht für wichtig halten, sondern weil wir ihn einfach scheußlich finden, und weil er eine falsche Masse an dieser Stelle darstellt.«

Störmer will keine Grundrisse nachzeichnen oder auch nur andeuten: An die Bauten der vergangenen Zeiten soll hier nichts erinnern, abgesehen von der Bauakademie, deren Wiederaufbau »legitim« ist, abgesehen auch von der Wiederherstellung der alten östlichen Stadtkante. Die Schale könne zu einer Attraktion für Berlin werden, zu einem »Tablett der Nation«. Und auch die Straßen, die unerwartet am Wasser entlangführen, bedeuteten eine neue Qualität. Störmer schlägt vor, das Ufer mit Skulpturen zu garnieren, wie sie auch auf der Schloßbrücke stehen. Bäume wären an diesem Ort langweilig, außerdem biete der benachbarte Lustgarten genug Grün.

Der Hamburger Architekt und sein Partner in London haben Freiraum und gleichzeitig eine zur Spree verdichtete Stadt geschaffen, um den Platz der Republik hervorzuheben, ihn als fast folgerichtigen Teil der Spreeinsel zu zeigen, die mit genug Solitären prunken kann. Ein neues Bauwerk muß nicht sein. Aber der neue freie Platz verliert seinen Reiz, wenn auch das ehemalige Marx-Engels-Forum frei bleibt. Es muß bebaut werden, zwei Freiflächen nebeneinander: Das geht nicht, das ist zuviel der Weite.

Erst wollte Störmer hier Bauwerke entwerfen, wie er es für den Wettbewerb Potsdamer Platz getan und knapp das Siegerziel verfehlt hatte. Es war ein Mikadospiel, mit einer strengen baulichen Ordnung zur Leipziger Straße, mit einer wie zufällig »hingeworfenen« Bebauung zur Potsdamer Straße hin. Mit dieser Form von Chaos wollten die Architekten eine bissige Antwort auf das »brutale« Schließen der alten Potsdamer Straße in den siebziger Jahren geben. Im früheren Ostteil sei die alte Stadtstruktur in diesem Bereich dagegen nicht zerstört worden, deshalb müsse hier nach dem Ordnungsprinzip gebaut werden, sagten sich die Architekten.

Sie überlegten, ob sich Ordnung und Chaos auch für den Schloßplatz eignen. Der Ort entzog sich den Ideen. Störmer plädiert mit seinem Entwurf für Geduld mit dem Platz und möchte, daß sich die Stadt die nötige Zeit und Ruhe nimmt, um über die Zukunft dieses großen Areals nachzudenken und sich die Phantasie nicht zu verbauen.

Foto: privat

Jan Störmer
Hamburg

Erste Etage in einem vierstöckigen, stuckverzierten Gründerzeithaus. Es steht neben einem uralten Speichergebäude auf der Hamburger Fleetinsel. Wir sind verabredet mit Jan Störmer und ein wenig zu früh. Die Sekretärin bittet um etwas Geduld, der Chef ist beim Mittagessen. Sie führt in sein Arbeitszimmer mit Blick auf den Speicher, bringt Kaffee und fragt: »Wollen Sie inzwischen etwas über unser Büro lesen?«

Und dann schleppt sie schon einen beeindruckenden Stapel von Büchern und Katalogen heran, in denen mindestens hundert Entwürfe Jan Störmers und seines britischen Partners William Alsop abgebildet und erläutert sind. Dokumentation eines Büros von Weltruf: In Hamburg Wohn- und Bürohäuser, der Fährterminal, die Sanierung von Speichern und Kontorhäusern der Fleetinsel, die »Kulturinsel« wurde; Sozialwohnungen und U-Bahnstationen in London mit einem Bahnhofsprojekt über der Themse, Freizeitbäder und Kurhäuser in Niedersachsen und Schleswig-Holstein, Museen in Bayern, Banken in Moskau und, und, und ...

Jan Störmer kommt. »Ich bin in Berlin geboren, und das war's dann auch«, sagt er gleich. »Aber ich habe eine unheimliche Sympathie für die Stadt.« Aufgewachsen ist er, Jahrgang 1942, in Norddeutschland, studierte in Bremen und Hamburg, arbeitete im väterlichen Architekturbüro Rolf Störmer in Bremen, war Mitbegründer und Partner der Planungsgruppe »Medium«, ist seit 1990 in einer Partnerschaft mit William Alsop, gründete das inzwischen fast 80 Mitarbeiter zählende Büro »Alsop & Störmer Architects« mit Sitz in London, Hamburg und Moskau.

Störmer und der 1947 in Northampton geborene Alsop hatten sich 1985 beim Hamburger Bauforum kennengelernt und Freundschaft geschlossen. Der Brite, einer der führenden Planer seines Landes, zählte bereits durch internationale Wettbewerbserfolge und seine gemeinsame Arbeit mit dem Franzosen Jean Nouvel, dem Italiener Massimiliano Fuksas und Otto Steidle zur »europäischen Architektenfamilie«.

Das gemeinsame Büro betont seine europäischen Einstellung, wird regelmäßig zu internationalen Wettbewerben eingeladen, erhielt beispielsweise den Auftrag für das Hôtel du Departement in Marseille, ein 850-Millionen-Francs-Projekt. An der Konkurrenz hatten sich 160 Büros beteiligt.

In Berlin verfehlte das Büro knapp den Wettbewerbssieg zum Potsdamer Platz, und der favorisierte Entwurf für die britische Botschaft am Pariser Platz fand nicht den Geschmack des Botschafters. So sind es derzeit nur kleinere Projekte, die Störmer in Berlin betreut: Zwei Kindertagesstätten in der Rummelsburger Bucht und ein Geschäftshaus an der Kreuzberger Stresemannstraße, das mit seiner ungewöhnlichen Glascollagen-Fassade ein Blickfang werden wird.

In der Architektur ist man »offen«, will Form, Farbe und Funktion kontinuierlich erkunden, dabei soziale Fragen nicht außer acht lassen. Benutzern und Besuchern sollen sich neue Erfahrungen erschließen, der Bauherr gilt als »wichtiges Mitglied des Design-Teams«. Gefragt nach Vorbildern, nennt Störmer unter anderem Schinkel, Corbusier und Mies van der Rohe. Aber das ist gar nicht wichtig, denn »allein die Aufgabe bringt Architektur«. Er blickt auf die Uhr.

Schon drängt der nächste Termin. Störmer zeigt beim Abschied aus dem Fenster, auf den hinteren Teil des benachbarten Speichers. Der Architekt hat dazu beigetragen, alte Gebäude auf der Fleetinsel vor dem Abriß zu bewahren, hier Künstler anzusiedeln. »Produzierende Kultur, das ist mein Hobby.«

Hätte er dieses Hobby nicht, wäre aus dem von Kanälen durchzogenen, auch bauhistorisch wertvollen Gelände vermutlich der zubetonierte Parkplatz für ein nahes Hotel geworden.

Christian van Lessen

Ein Zauberspiel mit Buchstaben

CHRISTIAN VAN LESSEN ÜBER DIE VISION VON BENEDICT TONON

Wie magisch von den weit sichtbaren Gebäudeblöcken angezogen, kommt der Passant neugierig näher. Er betritt vorsichtig eine Stadt, die er so wohl noch nie gesehen hat. Die ihn allein durch ihre Formen immer wieder überrascht. Die Vielzahl der Zugänge und Wege, die sich auseinanderfalten, die Plätze und Höfe, die sich fast unvermutet hinter der nächsten Ecke oder Rundung öffnen und eine Folge stets unvorhersehbarer Stationen bilden: Der Passant spürt, daß er hier eine Welt betreten hat, die ihn allein schon architektonisch in Spannung hält.

Ein Raumerlebnis, in dem der neugierige Betrachter stets etwas entdecken und finden, sich aber auch verlieren kann. Aufregende Perspektiven und Dimensionen erkennt, sich einer Vielzahl öffentlicher Räume und Funktionen gegenübersieht, in denen sich die Gesellschaft in irgendeiner Form präsentiert. Und wenn sich der staunende Passant dann sogar noch Fragen über den Zusammenhang von Gesellschaft und Architektur stellt, Antworten sucht und vielleicht auch findet, dann ist das im Sinn von Benedict Tonon. Mit seiner Schloßplatz-Vision will er jedenfalls die Architektur zum Sprechen bringen, keine Spielerei, sondern ein ernstgemeintes Spiel bieten, das Spielraum für Gedanken und für einen Dialog mit dem Betrachter des Schau-Spiels eröffnet.

Eine sinnliche Form von Frage und Antwort ist vorgesehen, die Architektur soll sich als buchstabengetreues Abbild einer sich selbst abstrakt gewordenen Gesellschaft zeigen. Und wie Buchstaben sind auch die Gebäude geformt. Das wiederum sieht der Passant dieser Vision nicht, kann es vielleicht ahnen, wenn er die Ecken und Rundungen dieses ungewöhnlichen Stadtviertels abschreitet und eventuell versucht, hinter den Sinn des Ganzen zu kommen.

Aber beim Betrachten der Fotomontage und des realen Modells, das sich im Büro des Architekten aus einem gelblich-gipsähnlichen Kunststoffsockel schält und sich neben die Konturen des Berliner Doms und des Alten Museums stellt, ist das große Ganze im Blick, wie aus einem Flugzeug beobachtet. Und aus hoher Warte lassen sich die Buchstaben erkennen oder ahnen. Sie sind sich

Von oben betrachtet ist der neue Schloßplatz eine Collage aus Buchstaben. Von unten erschließt sich eine Stadt mit Wegen, Plätzen und Höfen. Sie bietet ein Raumerlebnis, das schon wegen der ungewöhnlichen Gestalt der Gebäude hinter jeder Ecke und Rundung zu Überraschungen führt. Das Bau-Ensemble des Platzes soll öffentlich genutzt werden, aber auch Platz für internationale Einrichtungen finden, etwa für die Organisation für Sicherheit und Zusammenarbeit in Europa (OSZE). Die markante Form der Bauten, die sich in die Struktur der Stadt einfügen, zeigt der Stadtplan links. Unten ist das Modell zu sehen mit dem Dom und dem Alten Museum im Hintergrund.

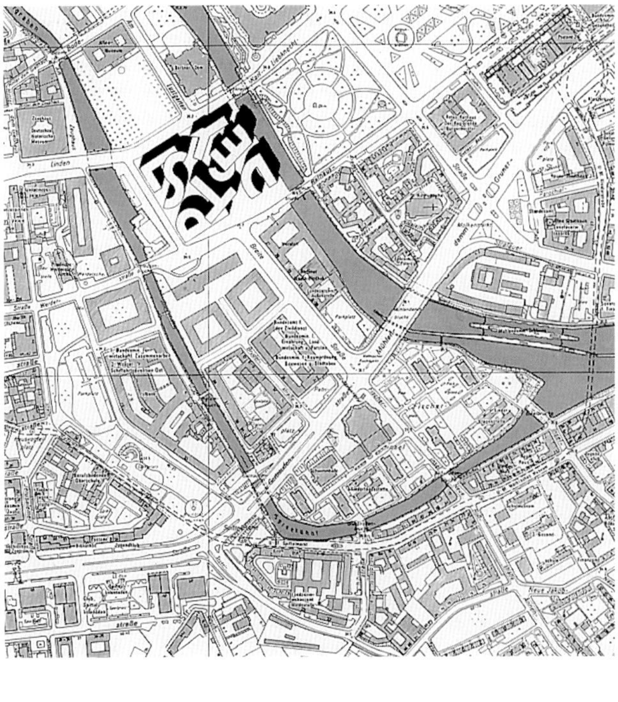

irgendwie fremd, wie sich wohl auch die Gesellschaft fremd ist. Oder sind sie nur ein Puzzle, das passend sein will, so wie es sich die Gesellschaft, die Öffentlichkeit, irgendwie auch wünscht, die hilflos für diesen einstigen Mittelpunkt der Stadt eine Übereinkunft erhofft? Krampfhaft nach der richtigen Idee für das Areal sucht, auf dem der Palast der Republik als Restposten ausharrt?

Aber die Buchstaben sind kein Puzzlespiel, auch wenn sich P und L und S und T mit einem geahnten A zum PALAST bilden lassen und auch die LUST im Spiel ist. Die Buchstabencollage, so will es der Architekt, soll bei der Frage nach dem Sinn keine eindeutige Antwort geben. Die Buchstaben sind stadbildnerische Morphologie: Gefundene, nicht erfundene Gestalt, die Form und Inhalt, Kunst und Leben zusammenführt. Der Schloßplatz, so Deutung und Titel des Entwurfs, ist ein Zauberwort im Sprach-Raum.

Ein Spiel mit Tiefgang und viel Theorie. Wie aber die Praxis aussehen kann, darüber haben sich Benedict Tonon und der Kunsthistoriker Wolfgang Siano, der am

Entwurf beteiligt war, natürlich auch Gedanken gemacht. Handwerklich ist alles offen: Die Fassaden können aus massivem Stein, aber auch völlig aus Glas sein. Und davor und dahinter muß es Platz für öffentliche Räume und Funktionen geben. Für etwas, das die Gesellschaft zusammenhält, sich nicht verschließt, wie es einst das Schloß tat.

Erst überlegten Architekt und Kunsthistoriker, hier Botschaften anzusiedeln. Aber die Zeit fängt an, dieser Vision davonzulaufen, denn überall in der Stadt suchen sich die Länder schon Häuser und Grundstücke für ihre Botschaften in Berlin aus. Der Bedarf dürfte demnach bald gedeckt sein. Aber die Idee, auf dem Schloßplatz ein wenig Internationalität zu schaffen, ist damit nicht aufgegeben. Die OSZE, die Organisation für Sicherheit und Zusammenarbeit in Europa, könnte hier angesiedelt werden. Das käme sogar den Vorstellungen des Bundeskanzlers entgegen, hier ein möglichst internationales Konferenzzentrum zu etablieren. Ausreichend Raum bliebe noch für die oft zitierte Bibliothek. Wohnungen dürften in der neuen Stadt, die doch vielseitig genutzt werden soll, auch nicht fehlen.

Ein Stück Gesellschaft wird hier gebaut, errichtet auf einem Gerüst von Erfahrungen, nach einer Zeit allgemeiner Hilflosigkeit beim Umgang mit dem Gelände, auf dem Vakuum einer gleich zweimal gescheiterten Geschichte. Das Schloß, erinnert Wolfgang Siano, war verschlossener Abschluß einer Magistrale, Ausdruck herrschaftlicher Ambitionen, dominierende Stadt in der Stadt.

Auch Schinkel habe sich schwergetan, dieser Verschlossenheit die Freiheit bürgerlicher Souveränität entgegenzusetzen. Das entworfene schöne Bild von Ästhetik, Kultur und Politik sei zersprungen, der verlorene Einheitsgedanke habe zu einer letzten Anstrengung geführt, die sich heute in dem paradoxen Gebilde eines Palastes der Republik zeige. Sein Scheitern sollte als Auftrag zur wieder aktuellen Frage verstanden werden: Ist es möglich, einen urbanen und politischen Zusammenhang an einem zentralen Ort der Stadt zu schaffen?

Die beredte Leere dieses historischen Orts, sagen Tonon und Siano, ist jedenfalls zur Fata Morgana eines verlorenen Zentrums geworden, das so nicht wieder herbeigezwungen werden kann. Es ist aber denkbar, seine Magie zu nutzen und mit ihrer untergründigen Kraft eine neue, durchlässig spannende Architektur zu gestalten; sie zum Sprechen zu bringen, als Organisation von Öffentlichkeit, in einem Stadtgefüge, das sich an die Raster-Ordnung mit präzise abgegrenzten Blöcken hält, aber wiederum auch ein befreiendes Raumerlebnis bietet, Grenzen öffnet, Überraschungen birgt.

Wie im wirklichen Leben, in dem Denkhorizonte auseinandergebrochen sind, etwa in Fragen der Religion, des Rechts, der Freiheit und der Ordnung. Und ohne auszugrenzen, wird das Gebäudeensemble auf dem Schloßplatz verschiedene Formen und Ebenen von Öffentlichkeit zusammenführen. Sie werden sich überschneiden und doch in ihrer jeweiligen Eigenart hervorheben.

Vielleicht hätte eine ebenderdige Computer-Simulation die Eigenart des Entwurfs leichter verdeutlicht, sagt Benedict Tonon. Dann könnte die Stadt wirklich und lebendig wirkend aus der Fußgängerperspektive gezeigt werden, hier und da auch mit angedeuteten Fassaden anstelle der glatten, fensterlosen Blöcke, die zunächst eine etwas frostige Atmosphäre ausstrahlen.

So bleibt es dem Architekten und der Phantasie des Betrachters überlassen, sich als Passant in das Modell hineinzudenken, sich hier öffentliches Leben vorzustellen und sich für das Projekt zu erwärmen. Aus der Vogelperspektive wirkt die Vision in den Maßen des alten Schlosses stabil und kompakt, wie ein Labyrinth, nicht ganz so hoch wie der Dom, nicht ganz so flach wie das Staatsratsgebäude. Die Buchstaben weisen in die Luft, verwirrend zunächst, nachdenklich stimmend, Staunen auslösend, vielleicht magisch zu etwas führend, das wünschenswert ist: ein Zauberwort eben.

Foto: Mike Wolff

Benedict Tonon
Berlin

Seine Entwürfe erinnern mitunter an Bauten von Mies van der Rohe, Corbusier oder Mendelsohn, an Klassiker der modernen Architektur. In seinem Arbeitszimmer steht »klassisches« Mobiliar aus der Bauhaus-Ära. »Alles aus dem Sperrmüll zusammengesucht«, sagt Benedict Tonon, und es klingt ein wenig stolz.
Tonon ist ein bescheidener Mann, sensibel und sehr nachdenklich, ein Wanderer auf den Pfaden zwischen Architektur, Philosophie und Soziologie; ein Architekt, der in seinen Entwürfen prägnante, oft von der Natur abgeschaute Formen wiederentdeckt, der vor allem aber nach der gesellschaftlichen Bedeutung der Architektur fragt und Antworten sucht. Kurzum: Ein Mann, der er sich nicht leicht macht.
Benedict Tonon gehört zur Riege international bekannter, mit Preisen und Auszeichnungen geehrter Berliner Architekten. Ausstellungen in Paris, London, New York, Los Angeles, Tokio und Venedig zeigten seine Entwürfe.
Er sieht auf Gastprofessuren an der TU Berlin, der TU München und auf eine Lehrtätigkeit in Wien zurück, seit 1993 ist er Professor für Baukonstruktionslehre an der Hochschule der Künste in Berlin.
Die Karriere des gebürtigen Hamburgers, Jahrgang 1944, begann mit einer Zimmererlehre. Danach studierte er in seiner Heimatstadt, später an der TU Berlin Architektur, geriet in die wilde Zeit der Studentenbewegung, arbeitete dann fünf Jahre im Büro von Josef Paul Kleihues, machte sich Anfang der achtziger Jahre mit Klaus Theo Brenner selbständig. Es entstanden unter anderem Bauten für die IBA an der Tiergartener Rauchstraße und für das Hotel Berlin. Vor rund sieben Jahren trennten sich beide Architekten, Tonon »fiel auf die eigenen Füße« und war auf ihnen nicht weniger erfolgreich.
Er baute eine aufsehenerregende, in die Erde gegrabene Turnhalle am Gatower Windmühlenweg, nach seinen Plänen entstanden Wohnungen, Verwaltungs- und Hochschulbauten in Berlin, Hamburg, Dortmund, Bremen oder Brandenburg, er entwarf Berliner Brücken (Hiroshimasteig/Marschall- und Königsweg), konzipierte den Umbau der Deutschen Bank Unter den Linden, verband dabei gläserne High-Tech-Architektur mit Altem. Aber mit seinen Plänen mußte er oft auch Rückschläge einstecken.
Nach Tonons Vorstellungen sollte beispielsweise das Bertelsmann-Medienzentrum an der Leipziger-/Ecke Friedrichstraße gebaut werden. Der Siegerentwurf aus dem ersten großen Bauwettbewerb nach der Wende wurde hochgelobt und scheiterte doch, weil Alteigentümeransprüche das Projekt zum Platzen brachten. Und viele Vorhaben, ob für die Humboldt-Uni in Adlershof, ob für ein Wohnhaus mit Kita in der Wasserstadt Oberhavel oder eine Siedlung in Hamburg sind Sparzwängen zum Opfer gefallen. Sechs Jahre arbeitete Tonon an dem Projekt. Er spricht von einem »Drama«.
Tonon ist ein Architekt, der vor der Planung eines Bauwerks die Umgebung auslotet, Lebenszusammenhänge erkundet und den Nutzern ein Lebensgefühl sichern will. Er liebt die Klarheit und das Material. Seine Bauten reizen zum Nachdenken über den tieferen Sinn von Formen, die von irgendwoher bekannt vorkommen, wie die Buchstabenhäuser der Schloßplatz-Vision.
Auch sie ist entstanden in seinem Arbeitszimmer im vierten Stock eines alten Gewerbehinterhauses an der Neuen Schönhauser Straße in Mitte: Eine Werkstatt, in der über bauliche Zukunft philosopiert und entworfen, nach gesellschaftlichen Zusammenhängen geforscht wird. Die schwere Eingangstür zum Architekturbüro klemmt, und die Klingel funktioniert nicht. Philosophen interpretieren bekanntlich eher die Welt, als sie zu verändern.

Christian van Lessen

Vision

VON MATTHIJS BOUW/JOOST MEUWISSEN, AMSTERDAM

Eine Provokation – der Schloßplatz, vor die Hunde gekommen. Da stehen sie nun, jeder auf hohem Sockel, als Denkmal: Dackel, Schäferhund, Königspudel, Dogge, Yorkshire und Boxer blicken vom Schloßplatz in Richtung Unter den Linden und denken sich ihren Teil, suchen vielleicht nach irgendeinem Baum. Die international bekannten niederländischen Architekten Matthijs Bouw und Joost Meuwissen (Professor für Städtebau und Entwerfen an der TU Graz) haben sich keck mit dem Schloßplatz einen Spaß erlaubt, wobei sie doch mit einigem Ernst an die Geschichte erinnern, denn die Schloßbrücke von Schinkel ersetzte einst die ärmliche Hundebrücke über die Spree.

Säulen schlug schon Schinkel vor: Sie sollten aber am gegenüberliegenden, damals kleineren Dom entlang aufgestellt werden, was nicht geschah. Säulen aber, schlagen die Architekten vor, könnten dort wirklich errichtet werden, mit einer Serie bedeutender deutscher Staatsmänner vielleicht. Aber dann, auf dem Schloßplatz, müßten eben auch säulenheilige Hunde stehen, »während gleichzeitig normale Leute aus Berlin mit ihren Hunden in diesem Gebiet spazierengehen und so, wie überall, ihren Hunden immer ähnlicher sehen«, erläutern die Architekten bissig.

Ihre geistige Spur zu den Hunden ist lang und verschlungen. Einen Wiederaufbau des Schlosses lehnen die Planer ab. Ohne Funktion wäre es nur das Symbol eines frustrierten Verhältnisses zur Vergangenheit. »Der Palast der Republik ist ein gutes Schloß.« Als nationales Symbol wie der Reichstag eignet sich ein neues, altes preußisches Schloß nicht. Vorgeschlagen wird ein »Volkspalast unserer Zeit«, ein Platz ohne Dach, der sich bis zur Friedrichwerderschen Kirche erstreckt, die eine Art Schloßeingang markiert.

Die Schinkelsche Kirche war zwar nie als Teil des Platzes gedacht, der architektonische Entwurf ließ die Doppeltürme so niedrig wie möglich, um die Horizontalität des Platzes nicht zu stören, aber das macht nichts. Denn ein Volkspalast benötigt eine andere Distanz: Nicht mehr die einst krasse Kluft zwischen Volksstadt und historischer Dynastie, sondern eine Distanz zwischen der benachbarten Volksstadt und – beispielsweise – einem Popkonzert. Denn Konzerte könnte es hier geben, der Schloßplatz dann eine Arena sein, eine »BerlinA«, die sich vom Palast der Republik ausdehnt und vielleicht sogar mit ihm eins wird. Da Berlin aus einer losen Konfiguration von Kleinstädten besteht, ist es ratsam, daß alle kulturellen Ereignisse die alten, ehemaligen Industriebauten an der Peripherie verlassen und »das neu entstandene Stadtzentrum besetzen und somit stärken«. Und dann stehen hier vielleicht auch, wie zu früheren Ost-Berliner Zeiten, größere Tribünen, an deren Hinterseite die Säulen mit den gelangweilt, listig oder aufmerksam wirkenden Hunden stehen, die »in eine falsche Richtung blicken, was Hunde manchmal tun«. Und sie schauen in die Leere. Blickten sie über einen vollen Platz, wäre es »wohl eine bessere Lösung«, von der die Architekten aber auch nicht so völlig überzeugt sind. Sie überlegten zwar, daß sich der Palast der Republik vervielfacht über den gesamten Platz ausdehnen könnte, was dann allerdings der Idee vom Platz ohne Dach widerspricht.

Und dann hätte ja auch der Hundeplatz mit den Vierbeinern auf den Säulen keine richtige Chance mehr. C. v. L.

Vision

VON MICHAEL WALKER, STUTTGART

Es sieht so fertig aus und ist doch nur eine bessere Hülle: ein Schloßmuseum als Geschichtswerkstatt. Michael Walker hat in seiner Diplomarbeit am städtebaulichen Institut der Universität Stuttgart Visionen für die historische Mitte Berlins entwickelt und dabei dem Schloßplatz eine gläserne, filigrane Zukunft als Wiederaufbau-Werkstatt gegeben, aus der heraus das alte Schloß vielleicht doch noch wachsen und die schützende Hülle irgendwann abstreifen kann. Das Schloßmuseum entsteht in den Ausmaßen des früheren Schlosses. Der Neubau bietet vor allem Platz für die hallenartige Werkstatt, aber auch für Ausstellungsflächen, Seminarräume, ein Informationszentrum, Büros, Läden und eine Cafeteria auf der Dachterrasse. Im Bereich des ehemaligen Eosanderhofes befindet sich ein freier Hof für Arbeiten bei Tageslicht mit großdimensionierten Bauteilen.

Walker bezeichnet den heutigen Schloßplatz als räumliches und geistiges Loch in der Stadt. Von Zeugnissen der Platzgeschichte sind nur noch einige wenige verstreute Bruchstücke vorhanden, so daß Erinnern in erster Linie Beschreiben bedeutet. Der Planer schlägt deshalb vor, in einem wissenschaftlichen und kunsthandwerklichen Prozeß das ehemalige Schloß als Modell im Originalmaßstab herzustellen, das Leben in der Gegenwart und das Erinnern an die Vergangenheit in einer Geschichtswerkstatt »produktiv zu verbinden« und dabei das Spannungsverhältnis zwischen Wandel und Kontinuität zu überbrücken. Dabei sollen einerseits eine nachhaltige Lösung für den Ort vorgeschlagen, andererseits kein fester Endzustand gefordert werden.

Der Neubau ist ein Labor, eine Werkstatt zur Rekonstruktion des Berliner Schlosses. Das Projekt dient als Schutz- und Hüllkörper, um einer Vision die Chance zur materiellen Entwicklung zu geben und den erhofften »Abschälungsprozeß als Gradmesser der Autonomie« zu beobachten.

Das Äußere soll weniger unter architektonischen und künstlerischen Gesichtspunkten gesehen werden. Und auch das Innenleben des Bauwerks ist in erster Linie nicht architektonischer Raum, sondern Leerraum mit Bahnen für Kräne. Aber der Bau weist dennoch in seinem Äußeren stilistische Qualitäten auf, fügt sich in die historische Topographie des Lustgartenensembles. Der im Bereich der früheren Kuppel erhöhte Kopfbau in Form einer langen Halle setzt städtebaulich einen Akzent.

Mit dem Schloßmuseum schlägt Walker die Bebauung der östlichen Spreeseite vor. Er will den südlichen Abschluß des Schloßplatzes »nach Abriß des Staatsratsgebäudes« nach dem Stadtgrundriß der Vorkriegszeit neu ordnen und den Anschluß des Schloßplatzes zur Brüderstraße wiederherstellen.

Und er fordert den Wiederaufbau der Schinkelschen Bauakademie. Sie könnte sich als internationale Ausbildungs- und Forschungseinrichtung zur Pflege und Rekonstruktion historischer Bausubstanz im Zusammenhang mit der Wiederaufbau-Werkstatt des Schloßmuseums etablieren. Und Ergänzungsbauten auf dem Grundstück des Kronprinzenpalais schlägt Walker als Gästehäuser vor. C. v. L.

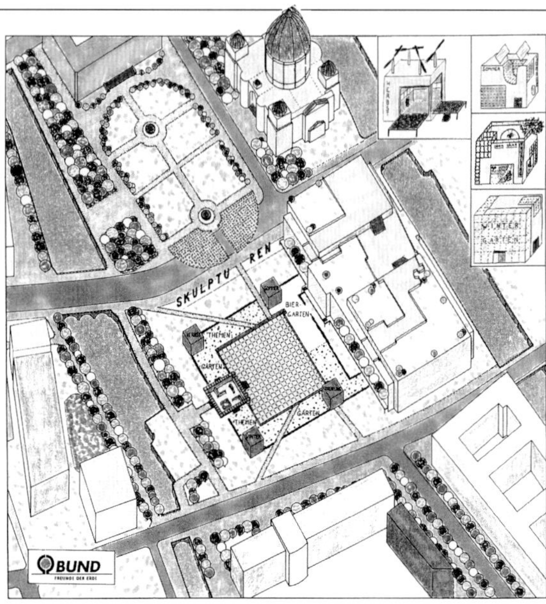

Vision

VOM BUND, BERLIN

An kaum einem anderen Platz in Berlin scheiden sich so sehr die Geister, kein anderer Platz birgt einen größeren Ost-West-Konflikt. Sich bereits heute für eine endgültige städtebauliche Fassung zu entscheiden, ist äußerst gewagt, stellt der BUND für Umwelt und Naturschutz fest. Als Vision legen Bernhard Weyrauch, Martin Schlegel und Andreas Wettig vom Arbeitskreis Verkehr einen Plan vor, der schnell zu verwirklichen ist, Platz für Wandel und Änderungen läßt, vergleichsweise kostengünstig ist, »ohne deshalb billig und schlicht zu wirken«.

Der Palast der Republik wird asbestsaniert, das Dach begrünt und zugänglich gemacht, um spannende Ausblicke auf die Stadt zu bieten. Die künftige Nutzung des Gebäudes, das auch als Denkmal für die DDR-Geschichte erhaltenswert sei, soll sich am Leitbild eines Hauses der Demokratie und Kultur orientieren. Das Bauwerk ist für den BUND Berlin eine stadträumliche Herausforderung, kein Schandfleck. Es kann mit dem Dom, dem Alten Museum, dem ehemaligen Staatsratsgebäude und der wiederaufgebauten Schinkelschen Bauakademie »historische Vielschichtigkeit« demonstrieren.

Vor dem Palast entsteht eine Parkanlage, die den Verlauf des alten Stadtschlosses mit »Themengärten« nachempfindet. Wo einst der Haupteingang des Schlosses war, steht ein kleinerer Sockel, auf dem sich die Ausgrabungen alter Schloßreste zeigen.

An die Stelle des ehemaligen Eosanderhofes tritt eine sanft in den Boden eingelassene, beckenartige Platzfläche, auf die man ringsherum über drei bis vier Stufen gelangt, die auch als Sitzflächen geeignet sind. Der Platz soll als flexibel nutzbare Veranstaltungsfläche Raum für Happenings, Märkte oder Konzerte bieten. Die Anlage umrahmen vier würfelförmige Gebäude, die mit regenerativen Energien versorgt werden.

Haus Sommer (Restaurant mit angegliedertem Biergarten) erhält auf dem Dach eine Solaranlage, Haus Herbst (mit aufklappbaren Bühnen für kleinere Live-Veranstaltungen) soll die Windkraft nutzen, Haus Winter ist mit einem Wintergarten ausgestattet, Haus Frühling ist ein offenes Gebäude, in dem Pflanzen und Bäume wachsen und Blumen blühen. Im Winter könnte man den als Becken angelegten alten Eosanderhof mit Wasser füllen und für Schlittschuhläufer freigeben. An der Karl-Liebknecht-Straße, die mit einem veränderten, zur Verkehrsberuhigung mahnenden Belag den alten Verlauf des Lustgartens andeutet, entsteht ein Skulpturengarten.

Berlins Stadtmitte wird enorm verdichtet, so daß sich für den BUND ein grüner Schloßplatz anbietet. Zur Entfaltung urbanen Lebens muß es öffentlich nutzbaren Freiraum geben. Christo hat Berlin vorgemacht, wie ein Platz ohne bedeutende Funktion zum Treffpunkt aller wird, heißt es. Man sollte dem Schloßplatz auch nur einen Bruchteil dieser Anziehungskraft mit auf den Weg geben. Und wie anziehend könnte ein öffentlicher Raum sein, der sich einem steten Wandel verpflichtet und sein Gesicht alle Jahre verändert. »Wie gut würde so ein Platz des Wandels in den Mittelpunkt der Stadt passen, von der es heißt: Berlin ist nicht, Berlin wird!«

Und sollte der Platz tatsächlich künftig einen vornehmlich »grünen« Charakter erhalten, verspricht der BUND, im Rahmen der Spendenaktion »Zukunftswald 2000« einen kleinen Beitrag zu leisten. C. v. L.

Vision

VON SEBASTIAN E. KAPRETZ, BERLIN

Ein gläsernes, ellipsenförmiges Dach verbindet den Lustgarten mit dem Schloßplatz, führt am Dom vorbei über die Karl-Liebknecht-Straße und endet fast am Staatsratsgebäude. Der Palast der Republik wirkt vertraut und fremd zugleich, weil er eine neue Hülle hat: Es gibt in der Geschichte der modernen Demokratie genügend Beispiele für demokratische Eingriffe in ältere Bauten, sagt der Berliner Architekt und Maler Sebastian E. Kapretz. Es ist eine Möglichkeit, falsche Attraktionskraft zu relativieren und ihr die Mächtigkeit zu nehmen. »Geschichte akzeptieren heißt, die Mitte zu gewinnnen.«

Kapretz, Teilnehmer zahlreicher städtebaulicher Wettbewerbe, legt für den Schloßplatz einen Entwurf vor, der die Geschichte akzeptiert. Die unterirdischen Überreste des Schlosses werden freigelegt und konserviert, der frühere Aufmarschplatz »aufgelöst«, und das gläserne Dach greift in den Palast der Republik ein. Altes und Neues suchen eine Synthese, eine ästhetische Form. »Shelter« nennt der Architekt die Konstruktion, die eine Art von filigranem Schutz darstellt. Eine Transparenz dieser Art gebe es in Berlin bereits in Fragmenten, beispielsweise biete die Neue Nationalgalerie von Mies van der Rohe durch ihre vertikale Glas-Stahlkonstruktion die Transparenz zur Matthäikirche und zu jeder anderen Seite.

Die Dachellipse wird das freigelegte Schloßgelände nur zu einem Teil bedecken, ein Freiraum bleibt erhalten. Und auch im Lustgarten wird nur ein Teil der jetzt vorhandenen Baumreihen überdacht.

Das Dach hat eine Fläche von 26 000 Quadratmetern, die Ellipse ist 345 Meter lang und rund 85 Meter breit. Sie steht auf 89 Stützen aus Stahl, jeweils rund 16 Meter hoch und in Abständen von 16 Metern aufgestellt. 16 Meter hoch ist auch das Dach, orientiert an der Höhe des Alten Museums. In den Palast der Republik, der eine andere Fassade erhalten hat, schneidet sich das Dach auf einer Länge von 84 Metern ein.

Mit dem Dach, sagt Kapretz, zieht die Moderne auf den Schloßplatz und in den Lustgarten ein. Die Untergeschosse des zum Schloß gewandelten Palastes könnten teilweise überdacht oder offen sein und für Restaurants und Cafés genutzt werden. »Berlin würde damit realistisch die Geschichtstiefe erreichen, die es sich bisher immer nur vorgegaukelt hat.« Die technische Umsetzung dieser modernen, ästhetischen Form sei eine Herausforderung. C. v. L.

Schloß in Sicht?

Lothar Heinke über das Boddien-Projekt

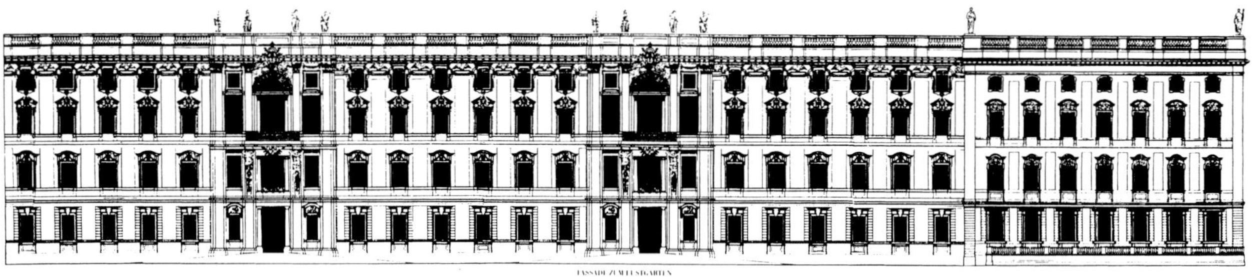

Fassade zum Lustgarten

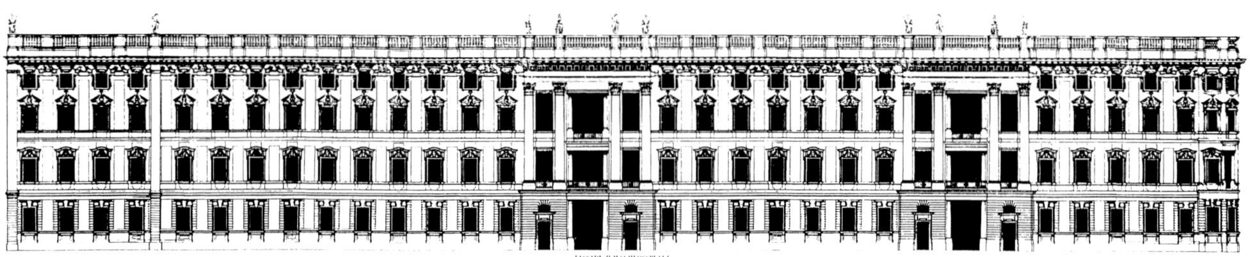

Fassade zum Schloßplatz

Wilhelm von Boddien hat wieder eine Vision: Zur 25-Jahr-Feier der Wiedervereinigung treffen sich 5000 Leute im größten Festsaal der Republik, im glasüberdachten Schlüterhof, mitten im Schloß. Der Kasten ist, bis auf die Rückwand, auferstanden aus Palast-Ruinen. »Erstaunliches Wohlwollen« habe man vom Kanzleramt abwärts für das neueste Projekt erfahren, nun könnten sich die Politiker entscheiden, damit sie keine Pappeln pflanzen müssen, sagt der unermüdliche »Schloßbaumeister« und karikiert damit jene Idee, an der Schloßfreiheit in einem Wäldchen, das den mit Pflanzenkübeln zugepflasterten Lustgarten fortsetzen soll, Pappeln rauschen zu lassen. Nein, Wilhelm von Boddien will Besseres. Ein großes Haus, außen Schlüters Schloß, innen alles Mögliche, den besten Palast der Bundesrepublik, den es je gab. Und ohne öffentliche Mittel auszugeben.

Die Rollen sind verteilt: Neben dem Spiritus rector, dessen Fassaden-Simulation nur ein kurzer Halt auf dem Weg zum Ziel war, sitzt Walter Rasch, als Geschäftsführer der Unternehmensgruppe »Hanseatica«, ein Mann der Planung und des Geldes, der auch immerfort von Kalkulation, Immobilie, Objekt und Kostenfaktor spricht, und, bescheiden, die Künstler, das ICC-Architektenpaar Ralf Schüler und Ursulina Schüler- Witte, die mit Hans-Joachim Arndt detaillierte Pläne zum Wiederaufbau des Schlosses erarbeitet und in drei Bänden akribisch dargestellt haben. Das Schloß-Paket liegt auf den Schreibtischen der wichtigsten »politischen Multiplikatoren«, vielleicht ist es von jener Überzeugungskraft, die Kanzlerherzen weich und öffentliche Meinung stark macht.

Darum geht es: Der Wiederaufbau kann ohne Steuergelder privat finanziert werden. Voraussetzung ist, daß das Grundstück von Bund und Land im Erbbaurecht zur Verfügung gestellt wird. Hanseatica kalkuliert knapp eine Milliarde Mark für das moderne Innenleben hinter drei historischen Fassaden. Die vierte, dem Alexanderplatz zugewandte (Spree-)Seite, könnte vom Palast der Republik übernommen werden. Der private Bauträger errichte und finanziere den Bau, ein Konsortium würde die Summe vorschießen, spätere Mieteinnahmen führten zur Refinanzierung. Für die Beschaffung der Gelder könnte ein Immobilienfonds aufgelegt werden. Das Geld für die drei Fassadenseiten zum Lustgarten, zur Schloßfreiheit und zum Schloßplatz sowie für die Kuppel – geschätzte 80 Millionen Mark – könnte wie beim Wiederaufbau der Dresdner Frauenkirche durch Spenden, Bausteine und Lotterielose zusammenkommen.

Wilhelm von Boddien geht davon aus, daß der Palast saniert, also abgerissen wird. Die Betonwanne, in der das Gebäude steht, sollte gleich als Tiefgarage für 700 Autos genutzt werden. Und darüber entstünde ein öffentliches Haus mit vielerlei Funktionen, die es weder zu Kaisers noch zu DDR-Zeiten an dieser Stelle gab: Die wichtigsten Innenräume sollen in ihren Dimensionen so angelegt werden, »daß es späteren Generationen möglich sein wird, den künstlerischen Ausbau weitgehend originalgetreu wiederherzustellen«. Geplant sind ein Konferenzzentrum, eine Kunsthalle, Hotel, Bibliothek, Restaurants, Läden und Büros, kurz: »Räume in verschiedener Gestalt mit repräsentativem Ambiente und modernster Kommunikations- und Veranstaltungstechnik für zehn bis 1500 Menschen – für Debatten, Gespräche, für ein Essen, für ein großes Fest, für die Bälle der Stadt.« Boddien: »Will Berlin zwanzig, dreißig Jahre lang eine Brache in der Mitte oder kurz nach dem Umzug ein funktionierendes Zentrum haben?«

Wer so fragt, ist sich der Antwort ziemlich sicher. Nun ist die Politik an der Reihe, sie entscheidet. Und siehe: Am Ausgang der Pressekonferenz gab es schon eine Stellungnahme des Senats. Er begrüßt diese Anregung einer Privatinitiative, damit würde eine realistische Perspektive für die Bebauung dieses geschichtsträchtigen Ortes eröffnet, und Eberhard Diepgen hat schon immer gesagt, daß es möglich sei, »den Wiederaufbau eines Gebäudes in den Fassaden des alten Schlosses privat zu finanzieren«. Nun muß nur noch ab- und aufgebaut werden, damit der Plan erfüllt wird: Eröffnung 2006.

»Haus der Demokratie« als Treffpunkt für alle

Die Berliner Republik braucht ein Haus für Politiker, Wissenschaftler, Unternehmer und Betroffene

Peter Strieder

Es war richtig, die Entscheidung über die Gestalt des Schloßplatzes nicht überhastet zu treffen. Weder der Wiederaufbau des Schlosses noch die Konservierung des Palastes der Republik lösen ein, was der Platz als Anforderung an eine Planung für die Zukunft stellt: Ein Ort für alle Bürgerinnen und Bürger zu sein, an dem sich die Berliner Republik wiederfindet. Der frühere Schloßplatz war die räumliche Schnittstelle zwischen staatlicher Macht und gesellschaftlichem Leben und war ein Forum gesellschaftlicher Auseinandersetzung. Seine ehemalige Bedeutung läßt sich heute kaum erahnen. Der heutige Schloßplatz – zu DDR-Zeiten Marx-Engels-Platz – droht unter Asphalt zu verschwinden. Die bisherigen Versuche, die Leere zu nutzen, endeten immer mit der Idee, das Schloß zu rekonstruieren oder eine dem Schloßvolumen entsprechende neue Architektur zu errichten. Konsens ist, daß mit der Wiederherstellung der Schloßfigur die alten räumlichen Beziehungen des Schloßplatzes wiederbelebt werden sollen.

Aber weder repräsentiert der Palast die Identität der Ost-Berliner, noch könnte ein »Potemkinsches Schloß« eine städtebauliche Klammer der Geschichte werden.

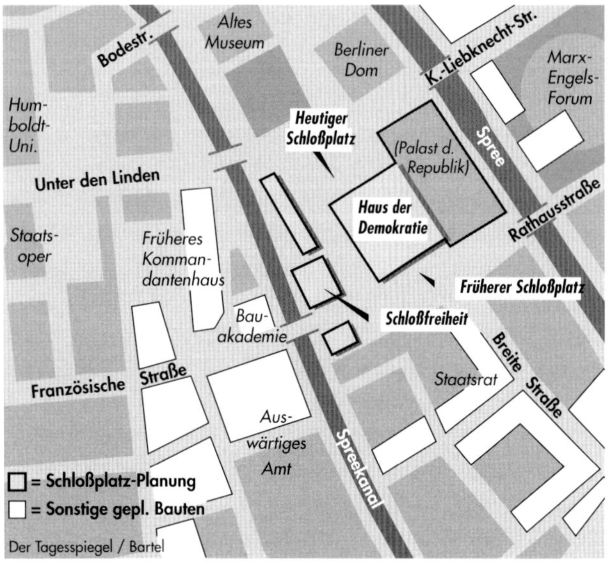

Auch eine kommerzielle Allzwecknutzung schließt sich an diesem Ort aus. So würde ein Kongreßhotel Menschen von diesem Ort ausgrenzen, obgleich ich mir hier Tagungen vorstellen könnte. Auch ein Kulturzentrum könnte nur einen Teilaspekt abbilden.

Die Gestaltung des Platzes sollte an die »Berliner Republik« anknüpfen, an eine Verbindung von Regierung, Parlament und der Teilhabe vieler Menschen an politischen Prozessen: das staatliche Gemeinwesen als ein ständiger Prozeß des Austausches unterschiedlicher Überzeugungen. Die Berliner Republik braucht im Herzen ihrer Hauptstadt ein »Haus der Demokratie«, ein Haus, in dem sich Abgeordnete und Regierungsvertreter, Wissenschaftler und Praktiker, Gewerkschafter und Unternehmer, Interessierte und Betroffene, Junge wie Alte treffen, um die (Streit)Fragen unserer Zeit zu bereden. Die repräsentative Demokratie erhält einen Kommunikationsort. Es kann hilfreich sein, daß der Name »Haus der Demokratie« einen Vorläufer hat, dessen Integrität außer Zweifel steht. Die Architektur dafür muß aus der Nutzung heraus entwickelt werden. Die Politik muß daher Vorgaben für ein Haus der Demokratie formulieren. Damit möglichst viele Menschen zur Einmischung ermutigt werden, muß das Haus einladend sein. Schwellen dürfen vom Betreten der Politik nicht abhalten. Zur Berliner Republik gehört der Föderalismus als Demokratieprinzip. Die föderale Verfassung muß stadträumlich erfahrbar werden.

Schloßbereich und Schloßplatz müssen das hauptstädtische und das republikanische Zentrum der neuen Bundesrepublik im föderativen System werden. An diesem Ort muß sich architektonisch das wirtschaftliche, kulturelle, technologische und soziale Potential der Republik darstellen. Die Realisierung wird einige Zeit in Anspruch nehmen. Es wird noch einmal einen (eingeladenen) Wettbewerb geben. Und vor allem: Das »Haus der Demokratie« wird nicht kostenlos sein. Das Werden des Zentrums der Republik braucht Zeit und Geld.

Peter Strieder ist Senator für Stadtentwicklung, Umweltschutz und Technologie.

»Haus der Demokratie« nur Sonntagsvorschlag?

Um wirklich etwas wert zu sein, bedarf der von Strieder benutzte Begriff der Konkretisierung

Bruno Flierl

Stadtentwicklungssenator Strieder, jung und dynamisch genug für Überraschungen, will im Herzen der Hauptstadt – mitten auf der Spreeinsel – ein »Haus der Demokratie« errichten. Es soll leisten, was ein asbestsanierter Palast der Republik als »Kulturzentrum« und ein »Potemkinsches Schloß« nicht zu leisten vermögen: nämlich ein Kommunikationsort der repräsentativen Demokratie der Berliner Republik zu sein. Das klingt gut. Aber um wirklich etwas wert zu sein, bedarf der Begriff »Haus der Demokratie« der Konkretisierung. Und eben die fehlt. Daher drei Fragen:

Erstens: Was soll das Haus sein? Nach Peter Strieders Vorschlag soll es ein Haus sein, in dem die »(Streit)Fragen unserer Zeit« demokratisch offen und öffentlich beredet werden können. Gleichzeitig soll sich mit ihm »das wirtschaftliche, kulturelle, technologische und soziale Potential der Republik« architektonisch darstellen. In der Gestalt des Bauwerks oder als republikanische – also staatliche – Ausstellung aller dieser Potentiale im Bauwerk? Von diesem Haus wird aber noch mehr erwartet. Es soll auch die föderale Verfassung der Bundesrepublik stadträumlich erfahrbar machen.

Ja, wie denn? In der Gestalt oder in der Funktion? Konkret gefragt: Soll das Haus der Demokratie ein Haus der Bürger oder ein Haus des Staates sein, oder beides? Das muß geklärt werden, bevor das »Haus der Demokratie« aus der Zeit der DDR-Bürgerbewegung als Ahnherr zitiert wird. Und noch ein Punkt bleibt offen: Soll das neue »Haus der Demokratie« das für den Bereich Spreebogen – zwischen Kanzleramt und Alsenblock – geplante Forum als Ort der Begegnung von Bürgern, Parlamentariern und Regierenden womöglich erübrigen?

Zweitens: Wo soll das Haus der Demokratie errichtet werden? Nach Strieders Vorschlag ist das nicht eindeutig: am alten Schloßplatz, also südlich des einstigen Schlosses, oder auf dem ehemaligen Marx-Engels-Platz, also am ›Platz‹ des ehemaligen Schlosses, der jetzt erstmals in der Geschichte Schloßplatz heißt, also auch mit einer Seite zum Lustgarten hin? Und weiter gefragt: Soll es neben dem vorhandenen und zur Asbestsanierung bestimmten Palast der Republik stehen oder an seiner Stelle?

Strieder spricht sich zwar für die Wiederbelebung der durch die Schloßfigur verlorengegangenen räumlichen Beziehungen aus, aber darüber, auf welche Weise das Ganze oder Teile des Palastes der Republik in eine neue Bebauung der »Raumwüste« des ehemaligen Marx-Engels-Platzes einbezogen werden könnten oder sollten, sagt er – im Gegensatz zu sonst – merkwürdigerweise nichts. Dabei wäre die Idee doch vorstellbar, das vorhandene »Kulturzentrum« – vom Asbest befreit – mit einem »Haus der Demokratie« zu kombinieren und dadurch den Wert des Ortes zu steigern.

Drittens ist zu fragen: Wer soll das »Haus der Demokratie« finanzieren, bauen und nutzen? Dazu sagt Senator Strieder nichts. Kurzum: Wenn die Idee mit dem »Haus der Demokratie« kein Sonntagsvorschlag sein und bleiben soll, dann müßte sie an Wochentagen der kommenden Zeit funktionell und architektonisch konkretisiert und mit Investitionen eines demokratischen Auftraggebers untermauert werden.

Bruno Flierl ist Architekturkritiker.

Die Ausstellung

Ein Kreis von Ideen

Die Ausstellung der Schloßplatz-Visionen im Kunstforum der GrundkreditBank

Christian van Lessen

Die Ausstellung der Schloßplatz-Visionen war im wahrsten Sinne des Wortes rundum ein Erfolg. Rundum, weil das Kunstforum der GrundkreditBank an der Budapester Straße kreisrund ist – eine Form, die sich zur Präsentation der Entwürfe und Modelle als geradezu ideal herausstellt. Die Entwürfe und Modelle der 24 Architektinnen und Architekten, die sich am Tagesspiegel-Ideenwettstreit beteiligt hatten, ließen sich von der Mitte des Forums überblicken und vergleichen. Sie gaben ein Bild von sich ab, öffneten sich wie ein Buch, flackerten als bunte Computersimulation über Monitore oder standen als festes Mauerwerk im Raum. Die – zur Freude der Architekten – von keinen Vorgaben begrenzte Phantasie wurde hier in diesem Rund real, gewann Gestalt und ließ den heute so leeren und tristen Schloßplatz wieder zum belebten Zentrum der Stadt werden.

Die Ausstellung entpuppte sich vom ersten Tag an als Publikumsmagnet. Obwohl sie nur eine knappe Woche zu sehen war, kamen mehrere tausend Besucher. Der tägliche Andrang war größer als sonst im allgemein gut besuchten Kunstforum der GrundkreditBank. Auch die beiden Diskussionsveranstaltungen, die im Rahmen des »Treffpunkt Tagesspiegel« in der Ausstellung stattfanden, zogen jeweils über fünfhundert Interessierte an. Es kamen Schulklassen und Architekturseminare, eine Vielzahl von Stadtplanern sowieso, dazu Berliner aller Altersgruppen, und auch Touristen fühlten sich von den Schloßplatz-Visionen angezogen. Dem Gästebuch der Ausstellung verrieten einige, daß sie eigens wegen der Veranstaltung nach Berlin gereist seien, aus München etwa, aus Hamburg, London oder Paris. Das Interesse daran, wie Berlin seine verlorene Mitte wiedergewinnen kann, ist offenbar nicht auf Deutschland beschränkt.

Für eine Woche war hier im großen runden Raum die Ödnis der vier Kilometer entfernten Gegenwart vergessen, die Zukunft öffnete sich und gab eine Ahnung von den städtebaulichen Chancen des Areals preis, das seine Vergangenheit nicht ohne weiteres abstreifen kann. Die Vielfalt der Ideen, die in der Ausstellung greifbar wurden, ließ spüren, welche Ausstrahlung von dem berühmten Platz in der Mitte Berlins ausgeht, wieviel Phantasie er freisetzt und wieviel Begeisterung er wecken kann. Der Schloßplatz steckt noch im Dornröschenschlaf, wartet darauf, von Berlin wachgeküßt zu werden. Wiederentdeckt ist er schon.

Wie sehr sich die Menschen der Stadt mit diesem Platz beschäftigen, zeigte schon die Vehemenz, mit der viele den ehemaligen Palast der Republik wiederaufleben lassen wollen, andere ihn verwünschen und seinen Abriß und eventuell den Wiederaufbau des Stadtschlosses herbeisehnen. Sie alle lockte die Ausstellung, sie alle kamen durch die ausgestellten Entwürfe auf ihre Kosten. Zu sehen waren Visionen, die dem früheren DDR-Palast fast unverändert eine Zukunft gaben oder ihn gar verdoppelten oder nur in einen Erweiterungsbau integrierten. Die meisten Architekten aber setzten seinen Abriß voraus, etliche entschieden sich für Freiflächen, mit Kanälen versehen oder überdacht, entwarfen moderne oder histori-

sierende Neubauten, setzten den stellenweisen Wiederaufbau des Schlosses ins Bild oder entschieden sich für Baukonstruktionen, die einen schnellen Fassadenwechsel ermöglichten.

Dies alles zeigte die Ausstellung. Jedem Entwurf und jedem Modell der teilnehmenden Architekten war, sozusagen als Vorwort, die jeweilige Sonderseite des Tagesspiegels zugeordnet. Für sich »sprechen« aber sollten vor allem die Arbeiten, die mit einer verblüffenden Präzision und künstlerischen Handwerklichkeit präsentiert wurden. Es entstanden gemäldeartige Ansichten, die an das alte Berlin erinnerten und eine historische Rekonstruktion des Platzes nahelegten. Oder es wurden Stadtlandschaften in Kunststoff gegossen, so daß Visionen mitunter wie Statuen wirkten. Und allein die vorgestellten Architekturmodelle hätten eine eigene Ausstellung verdient. Sie machten deutlich, welches städtebauliche Potential zwischen Zeughaus, Altem Museum, Berliner Dom und ehemaligem Staatsratsgebäude verborgen ist. Sie zeigten auch, welche unentdeckten Möglichkeiten mit der Spreelage verbunden sind, wie wichtig eine Neubebauung der östlichen, zum heutigen Palast der Republik gerichteten Uferseite ist, damit der neue Schloßplatz in die Stadt auch wirklich wieder eingebunden werden kann.

Ein Rundgang der Visionen, ein offener Kreis von Ideen, ohne Anfang und Ende. Auch wenn die Ausstellung ihren Besuchern sanft den Weg wies, schlugen viele einen Haken und begannen ihren Ausflug zum Platz der Phantasie an Orten, die ihnen zunächst ins Auge fielen – vielleicht an den gemauerten Backsteinen, die wie eine kleine Trutzburg im Kunstforum standen und zunächst den Eindruck erweckten, als seien sie als Teil einer früheren Ausstellung einfach vergessen worden. Aber das Mauerwerk gehörte dazu, als Modell eines neuen, kleinen Stadtteils auf dem großen Schloßgelände.

Oder die Besucher ließen sich zuerst von dem großen Multivisionsteil anlocken, der den Schloßplatz auf Wandtafeln unter aufgespannten Schirmen zeigte, ihn auch als städtebauliches Modell neben dem Dom darstellte und darüber hinaus im Computer-Film präsentierte. Da rollten die Autos, von den »Linden« kommend,

zwischen Zeughaus und Kronprinzenpalais auf den Schloßplatz zu, dessen Schirme sich langsam entfalteten: ein Schauspiel, auf das viele Besucher gleich zusteuerten, weil sie nicht so lange warten wollten, wie es die sanfte Wegrichtung des Kunstforums wohl nahegelegt hätte.

Aber Phantasie kennt keine Zwänge, und wo die Blicke im Rund schweifen können, da nutzen sie auch die Chance, hier und da auf Anhieb haften zu bleiben. Den Ausstellungsgestaltern machten es die Architekten nicht allzu schwer: Sie lieferten mit ihren Entwürfen und der professionellen Art ihrer Präsentation viel fürs Auge, sie boten eine angenehme ästhetische Form der Auf- und Anregung. Das Kunstforum verbreitete zudem, trotz des zeitweise argen Andrangs, eine ungezwungene und sympathische Atmosphäre, in der sich ausreichend Muße fand, die Entwürfe kennenzulernen. Es zeigt sich auch, daß über einige Visionen besonders heftig diskutiert wurde, weil sie offenbar einen Nerv trafen. Dazu gehörten Arbeiten, die Teile des wiederaufgebauten Schlosses oder auch des Palastes der Republik in Neubauten integrieren wollten – Entwürfe jedenfalls, die der Vergangenheit oder der Gegenwart, vielleicht auch beiden, auf dem Schloßplatz eine Zukunft geben wollten. Und auch die ausgefallensten Vorschläge fanden ihre Befürworter. Nicht nur einmal konnte man hören, daß ein neues Provisorium allemal besser als der heutige Zustand des Platzes sei. Fast alle Besucher hielten die Ausstellung jedenfalls für eine gelungene Form der Stadtdiskussion.

Fotos: Mike Wolff

Die Diskussion

Berlins Mitte – Auf der Suche nach einer Hauptstadtarchitektur

Erste Podiumsdiskussion des »Treffpunkt Tagesspiegel«

Christian van Lessen

»Ein öder Platz, über den der kalte Wind pfeift und abends nur einsame Opernbesucher huschen«: Christoph Stölzl, der Direktor des Deutschen Historischen Museums, schilderte das Areal aus eigener Anschauung in düstersten Farben: »Was wollen wir eigentlich mit dem Gelände anfangen? Die Architektur muß das wissen.« Beim »Treffpunkt Tagesspiegel« zum Ideenwettbewerb für den Schloßplatz (die Veranstaltung fand am 7. Januar 1997 im Kunstforum der GrundkreditBank statt) stieß die Frage nach der künftigen Nutzung auf viel Ratlosigkeit.

Ein Nutzungskonzept wird gesucht. Peter Conradi, Mitglied der Baukommission des Bundestages, betonte, der Bund, dem der Palast der Republik gehört, werde die Mitte Berlins nicht prägen, rechne aber mit einer bundesweiten Ausstrahlung des Platzes. Die Berliner müßten selbst klären, was sie mit dem Platz anfangen wollten, in einer breiten Diskussion. Ein Volkshaus wäre eine denkbare Lösung: »Was sich damals die DDR als Nutzung für den Palast der Repubik ausgedacht hat, war nicht so schlecht.« Aus dem Palast, für dessen Sanierung und Abriß ohne ein späteres Nutzungskonzept vom Haushaltsausschuß kein Geld zu erwarten sei, könnte sich möglicherweise noch was machen lassen, wenn Berlin nur einen guten Vorschlag liefere. Christoph Stölzl dagegen hält den Palast der Republik nicht mehr für brauchbar. Der Platz müsse hochrangig genutzt werden, die Stadtplanung dürfe dabei die Erinnerung nicht außer acht lassen. Die Straße Unter den Linden sei auf ein bestimmtes Gebäude, das Schloß, fixiert gewesen. Er plädiert für ein »Kulturquartier«. Zumindest die zu den »Linden« gerichtete Seite des Platzes sollte, in welcher Form auch immer, als »schönes Experiment« bebaut werden, sagte Stölzl in der von Tagesspiegel-Chefredakteurin Monika Zimmermann geleiteten Diskussion.

Erste Podiumsdiskussion im Kunstforum der GrundkreditBank am 7. Januar 1997 (v. l. n. r.): Meinhard von Gerkan, Barbara Jakubeit, Christoph Stölzl, Monika Zimmermann (Gesprächsleitung), Hans Kollhoff und Peter Conradi. Foto: Thilo Rückeis

Für den Architekten Hans Kollhoff gehört das Schloß zum »Kollektivgedächtnis«, die Frage seines Wiederaufbaus müsse unabhängig von der möglichen Nutzung beantwortet werden. Mittelfristig sei eine Kombination von Palast und teilweise wiederaufgebautem Schloß denkbar. Sein Kollege Meinhard von Gerkan betonte, daß sich eine anspruchsvolle, der Würde des Ortes gerechte Lösung schwer erreichen läßt. »Investitionsdruck und Missionswillen lassen sich nicht vereinbaren.« Ein Volksbelustigungshaus wäre vermutlich konsensfähig, entspreche aber nicht der Bedeutung des Schloßplatzes. Das Leitbild für dessen Gestaltung müsse Urbanität sein, die gewachsene, europäische Stadt.

Der Architekt Stephan Braunfels kritisierte, die Diskussion sei immer noch zu sehr fixiert auf Gebäude. Der Schloßplatz stehe vor einem »inhaltlichen Loch«, alle hauptstädtischen Nutzungen seien bereits vergeben. Man müsse versuchen, mit einer städtebaulichen Lösung die vom Schloß und später vom Palast der Republik verursachte Zäsur der Stadt zu beseitigen und »den Osten wieder in die Mitte hineinziehen«. Dazu brauche man eine lange Diskussion; der Aufbau des Schlosses oder der Abriß des Palastes hätten Zeit. Jürgen Bostelmann, der Vorstandsvorsitzende der GrundkreditBank, sagte, er rechne mit einer Diskussion, »die uns noch in das nächste Jahrzehnt begleiten wird«.

Senatsbaudirektorin Barbara Jakubeit appellierte an den Bund und das Land Berlin, sich der Verpflichtung für den Platz bewußt zu sein. Berlin habe immerhin auch Eigentum am Schloßplatzgelände. Auch sie hält eine Diskussion bis zu einer »vernünftigen Lösung« für unabdingbar. Die Vision eines verdoppelten Palastes der Republik habe sie besonders beeindruckt, sagte Barbara Jakubeit.

Lebhaftes Gedränge auf dem Marktplatz der Visionen

Die leidenschaftliche Anteilnahme an der Zukunft

ELISABETH BINDER

Am Ende gab es kaum mehr ein Durchkommen zu den Ausstellungsobjekten, so groß war die Neugier des Publikums. Mehr als 500 Besucher drängten sich im Kunstforum der GrundkreditBank, um die Ausstellung zur Tagesspiegel-Serie zu sehen, darunter sicher 100 Architekten und Planer.

Stadtplanungsstaatssekretär Hans Stimmann fühlte sich zeitweilig »wie auf einem Neujahrsempfang für die Planungsveteranen«. Lag's denn nun am Medienpartner, wie GrundkreditBank-Chef Jürgen Bostelmann in seiner Begrüßung rätselte, oder doch am Thema? Während das Podium noch diskutierte und erst recht danach, wurde schnell klar, wie bewegt die Menschen von dem sind, was aus ihrer Stadt nun wird, wie groß das Bedürfnis ist, zusammenzukommen und Pläne zu schmieden, wo so vieles noch möglich ist. Sir Norman Foster wirkte von der lebhaften Stimmung wie beflügelt, als er im kleinen Kreis die Notwendigkeit eines freien Raumes für spontane Zusammenkünfte erläuterte. Das eben entspricht aus seiner Sicht am meisten dem Bedürfnis der Menschen, ganz besonders in einer Stadt, die so viele neue Gebäude hat wie kaum eine andere: die Chance zusammenzufinden an einem zentralen Ort, egal aus welchem Grund, ob ein neues Jahr anbricht, ob ein Fest gefeiert oder ein großer Markt abgehalten werden soll. Das ist für ihn auch die Möglichkeit, eine wahrhaft menschliche Gemeinschaft zu entwickeln und würde zudem noch sehr zur Belebung der Uferwege beitragen. Ja soll man denn nun wirklich die Massen miteinbeziehen in diese Diskussionen? Während die einen auf die demokratische Institution gewählter Entscheidungsträger verwiesen, vertrat Foster die Auffassung, daß man die Fragen gut wählen müsse. Wie denn sehen die Leute ihre Kommunikationsbedürfnisse? Vielleicht wäre ein solcher Ort ein guter Platz für weitere Foren über die Zukunft des Zusammenlebens. Denn während sich die Organisatoren, zu denen auch das Veranstaltungsforum der Verlagsgruppe Georg von Holtzbrinck zählte, noch über den großen Andrang freuten, kam seitens der Gäste gelegentlich die Frage auf, warum man für dieses Thema keinen größeren Rahmen gewählt habe.

Eine Diskussion kann nicht ohne Erkenntnisse enden. So ging Schloß-Visionär Wilhelm von Boddien mit der festen Überzeugung nach Hause, daß eine politische Entscheidung nicht zu umgehen sein werde. Gefragt sei strategisches und nicht spontanes Denken. »So 'ne Mitte muß wie ein Marktplatz sein«, sagte Architekt Wolf-Rüdiger Borchardt später im Gehen. Zu diesem Zeitpunkt wirkte das gläserne Foyer der GrundkreditBank selbst wie ein kleiner, feiner Marktplatz, bevölkert von leidenschaftlichen Bewohnern dieser Stadt: Ein Forum, auf dem Visionen und Träume und Vorstellungen gehandelt werden.

Ist der Wiederaufbau des Schlosses eine Tragödie für die Stadtbaukunst?

Zweite Podiumsdiskussion des »Treffpunkt Tagesspiegel«

CHRISTIAN VAN LESSEN

»Nach allem, was ich so gehört habe, soll Udo Jürgens im rekonstruierten Schloß singen«, ruft Kunsthistoriker Tilmann Buddensieg aus dem Publikum in den Kreis der mehr als 400 Besucher. Und alle lachen. Auch das zeigt, wie gelöst und unverkrampft die Stimmung ist, die zum harmonischen Rund des Kunstforums der Grundkreditbank paßt. »So jung ist Udo Jürgens nun auch nicht mehr«, erwidert jemand, und fast alle denken plötzlich über das Alter des Sängers nach und schätzen die langen Jahre, die bis zum fraglichen Wiederaufbau des Schlosses und seiner fraglichen Nutzung als Volksbelustigungsstätte ins Land gehen könnten.

Ein Gedankenspiel nur, der »Volkshaus«-Idee des SPD-Bundestagsabgeordneten Peter Conradi entsprungen. Doch Buddensieg lehnt eine mögliche Schloßhülle ab, weil er das Schlüterschloß für nicht rekonstruierbar hält. Das Schloß – es geistert durch alle Reden beim zweiten »Treffpunkt Tagesspiegel« zum Schloßplatz-Ideenwettbewerb. Die von den Architekten vorgestellten Visionen an den Wänden rücken erst einmal in den Hintergrund. Bei der von George Turner geleiteten Podiumsdiskussion berichtet der Schauspieler Gerd Wameling, daß er vom Schloß und seiner Wucht fasziniert ist. Er fürchtet, daß aus Geldmangel Billiges auf dem Platz errichtet wird.

Zweite Podiumsdiskussion im Kunstforum der GrundkreditBank am 9. Januar 1997 (v. l. n. r.): Gerd Wameling, Jürgen Bostelmann, Axel Schultes, George Turner (Gesprächsleitung), Hellmuth Karasek, Thomas Brussig, Dieter Brusberg.
Foto: Thilo Rückeis

»Warum machen wir nicht aus unserem Schloß den deutschen Louvre?« fragt der Galerist Dieter Brusberg. Der Schriftsteller Thomas Brussig erinnert daran, daß der Schloßplatz nach einem Schloß verlangt. Das Lindenensemble zwischen Brandenburger Tor und Schloß müsse künftig zur Pflichtmeile für alle Berlin-Touristen werden.

Auch Jürgen Bostelmann, der Vorstandsvorsitzende der GrundkreditBank, sieht das Schloß vor Augen. Hätte der Staat das Geld, könnte man von ihm verlangen, den historischen Platz wiederherzustellen: »Wie das Volk es erwartet«, weil es sich offenbar mit der zeitgenössischen Architektur nicht identifizieren könne. Aber da Geld vom Staat nicht zu erwarten sei, müßten Privatinvestoren interessiert, eventuell mit steuerlichen Anreizen gelockt werden, denn in Deutschland sei der Wille zur Steuerersparnis vermutlich größer als die Bereitschaft zur Fortpflanzung. Zunächst aber sollte man sich um die vom Verfall bedrohten Gebäude auf der Museumsinsel kümmern.

Tagesspiegel-Mitherausgeber Hellmuth Karasek plädiert auch für das Schloß, »ohne daß der Palast der Republik vernichtet wird«. Man sollte ihn aus geschichtlichem Bewußtsein nicht abreißen und damit eventuell die Ost-Berliner demütigen. Karasek stellt sich eine Integration beider Bauwerke vor und schlägt vor, zunächst alte

Schloßbausteine auf dem Platz auszustellen. Der Architekt Axel Schultes bringt die Schloßharmonie auf dem Podium arg ins Wanken. »Warum sind alle auf diesen Monolithen fixiert?« fragt er in die Runde. Die Wiederherstellung des Baus werde eine neue Tragödie der Berliner Stadtbaukunst sein, wenn es die denn gäbe. »Was ich heute fälsche, ist morgen schon von gestern«, ruft Schultes ins Publikum und erntet Beifall.

Was solle die Stadt mit einem unstädtischen Gebäude, dieser riesigen Baumasse anfangen? Berlin brauche an diesem Ort eine urbane, räumliche Dichte, »wirkliche Stadträume«, von denen die Stadt bislang gar keine Ahnung habe. Dann geriete man auch gar nicht in das Dilemma, nach einer Nutzung suchen zu müssen. »Ich sehe keinen Ausweg aus diesem Labyrinth«, zitiert Schultes Schinkel und regt einen großen städtebaulichen Wettbewerb an. 1993 hatten Bund und Berlin einen städtebaulichen Wettbewerb für die Spreeinsel plus Umgebung veranstaltet, den der Berliner Architekt Bernd Niebuhr gewann.

Die Diskussionsteilnehmer aus dem Publikum sind meist anderer Meinung. Der Schloßplatz ist kein Experimentierfeld, ruft jemand. Ein »schlichter Jurist« erinnert daran, daß die »Linden« mit dem Schloß einst Europas schönster Boulevard waren. Wolfgang Rosener berichtet, daß in Asien 2000 Jahre alte Tempel regelmäßig nach Bränden wieder aufgebaut werden – wohl ein Votum für das Schloß.

Ein anderer will wiederum die Mokkabar im Palast der Republik erhalten, was ein jüngerer Mann »mit Entsetzen« quittiert. Eine junge Frau erinnert daran, daß Berlin genug historische Bauten hat und kein Schloß mehr braucht, in dem dann eventuell einmal Udo Jürgens auftreten könne.